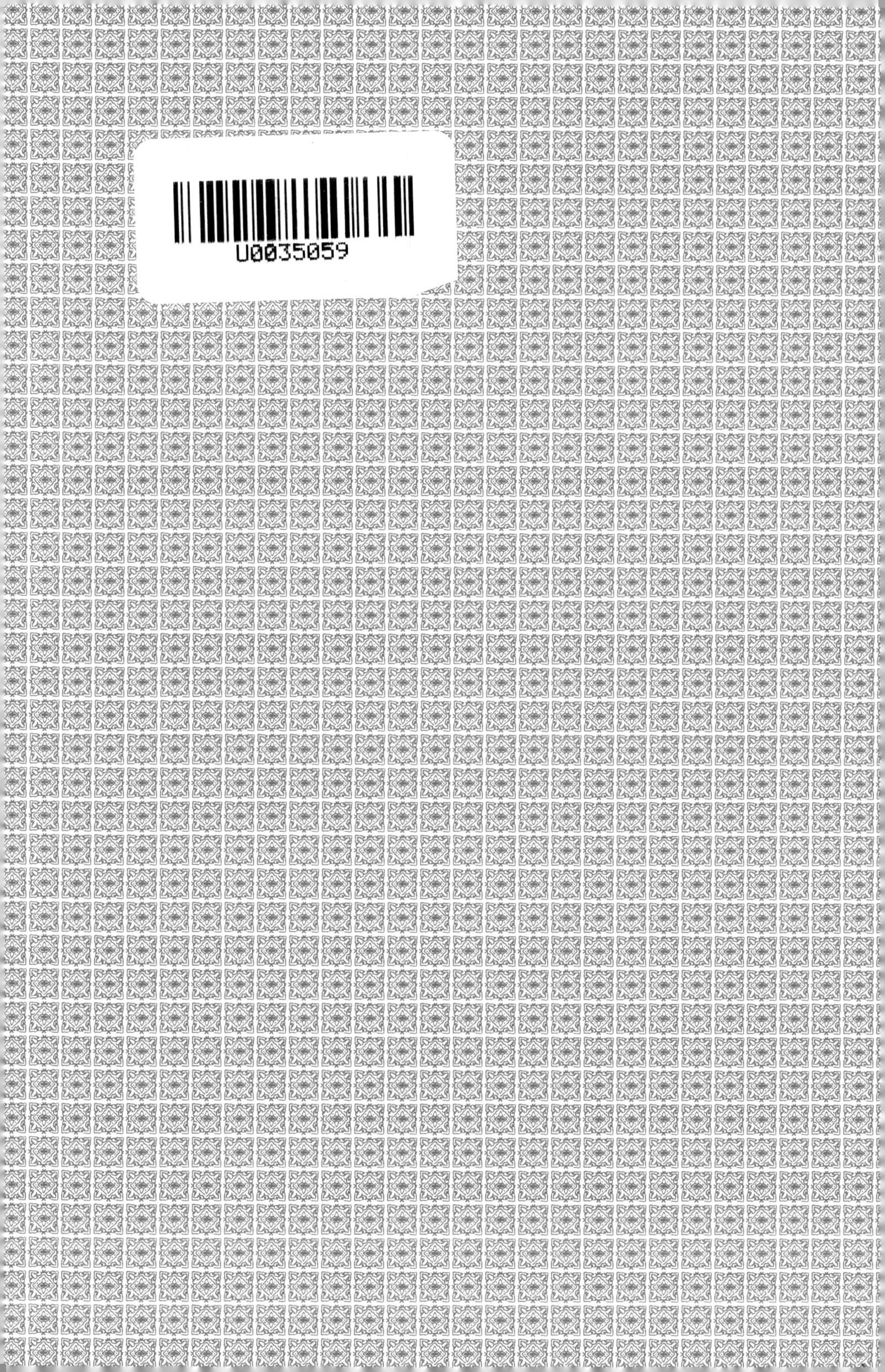

佛藏經講義

——第二十輯

平實導師　述著

ISBN 978-626-95796-9-3

佛法是具體可證的，三乘菩提也都是可以親證的義學，並非不可證的思想、玄學或哲學。而三乘菩提的實證，都要依第八識如來藏的實存及常住不壞性，才能成立；否則二乘無學聖者所證的無餘涅槃即不免成爲斷滅空，而大乘菩薩所證的佛菩提道即成爲不可實證之戲論。如來藏心常住於一切有情五蘊之中，光明顯耀而不曾有絲毫遮隱；但因無明遮障的緣故，所以無法證得；只要親隨眞善知識建立正知正見，並且習得參禪功夫以及努力修集福德以後，親證如來藏而發起實相般若勝妙智慧，是指日可待的事。古來中國禪宗祖師的勝妙智慧，全都藉由參禪證得第八識如來藏而發起；佛世迴心大乘的阿羅漢們能成爲實義菩薩，也都是緣於實證如來藏才能發起實相般若勝妙智慧。如今這種勝妙智慧的實證法門，已經重現於臺灣寶地，有大心的學佛人，當思自身是否願意空來人間一世而學無所成？或應奮起求證而成爲實義菩薩，頓超二乘無學及大乘凡夫之位？然後行所當爲，亦不行於所不當爲，則不唐生一世也。

——平實導師

如聖教所言，成佛之道以親證阿賴耶識心體（如來藏）爲因，《華嚴經》亦說**證得阿賴耶識者獲得本覺智**，則可證實：證得阿賴耶識者方是大乘宗門之開悟者，方是大乘佛菩提之眞見道者。經中、論中又說：證得阿賴耶識而轉依**識上所顯眞實性**、**如如性**，能安忍而不退失者即是**證眞如**，即是大乘賢聖，在二乘法解脫道中至少爲初果聖人。由此聖教，當知親證阿賴耶識而確認不疑時即是開悟眞見道也；除此以外，別無大乘宗門之眞見道。若別以他法作爲大乘見道者，或堅執**離念靈知**亦是實相心者（堅持意識覺知心離念時亦可作爲明心見道者），則成爲實相般若之見道內涵有多種，則成爲實相有多種，則違**實相絕待**之聖教也！故知宗門之悟唯有一種：親證第八識如來藏而轉依如來藏所顯眞如性，除此別無悟處。此理正眞，放諸往世、後世亦皆準，無人能否定之，則堅持離念靈知意識心是眞心者，其言誠屬妄語也。

——平實導師

目次

自序 序01
第一輯 諸法實相品 第一 001
第二輯 諸法實相品 第一 001
第三輯 諸法實相品 第一 001
第四輯 諸法實相品 第一 001
第五輯 諸法實相品 第一 001
念佛品 第二 313
第六輯 念佛品 第二 001
第七輯 念佛品 第二 001
第八輯 念佛品 第二 001
念法品 第三 073

第九輯 念法品 第三 …… 001
第十輯 念法品 第三 …… 001
念僧品 第四 …… 025
第十一輯 念僧品 第四 …… 001
第十二輯 念僧品 第四 …… 001
第十三輯 念僧品 第四 …… 001
淨戒品 第五之一 …… 175
第十四輯 淨戒品 第五之一 …… 001
淨戒品 第五之餘 …… 091
第十五輯 淨戒品 第五之餘 …… 001
淨法品 第六 …… 207
第十六輯 淨法品 第六 …… 001
往古品 第七 …… 173
第十七輯 往古品 第七 …… 001
淨見品 第八 …… 241

第十八輯　淨見品　第八……001
了戒品　第九……303
第十九輯　了戒品　第九……001
第二十輯　了戒品　第九……001
囑累品　第十……291
第二十一輯　囑累品　第十……001

自序

《佛藏經》之所以名爲「佛藏」者，所說主旨即以諸佛之寶藏爲要義。諸佛之寶藏即是萬法之本源——如來藏，《楞嚴經》中說之爲「如來藏妙眞如心」，《入楞伽經》卷七〈佛性品〉則說：「大慧！阿梨耶識者名如來藏，而與無明七識共俱，如大海波常不斷絕，身俱生故；離無常過，離於我過，自性清淨。餘七識者心，意、意識等念念不住，是生滅法。」大略解釋其義如下：

【所謂阿梨耶識（通譯阿賴耶識）又名如來藏，含藏著無明種子與七轉識種子，並與所生之無明及七轉識同時同處，和合相共運行而成爲一個五陰有情。七轉識與無明相應而從如來藏中出生，每日運行不斷；意根每天一早促使意識等六心生起之後相續運作，與意識等六心和合似一，看似常住而不斷之心，其實是從如來藏中種子流注才出現的心，就是一般凡夫大師說的「清清楚楚明明白白」的心，早上睡醒再次出生以後，就與處處作主的意根和合運作看似一心。這七識心的種子及其相應的無明種子，每天同時從如來藏中流注出來，猶如大海波一般「常不斷絕」，因爲是與色身共俱而出生的緣故。

如來藏離於無常的過失，是常住法，不曾剎那間斷過；無始而有，盡未來際永無中斷或壞滅之時。如來藏亦離三界我等無常過失，迥無我見我執或我所執；其自性是本來清淨而無染污，無始以來恆自清淨，不與貪等六根本煩惱及其餘隨煩惱相應。其餘七轉識都是心，即是意根、意識與眼等五識，即是面對六塵境界時清楚明白的前六識，以及處處作主的意根；這七識心與無明種子都是念念不住的，因爲是從如來藏中流注這七識心等種子於身中才有的，當色身出生以後，意根同時和合運作，意識等六識也就跟著現行而與色身同在一起，所以是與色身同時出生而存在的。而種子是剎那剎那生滅的，以此緣故說意根與意識等七個心是生滅法。若是證阿羅漢果而入無餘涅槃時，由於我見、我執、我所執的煩惱已經斷除的緣故，這七識心的種子便不再從如來藏流注出來，死時就不會有中陰身，不會再受生，便永遠消滅了，亦因此故是生滅法。】

在三種譯本的《楞伽經》中，都不說此如來藏心是第八識（第八識是通俗的說法），而是將此心與七轉識區分成二類，說如來藏一心是常住的，是出生「意」與「意識等」六識者，也說是出生色身者，不同於七識等心。所援引的上開經文，亦已明說如來藏「離無常過，離於我過，自性清淨」；從如來藏中出生的「餘七識者心，意、意識等」，都是「念念不住，是生滅法」。這已經很明確將如來藏的主要體性與七轉識的主要體性區分開來：一是能生，一是所生，能生與所生之間互相繫屬；能生者是常住的如來藏心，沒有三界我的無常過失，沒有我見我執等過失，自性是清淨的；所生的七識心，是念念生滅的，也是可滅的，有無常的過失，也有三界我的我見與我執等過失，是不清淨的，也是生滅法。

今此《佛藏經》中所說主旨即是說明此心如來藏的自性，名之爲「無名相法」或「無分別法」，仍不說之爲第八識，而是從各方面來說明此心；並且希望後世仍有業障而無法實證佛法的四眾弟子們，未來世中都能滅除業障而證得解脫及實相智慧。以此緣故，先從「諸法實相」的本質來說明如來藏，兼及實證此心者於實證前必須留意避免的過失，才能有實證的因緣；若墮邪見或誤導眾生，並有犯戒不淨等事者，將成就業障；於其業障未滅之前，縱使未來歷經無量無邊不可思議阿僧祇劫，奉侍供養隨學九十九億諸佛以後，仍無實證之可能。以此緣故，釋迦如來大發悲心，首先於〈諸法實相品〉廣釋實相心如來藏之各種自性，隨即教導學人如何了知惡知識與善知識之區別。善於選擇善知識者，於解脫及諸法實相之求證方有可能，是故以〈念佛品〉、〈念法品〉、〈念僧品〉中的法義教導，令學人以此爲據，得以判知何人爲善知識、何人爲惡知識，從而得以修學正確的佛法，然後得證解脫果及證入諸法實相，發起本來自性清淨涅槃智，久修之後亦得兼及二乘涅槃之實證，再發十無盡願而起惑潤生乃得以入地。

若未愼擇善知識，誤隨惡知識者（惡知識表相上都很像善知識），不免追隨惡知識於無心之中所犯過失，則未來歷經無數阿僧祇劫奉侍九十九億佛之後，於解脫道及實相了義正法仍無順忍之可能，欲求佛法之見道即不可得，遑論入地。以此緣故，世尊隨後又說〈淨戒品〉、〈淨法品〉等法，教導四眾弟子們如何清淨所受戒與所修法。又爲杜絕心疑不信者，隨即演說〈往古品〉，舉出過往無量無邊不可思議阿僧祇劫前 大莊嚴佛座下，苦岸比丘等四人爲惡知識，執著邪見而誤導眾生，成爲不淨說法者；以此緣故與諸眾生相牽流轉生死，於人間及三惡道中往復流轉至今，反復經歷阿鼻地獄等尤重純苦及餓鬼、畜生、人間諸苦，終而復始、受苦無量之後，終於來到 釋迦如來座下精進修行，然而竟連順忍亦不可得，求證初果仍遙遙無期；至於求證諸法實相而入大乘見道，則無論矣！思之令人悲憐，設欲助其見道終無可能，對彼諸人助益無門，只能待其未來甚多阿僧祇劫受業滅罪之後始能助之。

如是警覺邪見者之後，世尊繼以〈淨見品〉、〈了戒品〉而作補救，期望以此二品能轉變諸人的邪見，勸勉諸人清淨往昔熏習所得的邪見，並了知清淨戒之所以施設的緣由而能清淨持戒，未來方有實證解脫果與佛菩提果的可能。如是教導之後，於〈囑累品〉中囑累阿難尊者等諸大弟子，當來之世以善方便攝受諸多弟子，得能清淨知見與戒行，滅除往昔所造謗法破戒所成之業障，而後方有實證之世到來。由此可見 世尊大慈大悲之心，藉著舍利弗尊者之因緣，在與舍利弗對答之時演說此實相法等，期望後世遺法弟子得能滅除業障而得證法。普察如今末法時代眾多遺法弟子，精進修行仍難遠離邪見與邪戒，求證解脫果及佛菩提果仍將難能可得，令人不覺悲切不已，是故將此經之講述錄音整理成書，流通天下，欲以利益佛門四眾。

佛子 **平實** 謹誌

於公元二〇一九年 夏初

第二十輯：

《佛藏經》卷下

〈了戒品〉第九（延續上一輯未完部分）

八月八號了，祝各位父親節快樂。熱熱的快樂，溫暖的快樂，天氣越來越熱！《阿含經》說火劫來時，先是一個太陽變得很熱，接著是兩個太陽更熱，最後是七個太陽同時存在；當七個太陽同在時不是牛跡水乾，而是連大海都乾涸了，所以這火劫來的時候很麻煩。那麼承受熱的痛苦是因爲人們五欲之火不斷地燒，這道理還眞的可從現實上印證；比如地球爲什麼現在這麼熱？因爲人類追求五欲，所以大量製造溫室氣體，因此是人們對五欲的追求導致天氣越來越熱。火劫來時燒到初禪天，連初禪天都被燒壞。爲什麼初禪天會被燒到？初禪不是離開欲界了嗎？是因爲初禪天太靠近欲界，緊鄰欲界的上方，所以欲界燒起來時熱氣往上熏，初禪天也就被燒掉了。所以初禪天看不見火，但就好像處在火的上方就這樣燒上去了。那要怎麼樣滅這熱火？也只能努力修定發起二禪，生到二禪天去；二禪天不會有火燒，因爲定水滋潤。

那麼二禪、三禪的事我們就不談，因爲今天不是要談那些境界。我說的是，由於人們追逐五欲，所以就越來越熱。臺灣可能會限電吧？我不知道；如果愛臺灣就可以不虞缺電，我也很愛臺灣，就不應該讓我缺電。所以我今天中午午餐也不開冷氣，開電風扇吹就好，也要響應政府愛臺灣啊！但是我在想，南部的同胞們怎麼辦？一定比臺北熱。我們前天有事出外，來到新生南路，車子開著過了臺大，再過和平東路口時，車子的溫度計顯示室外是四十一度，四十一度等於泡湯湯屋中的最熱池。稍大一點的湯屋都有三種溫湯：三十八度、三十九度、四十一度，或者三十八度、四十度、四十一度，那四十一度的池子我從來不想進去，因爲太熱。那是十幾年前的事，因爲我現在根本沒機會泡湯了。

那時車子還是在前進中，如果把溫度計放到馬路上，鐵定是四十四、四十五度，那柏油路很燙的。現在的天氣已經很像我二十年前去印度朝禮聖地時的天氣。所以政治人物可以說誠實話，不要用欺騙的，希望別讓南部同胞們在那邊忍受熱苦，該啓動的發電機就啓動吧，這是我的看法。沒必要爲了兩派不同的看法，最後鬥爭的結果是所有同胞都受害，我覺得這個沒道理。如果大多數人都得利益，極少數人受害，這還勉強講得通；可是現在是極少數人得利益，大多數人受害，這就沒道理，所以我就發點牢騷，希望不用限電。但如果不需要限電，我就把這些牢騷收回來，吞下肚就沒事了。

回到《佛藏經》來，我們上週講到七十八頁第二行，最後是說：「**或以濁恚嫉心說他惡名，或不能知佛經義理，謂非佛法。**」這個現象是末法時代所常看見而沒有什麼值得懷疑的。因爲末法時代的學人心中常常有污濁的作意，因此對於善說法的善知識會產生瞋恚心，覺得自己的名聞利養受影響了，因此就會以妒忌之心來指控善知識，這個是心性不好所產生的一個層面；那種人還有一個特性就是「**不能知佛經義理**」，他們對於佛經所講的義理不能理解。所以你們放眼佛教界全球都一樣，只要他瞋恚心很重、嫉妒心很重，而他是心性污濁貪著名聞利養的，這種人都有一個特性——不能知佛經義理。所以經典那麼多，有些地方 如來已經講得很清楚、很明白的，他們依舊不能知曉，這是很正常的現象！

所以我們剛出來弘法時，把正法的義理詳細解說出來，他們不但不信反而要誹謗。當年幾乎所有佛教界都罵正覺是邪魔外道，只有一個道場抵制我們時講得客氣一點，他們說：「**正覺不如法。**」如果咱們眞是邪魔外道，當然是不如法，而我們講的跟經典的義理完全一樣，那是不是要劃上等號說：佛講的經典都是邪魔外道法、都不如法？直到二〇〇三年法難後，我們出了好多本法義辨正的書，臺灣佛教界才開始眞正的認定我們是正法；除了喇嘛教以外，不再有人罵我們是邪魔外道法或不如法，但是在那之前我們是被罵得很習慣的，表示佛教界「**或不能知佛經義理，謂非佛法**」的現象，在當時是普遍存在的。

當年他們毀謗正覺的理由很簡單，而且很多人聽了大多會信，他們說：「**大家都這樣講，只有他們正覺那樣講，難道大家都錯了、只有他們正覺對**嗎？」這句話，初學佛的人聽起來會覺得很有道理，那我們又不方便說：「偏**偏就只有我們正覺對，你們全都錯了。**」眞的不方便講，因爲我們講了初機學佛人也不會相信的；而且當年還有佛教界的老人們說：「**證悟了應該更客**

氣、更謙虛啊！怎麼你一點都不謙虛？這樣也可以反證你們正覺沒有開悟。」所以我們不再默然不語，乾脆多說一點法，讓大家去自己掂量掂量看。那我們的弘法過程中已顯示那些心性污濁貪著名聞利養者，全都沒有實證佛法，甚至於有些小法師明知道自己講的不對，還是硬要繼續跟我們打爛仗，那就已經變成「**以濁恚嫉心說他惡名**」；佛說這些人全都「**不能知佛經義理**」，這是誠實語，如實預記了末法時代佛弟子們的現象。

例如我們寫了《阿含正義》出來，他們讀過以後說：「**啊！這才是《阿含經》的眞正義理，怎麼我們以前不懂呢？**」其實那個道理很簡單，《阿含經》講的道理不是像《般若經》或方廣唯識諸經，涉及實相法界的事，那是解脫道中很簡單的道理，爲什麼他們想不通？包括釋印順在內都讀不懂，很奇怪。單說外道來見佛，佛爲他說法時他就能得法眼淨——斷三縛結證初果，有二乘法的法眼；然後立刻請求 佛陀准他出家，出家之後那個晚上就在樹下坐或山洞裡坐，就不睡覺了，因爲他發覺這解脫道眞的可以實證，然後立刻思惟直到天亮，就來 佛前報告：「**弟子我某某人，我生已盡，梵行已立，所作已辦，不受後有。**」如來若有談到阿羅漢的境界時，除了這些以外，還會說到：「解脫，知如眞。」單單這幾句話就已經把無餘涅槃講清楚了。

諸位想想看，「所作已辦」是不是四聖諦的觀行都已經觀行好了？那才能叫所作已辦；而且阿羅漢們都說「梵行已立」，這表示什麼？是已經離開欲界境界而發起初禪了，這就是「梵行已立」。如果不是離開欲界，怎能自稱「梵行已立」，這道理很淺白；可是以前到處有人自稱得三果、得四果，但都不知道「梵行已立」的道理，成爲大妄語者。也有人自稱三果，教人家說他有證得三果的捷徑解脫之道，結果也沒講過「梵行已立」這件事情。以前也有人自稱證得二禪、三禪，可是從他留下的那些文字記錄或者錄音記錄，其實他並沒有證所謂的二禪，連初禪也沒有，後來證明都是這樣。所以臺灣或全球第一個講到初禪的發起、初禪的實證、實證的原理等，咱家是第一個人。可是在我出來弘法之前，有好多人說他有二禪、三禪，甚至也有外道宣稱證得第四禪的，他們都自稱阿羅漢，可是竟然不懂「梵行已立」這個道理。

那麼阿羅漢都說「我生已盡」和「不受後有」：「我生已盡」就表示沒有未來世生了，最多七次人天往返以後就把十八界全部滅盡；在阿羅漢位可以滅盡十八界，所以說「**不受後有**」。如果入涅槃後還有細意識、粗意識存在，那還是後有，必定會有中陰身出現，七天後就得去入胎。這是證得阿羅漢的人自己要有把握說：「**我死的時候不會再有中陰身出現。**」證阿羅漢的人是要有這樣把握的，他當然也知道無餘涅槃中是十八界滅盡，但不是一無所有；信佛語故，知道無餘涅槃中還有個本際不滅，所以不是斷滅空。因此十八界滅盡就是無餘涅槃，這才叫作「**我生已盡**」和「**不受後有**」，你們看這《阿含經》記載，聖弟子從 如來聞法出家求戒，然後觀行一夜成阿羅漢，次日早晨來 佛前報告時都是這麼講的，因此所有阿羅漢不管是慧解脫、俱解脫、三明六通大解脫，永遠都是「**我生已盡，梵行已立，所作已辦，不受後有**」，這是永遠不能改變的標準。

　　這樣的字句在《阿含經》中非常多，可是就算最聰明的釋印順，他也讀不懂。所以他認爲的無餘涅槃是直覺永遠存在、一念不生，這是他所認知的。這個很簡單的道理，他們也不能懂；那爲什麼他們不能懂？因爲心性的緣故；印順是求令名，其他大法師們是求名聞與利養。印順比較獨特，他只求令名，求好名聲，不求利養；正因爲這樣表相清淨，所以他的書更會使人信受，這就是個害處。所以這些人心不清淨、心污濁，污濁時會生起嫉妒心。諸位瞧一瞧釋印順有沒有嫉妒心？爲什麼諸位點頭？如何證明他有嫉妒心？你怎麼證明？在正法中說有說無都得有證據，這頭不能隨便搖、也不能隨便點的。（有人答話，聽不清楚。）對！因爲他看不懂，所以他嫉妒，認爲：「**佛可以講這個法，爲什麼我卻不懂？我也成佛了，爲什麼不懂？**」於是生起嫉妒，乾脆把 佛陀所講而他讀不懂的經典否定。他甚至說：「**釋迦牟尼佛在人間的出現，只是人類發展歷史上的一個偶然。**」膽子眞夠大！老實講，諸天天主也不敢講這一句話，但他就敢講。爲什麼敢講？因爲嫉妒到很嚴重時就不計利害，什麼未來世的地獄果報？他不相信這個；他不相信佛菩提道三大阿僧祇劫五十三個位階的修行，也不信有地獄、有餓鬼道，所以他在書中公開否定地獄的存在。那你說這樣的人還能稱爲佛弟子嗎？當然不能啊！老實說他也不認爲自己是佛弟子，因爲他認爲自己成佛了，怎麼會是佛弟子。

這可見說，他們眞的如 佛所說「**不能知佛經義理**」。我這樣舉例諸位就明白了，所以涅槃解脫的道理其實並不難懂，而他們那些所謂的佛與阿羅漢們都不懂。所以 如來說的句句誠實——誠懇而眞實。那明明是佛法，而且是比他所讀不懂的《阿含經》更勝妙的般若，印順竟然可以說「**般若諸經不是如來講的，是後世的弟子們因為對佛陀的永恆懷念，所以編造了以後漸漸結集出來的**」。但他有加一個註腳——雖然不是 佛講的，也可以說是佛經，因為所講的跟《阿含經》的道理一樣。

什麼時候《般若經》講的道理跟《阿含經》一樣了？《阿含經》是依生滅有為的現象界諸法來說緣起性空，所說的道理是指涉有生之法都沒有自性，講的都是蘊處界等生滅法呀！可是《般若經》不是講這個，講的是現象界之上的眞如能出生蘊處界等法；講的是第八識眞如心，那是在現象界之上的實相法界勝妙法。所以 如來有時講得更白：「**眞如雖生諸法，而眞如不生。**」這時眞如是講第八識如來藏，就是《佛藏經》講的這「**無名相法、無分別法**」第八識。在第三轉法輪時，如來判教說，《阿含經》講的是「**生無自性性**」，說有生之法都沒有自性，所以有生之法的自性，就是「**生無自性性**」。可是般若不是講這個，般若講的是能生、有生的諸法背後的實相心，名為眞如，那眞如是本來無生，本來就在，法爾如是，所以無生，這在講眞如的無生；然後從眞如如來看待世間諸法、三界諸法，來看待四聖諦、八正道、二十二根乃至一切世出世間法；是從眞如的境界來看這一些法，是講這些，根本就不是講現象界中的蘊處界入等生滅法，怎麼會是跟《阿含經》一樣？所以他眞的不懂佛法。

那第三轉法輪諸經，釋印順更是完全讀不懂，心中有嫉妒，就乾脆推翻了；所以他只承認四大部阿含，而且對阿含諸經還是選擇性的接受。《長阿含》他認爲是 如來說的，其他的例如說《雜阿含》、《增一阿含》，還有《中阿含》，他認爲都是第二次結集以後才創造出來的。這個凡夫佛可以胡說八道到這個地步！他敢這麼講就表示他讀不懂，而他自認爲成佛了，顯示他的嫉妒心非常強烈，才敢乾脆否定說那些經典都不是 佛陀講的，就是 如來在這裡預記的「**謂非佛法**」。所以印順派六識論的那一些大小法師們，以前通常都說「**如來藏是自性見外道**」。

問題來了，自性見外道他們所墮都在蘊處界的自性中，從來不及於如來藏；而如來藏是出生蘊處界一切諸法自性的實相心，怎麼會是自性見外道？所以我們再把祂作最後辨正以後，沒有人敢再罵如來藏是自性見外道法，現在如來藏變成臺灣佛教界的顯學了，所以達賴喇嘛也被信徒要求要講如來藏，那你想想看，這是什麼樣的狀況？所以現在如來藏妙法只有在大陸被各省佛協會長加上中佛協會長等法師們，運用宗教法規、政治力量封鎖我們；在大陸網路，正覺是被封鎖的，大陸同胞想要上我們的官網也沒辦法，得要翻牆；而我們想要上大陸的網絡上貼文章解釋，也是被封殺的，根本沒得辯解。

爲什麼大陸的大法師們要去運作政治勢力把正覺封鎖？因爲大陸現在很多學佛人知道：「**學佛就是要證如來藏，才可以叫作開悟。你們那些大師們講什麼開悟，全都落入識陰中，都不算數；除非你們證得如來藏了，那你們就把如來藏講給我們聽聽看。**」現在大陸有不少學佛人知道這一點了，他們無法應對，所以乾脆把正覺封鎖在境外，看來臺灣佛教似乎不屬於中國了。這讓我想起一幅圖畫，畫沙漠裡的一種大鳥，遇到有災難時就把頭埋進沙子裡，什麼都沒看見就以爲沒事了。可是我們十幾年在大陸推廣的如來藏妙義，一定是每天會繼續發酵的；他們再怎麼阻擋也擋不久的，因爲經典大家都可以上網查得到，不必去買。以前買一套經典要好幾萬元，現在不用買，只要上網就可以找到想要的經文了；那麼大家可以比對，結果發覺果然正覺講的才對。然後再看看那些大師在弘法所說，一聽又是落在意識裡，或者落在識陰中：「唉呀！這些大法師們都不講如來藏，這個沒有開悟，不跟他學了。」就變成這樣。

所以那些人眞的「不能知佛經義理」，爲什麼不能知？都因爲心性的缺陷。例如我講《阿含經》慧解脫阿羅漢證解脫果的內容，但經中也有俱解脫、三明六通的阿羅漢們，當他們來 佛前稟報時也都是這樣稟報的。那麼「梵行已立」的定義很簡單，「我生已盡，不受後有」的定義也很簡單，但他們爲什麼都不懂，眞可憐！事實上因爲他們連十八界的內容都不懂，所以大陸沒有大法師在講什麼十八界法的；只有後來偷偷讀了正覺的書，他們想：「我也應該可以來講十八界吧？」可是轉個念：「還是不能講，因爲我如果一講了，那徒眾們全都知道我落在十八界中，這不能講、不能講。」又打退堂鼓了。所以這些人都是心性的緣故，沒有辦法瞭解佛經所講的義理，那他們就自己胡思亂想，用自己的所知去臆測佛經所講的道理。如果自己臆測思惟而讀不通時，乾脆就說：「那經典不是佛經，那是後人編造的僞經。」解脫道的道理其實不深，但 如來兩千五百多年前預記後世這一些大法師們的落處，如今他們還是一個又一個跳進去；如來早就說了：「你們不要跳進這裡面來。」偏偏他們一個個不斷跳進去，如來的勸導對他們好像都沒有用，因爲他們往昔「如是破法重罪因緣，餘殃未盡」。

接著 世尊又繼續說：「如是惡人成就破法惡業，於佛第一義中，心不通達，不入、不善。」佛說這些人叫作惡人，到底是不是罵人？這叫作愛之深、責之切。以前網路上常常有人罵我說：「你蕭平實一天到晚在罵人，佛從來不罵人。」那麼請問：如來對善星比丘、嗏帝比丘說：「汝愚癡人！」是不是罵人？還眞的不是罵！你講錯了。因爲 如來這三個字「愚癡人」是說明現象、說明事實，說「你善星或你嗏帝比丘是沒有智慧的人」，不過到了現代「愚癡人」三個字似乎定義爲罵人了。所以你如果對著一個不是很要好的朋友說「你是愚癡人」，搞不好他告去法院，然後遇到個恐龍法官就判你有罪。

其實「愚癡人」只是一個形容，跟罵無關；那我講的道理也是一樣，我說這個道理很簡單而你們弄不懂，因爲你們沒有智慧，這樣算罵人嗎？不能算！可是他們認爲我這樣說就是罵人，眞的菩薩難爲。不過沒關係！菩薩生來就是給人罵的，生來就是給人糟蹋的，要不是這樣，那性障的隨眠、煩惱障的習氣種子隨眠如何能早日斷盡？就是要被人家罵到習慣，習慣了以後都不會氣了，就這樣子日積月累、月久年深，這些習氣種子隨眠就一分一分斷除了。

這就是說，破見、我見、人見的破戒比丘們，在佛法中屬於惡人一類。惡人是不是罵人？也不是，惡人是形容他作的事情很不好，專門作不好的事情就是惡人，只是一個形容。如來說「如是惡人」也不是罵人，說「如是惡人成就破法惡業」，因爲他們只要讀不懂的一定會指控說那不是佛法，明明是 如來講的經典，他們也會指控說那不是 佛講的。當你問他們說：「那麼佛是怎麼講的？」他們就說：「佛講的跟我們講的一樣，就是這個離念靈知常住不滅，這就是無餘涅槃。」他們其實是在謗佛。就像嗏帝比丘也是這樣，他跟諸比丘爭執，後來 佛叫侍者去召喚他來，他還是堅持說：「佛陀！您就是這樣講的啊！」佛陀成爲被指控的人了，也眞無可奈何，只好問諸弟子們說：「我有這樣講嗎？」由諸弟子們來證明 如來一向都沒有那樣講。那你們看，紅花還得要有綠葉幫襯。

諸弟子們都說 佛沒有這樣講，然後嗏帝比丘才閉嘴，這樣說起來，我是比 如來幸福，因爲我還沒有這種弟子當面跟我說：「**老師！您就是這樣講的。**」而 如來攝受的很多弟子，其中也有像善星、嗏帝這樣的弟子，當面說：「**如來您就是這樣講的。**」如來無可奈何！因爲一個說有、一個說沒有，那能怎麼辦？只好由第三者來證明。但是所有第三者都說：「**我們所聽到的，如來都不是像你這樣講的。**」這嗏帝比丘才算閉嘴。

所以這些人很堅固地執著錯誤的邪見，永遠都不改變；這些人一世又一世只要有機會聽聞到佛法時，就會謗法；因爲謗法就會向下淪墮去，在三惡道輪轉很久，然後上來人間時聽到了正法，他又繼續誹謗、繼續淪墜又下去；這會成爲一種慣性，除非哪一世他們心態轉變了，肯聽善知識說法，否則就會一直這樣子輪轉不斷。那麼這樣的人 如來名之爲「**惡人**」，他們「**如是惡人成就破法惡業**」，之後在 佛所說的第一義中永遠都不可能通達。古時是這樣，我們以前在天竺，後來人心漸漸變了，只好轉往南方，最後只能去到南方海邊。以前曾經在尼泊爾、在印度北方都還算好，後來人心變了，菩薩們往南走，往南走到最後也沒辦法弘法了，只好生到中國來，這是無可奈何的事；歷史上是這樣記載，我定中看到的也是這樣。

我當年還沒有破參時，去印度朝禮聖地，那時的印度遊覽車沒有冷氣，所以窗戶都打開；由於天氣很熱，不可能兩個人擠在一起坐，所以兩個座位坐一個人；當時印度北方聖地地區的柏油路少，大部分都是碎石路，在車上一個人坐兩個位子，我就盤退打坐入定去了(是前往菩提迦耶的路上入定去了)，那時我看見往世在尼泊爾的小路、農村的小路上，因爲沒人，我在路上慢慢地飛著，是在路的上方約一公尺前進。當時弄不懂是什麼道理，那時還沒有破參，往世所學都還沒有回來；過了一段時間，又看見一個景象：以前生活在南方的海邊，爲人家說法。那時不懂爲什麼會看見這兩個景象，也不敢跟人家講。後來開始弘法，然後讀到人家寫的文章才知道說：「原來是這個樣子。」所以有些歷史記錄眞的是事實，但不知道的人就把它推翻；但有些歷史是被掌權的官方修改過的，不懂的還信以爲眞，例如西藏佛教的歷史。

那麼在　佛陀所講的第一義中，想要「心得通達」並不是簡單的事，因爲第一義是　如來的不傳之密，十方諸佛從來都不明講。你們看人天聚會時，大梵天供養一朵青蓮花，如來就拈起蓮花給大家看；當時一定有很多人覺得奇怪，這蓮花漂亮固然是漂亮，值得 如來拿起來這麼久讓大家看上好一會兒嗎？當時是人天罔措，連天人天主都弄不懂；就只有金色頭陀迦葉（大迦葉）看懂了，突然領會說：「**如來是在說這個。**」他領會到了所以就會心微笑；如來看他笑了就知道他領會到了，所以才有那一段話說「**我有清淨微妙實相無相涅槃妙心傳予迦葉**」。大家都弄不懂：「**明明世尊並沒有傳什麼給迦葉啊！**」

所以宋朝無門慧開評論說：「**如來這是掛羊頭賣狗肉。**」表面上是拈花，其實不是在拈花，所以第一義都不明傳。那麼二乘菩提 如來都可以詳盡解說，唯獨般若密意不講，都是旁敲側擊烘雲托月，有緣者才能相應。造了惡業的人有其造惡業的原因，幹惡事成爲惡人，最大的惡業就是破壞正法，這樣的人與 佛所說的「**第一義**」法義完全不可能通達，他們永遠都心悶：「**這些文字我都懂，可是我不懂它的意思。**」永遠悶悶不樂。他們對第一義不能通達，當然不能眞的進入佛法中，那麼他們的思惟與所行，就會跟著成爲不善。所以眞正進入佛法是什麼時節？就是證悟；若是觀行還差一點點，證悟之後還要作各個層面的觀行，確定下來然後轉依妙眞如心，轉依成功時才是眞正證悟的本質。

證悟的本質要看轉依是否成功，所以證悟之後可不可以瞪人？可不可以用下巴看人？都不可以！有人剛證悟沒注意這一點，遇到會外的人，由於習氣的緣故會瞧不起人，人家就覺得很難受。因爲人家是這樣想：「他是個證悟的人，多麼不容易，結果證悟後對我講話很不客氣，這還算是證悟的人嗎？」對啊！我也懷疑這樣的人還算是證悟者嗎？因爲單知道證悟的內涵時還不能叫作證悟，要有轉依成功。這是因爲眞如與人家從不相爭，眞如永遠不忮不求。

所以證悟之後面對謗法者或者求法者，都應該以慈悲心來爲他說法，他若是不信時，咱們也不用生氣。就是要以悲心來看待說：「他的因緣還沒到，可憐喔！」轉念一想：「假使我未來還有機會，我再爲他說法吧。」或者：「假使我還有機會，送他某一本書，也許他未來就有機會進入法中。」應當這樣想，而不是生氣乃至跟他對罵。若是跟他對罵了，還能叫作證眞如嗎？那是爭強好勝的意識心啊！所以宣稱證悟的對方，若是成就不善心時，眞的叫作表裡不一，不能叫作證悟了；因爲他顯示出來就是沒有悟者的風範，所以對別人頤指氣使，證悟者不應該這樣。

那麼「不入、不善」的人，就如同 佛在前面講的，還要繼續值遇非常又非常多的諸佛，奉侍恭敬供養禮拜受學，再經過無數阿僧祇劫以後依舊不能入法。這就是諸位所看到的現象：遇到外道法時他信得不得了，遇到眞正的正法時他聽不下去，連順忍都不可得。這種人都有那樣的前因，導致現在的果報。但是你今天知道了，以後再遇到時可別當面跟他說：「你就是這果報。」那麼再要他迴心正法可就更難了。所以你知道以後，就放在心中，心裡有數就夠了，但是要巧設方便讓他有機會把正法的知見熏習進入心田中，可以在未來世發起佛菩提芽；這一世他是無法走入正法的，但是正法種子在他心中存在著，未來會漸漸發酵，未來世就有機會了，這是諸位應該作的。

如來又說這一種人：「如是重罪餘報因緣，雖勤精進，猶尚不能取所緣相，何況繫心能得道果？」如來說「這樣的重罪」時，還沒有講到正報；略過正報不說，如來直接說餘報。正報是什麼？不用講，諸位都知道，因爲破法因緣的正報決定在地獄，地獄正報完了回來人間之前，要先經歷過餓鬼道、畜生道；好不容易才回到人間，結果是前五百世盲聾瘖啞；很不容易終於過了這五百世，但是才一聽聞正法時依舊會誹謗。

所以誹謗正法的人，我們最好不要當面指責他是誹謗正法，要先教導他正知正見；關於他誹謗正法的事先擺一邊，讓他吸收正知正見之後，有一天他猛然醒覺：「**啊！我以前講的都是誹謗正法，那我該怎麼辦？**」那時他會來找你，再來教他如法懺悔，這才是弘法度眾應該作的事。千萬不樣當面指責：「**你是謗法，你是誹謗賢聖。**」千萬不要這樣，因為你這一指責，他把心打橫了：「**錯誤就錯誤，我就走到底。**」那你就損失了一分佛土。要巧設方便告訴他正知正見，不斷教導他正知正見，時間久了他會想起來：要怎麼樣彌補自己謗法的惡業？那你再教他如法懺悔，不就攝受這一分佛土了嗎？這個道理要懂得，因為諸位未來都要當法主，遲早都跑不掉的。凡是進了正覺證悟了，遲早都有機會當法主的。

也許有人想說：「**哪裡排得到我？前面有那麼多親教師；何況我現在也還沒有證悟，前面還有好多證悟的師兄師姊呢！**」誰說沒機會？你難道不去未來世？你只有活這一世嗎？既然有無量的未來世，遲早都要當法主的。成佛的願都敢發，當法主竟然不敢當喔？成佛之前都要當法主，才能荷擔如來家業。所以遇到有重罪的人，你明知道他正報受完了，但餘報未受完，現在「**餘殃未盡**」還有重罪未滅，所以對第一義法沒有辦法立即信受，你要慢慢爲他開導。

如來說像這樣重罪的人正報受完後，「**餘報因緣**」是進入佛法中雖然很殷勤精進，結果對諸佛菩薩所說的法義仍沒有辦法攝受；也就是說諸佛菩薩所說諸法的法相，他們都無所緣。人家至少緣個表相，說人生是苦、有生皆苦，至少可以這樣緣個所緣相，但他們聽了可能會說：「**哪有苦？活著多麼好，你看佛菩薩們才苦欸！**」他們對三乘菩提都無法「**取所緣相**」。單是苦相的所緣相都不能攝受，那你要跟他講苦聖諦就沒辦法；苦聖諦沒辦法講的人，集、滅、道諦就不用說了，總之他們就是學法時永遠都學不好，這也就是他們的「**餘報因緣**」。

所以他們雖然很殷勤、很精進修學佛法，但因爲往昔走錯路了，一天到晚打坐不曉得慧觀，你跟他談到智慧的觀行他們都聽不下去，反而批評你：「**他們那個都是瞭解，那不叫作修行；就是要正襟危坐修定，這樣才叫作修**

行。」可是正襟危坐時他以爲的修行是什麼，就只是求一念不生；偏偏他們連一念不生也求不得，因爲胡思亂想轉個不停；所以諸佛菩薩所說諸法的所緣相，他們再怎麼精進打坐以後全都不能緣；他們下座以後又都緣於講世俗法的法師居士所說，連三乘菩提應該有的「所緣相」都不能攝取，「何況繫心能得道果」？因爲他們沒有辦法繫心於　如來所說諸法有所勝解後的「所緣相」。

例如說苦聖諦是講八苦、三苦，那八苦、三苦的內涵要成爲你的「所緣相」；可是你在說明諸行皆苦，當你爲他們說凡是有行全都無常，講了很多例子之後總結說「諸行無常」。結果他們不認爲這是苦，他們認爲說：「正因爲有行，所以才能活在三界中，才能享受快樂，沒有行如何享受快樂？正因爲有行，才能活在當下，行怎麼會是苦？」他們不信受。你跟他們說：「行其實是念念生滅，因爲是生滅法，所以無常，是苦。」但他們都不能體會諸行無常，你跟他們講諸行無常時他們都不信受，表示他們對「諸行無常」應該有的「所緣相」都不能攝受；既不能攝取這個正見，那他們怎麼可能把心放在觀行諸行無常上面呢？所以說他們不能繫心；不能繫心於這個法，那他們對苦聖諦就沒辦法修行，至於集、滅、道諦就不用說了。

所以 如來說他們：「**何況繫心能得道果？**」他們連繫心都不可能，嘴裡說想要證得解脫道的果位、解脫道的果實，其實不可能得。諸位要是不信，遇到這一類人時你再跟他們說：「**無餘涅槃就是『我生已盡，不受後有』，換句話說就是捨壽時不再有中陰身，不再去投胎而沒有後世；也不會生於天界，就是蘊處界永滅。**」他們聽了一定跟你抬槓，還會講出一大堆反對的話來。他們心中不能信受，表示你所說解脫道中滅諦的「**所緣相**」——也就是四聖諦中滅諦的「**所緣相**」，他們沒有辦法攝取，無法緣於這樣的「**所緣相**」，這都是可以試驗的。

所以如果遇到一個不定種性者，他願意聽大乘法也願意聽二乘法，那你就先跟他說明二乘法、說明無餘涅槃是什麼境界，看他如何反應；如果他聽了歡喜接受，說：「**原來是這個道理，我懂了！**」然後他就願意實修，那麼這個人不錯，你可以繼續爲他說明大乘法；如果他聽了默不作聲，心中有疑，可是雖然沒有當場接受，他未來還是有機會修學大乘法的。如果聽了當場就跟你抬槓，我說這個人沒有因緣，你只要把大乘菩提相關的書送給他就行了，他讀或不讀就隨他吧；只要他沒把書丟掉，終有一天會讀，因爲他有時會閒得發慌。一般人是這樣的，他們的時間多的是，需要殺時間。我們總是不夠用，但他們得要殺時間；那麼他只要不把書丟掉，總有一天閒得慌無所事事時，忽然一眼瞧見那一本書，就拿來消遣消遣，也許一讀下去，心想：「欸！有道理，有道理喔！」他就轉了，未來世就有機會證得解脫果或者佛菩提果。

如果是謗法破法的人，成就了這種惡業，對於佛所說的「第一義」永遠「不入、不善」，即使眞正說得清楚明白的「第一義」勝妙法，他都會聽錯或解讀錯，可就眞的是「餘報因緣」，所以這個「餘報因緣」很可怕，因爲會延續無數阿僧祇劫。至於什麼人會有「餘報因緣」，什麼人是沒有「餘報因緣」，諸位要有智慧去觀察，而不是一廂情願硬拉人：「正覺的法多好，你一定要來啊！」你每天拉他，拉得很殷勤，他也許想：「這是我最好的朋友，每天都來拉我要去正覺，好煩。」有一天他下定決心：「好吧，我跟你去。」但他來正覺是幹什麼？只是來還人情，上過三堂課就不來了，就是告訴你：「我聽不下去，我沒有辦法，我不相應。」他認爲：「我已經還了你的人情，你以後別再來找我。」這是很正常的事。所以這短短的一句話諸位要去體會 如來的意思。再往下一段：

經文：【「又深依止我見人見，如是見者乃至諸佛猶亦不能拔其根本，何況聲聞？舍利弗！若人有如是貪著不善邪見，謂我見、人見、眾生見、壽者見、命者見，又於第一義空驚疑畏者，當知是人先世成就破法罪緣。舍利弗！若人如是貪著惡邪不善，謂貪我、貪人、貪壽命者，是人雖百千億諸佛以三輪示現，不能令悟使得道果。舍利弗！寧以利刀割舌，不應不見他事妄說其過：破戒、破見、破命、破威儀。舍利弗！於未來世當有比丘善護二百五十戒，是人懈慢心生，而作是念：『我是持戒，餘人不爾。』輕於他人，心無恭敬：『我是多聞，彼非多聞。』舍利弗！爾時多有比丘但貴持戒，多行阿蘭若行；能善護戒品隨所說行，勤心讀經求通佛法，如是人等生多聞慢、阿蘭若慢，而好瞋恚，心常垢濁，深懷慳貪、瞋恚毒心，頑鈍無知，以小因緣而起大事。是人瞋恚覆心，互相出過，謂破戒、破見、破命、破威儀。舍利弗！如是僧中有好比丘，心無偏黨，處在中間，而亦謂之在彼惡中；互相譏論，諍訟不息，不得安隱坐禪讀經，在家出家皆亦嬈動。如是，舍利弗！爾時多有比丘一歲、二歲、三歲乃至九歲，輕慢上座無有恭敬；是人出家受戒，多不如法。習效和尚、阿闍梨，亦無恭敬。舍利弗！爾時年少比丘及先出家，無有依止，共相輕慢十歲比丘所畜徒眾，其諸徒眾皆無恭敬威儀法則，亦不如法。舍利弗！時諸惡人具足貪欲、瞋恚、愚癡，互相輕慢，無有恭敬；相違逆故，我法則滅。舍利弗！時諸癡人多起破法罪業，起此罪已，當墮地獄。」】

語譯：【世尊又開示說：「這些成就破法惡業的人，他們又很深厚地依止於我見人見，像這樣深厚執著我見人見的人，諸菩薩乃至諸佛尚且都沒有辦法拔除他們邪見的根本，何況是諸聲聞人？舍利弗！如果人們有像這樣的貪著不善的邪見，也就是說我見、人見、眾生見、壽者見、命者見，又對第一義眞實空、畢竟空心中生起驚訝、疑心、畏懼的話，應當知道這樣的人在往昔多世曾經成就破壞正法的罪業因緣。舍利弗！如果有人像這樣貪著錯誤邪謬的不善法，就是說貪著我、貪著人、貪著壽命的話，這樣的人雖然經過百千億諸佛以神通、示教、記心等三輪來示現，依舊不能使他們證悟三乘菩提之一，或者使他們證得菩提道果。舍利弗！寧可用很鋒利的刀子割掉自己的舌頭，也不應該沒有看見別人的事情而虛妄的指說別人的過失：比如說人家破戒、破見、破命、破威儀等。舍利弗！於未來世將會有比丘善於守護二百五十戒，這個人鬆懈了然後慢心跟著出生，心裡這樣子想：『我是個持戒的人，別人沒有辦法像我這樣子持戒。』因此心中輕視別人，心中就沒有恭敬心而這樣想：『我是個多聞的人，他們不是多聞的人。』舍利弗！到那個時節有很多比丘只是看中持戒，這些人大多也都修行苦行、修遠離行；能善於守護戒品隨著如來所說的戒法而修行，也精勤發起精進心來閱讀經典想要通達佛法，像這樣的許多人心中生起多聞的慢，或者生起修遠離行苦行的慢心，然後面對別人時喜好生起瞋恚，心中永遠都是污垢混濁的，深深地懷著慳心貪心、瞋恚和毒心，他們很頑固很遲鈍而又無智，就以這樣持戒多聞的小小因緣而生起大事來。這樣的人被瞋恚遮覆其心，於是互相說出對方的過失，就是說對方破戒、破見、破命、破威儀。舍利弗！像這樣的僧眾之中也有好比丘，心中沒有偏愛也不結黨，他們處在僧眾中間，但是那些惡人也說他們是在自己的團體裡面；這些惡人們互相譏笑諍論，雙方之間諍論訴訟永遠都不停息，沒有辦法安隱坐禪或者讀經，由於這個緣故在家眾、出家眾就跟著全部都嬈動起來。就像是這樣子，舍利弗！那時有許多出家一年、出家二年、出家三年乃至出家九年的比丘們，竟然輕慢上座、對於上座沒有恭敬心；像這些人出家受戒，大多不如法。他們出家後都會學習、會效法主法的和尚，或者效法他們的老師，對於和尚與親教師心中並沒有恭敬。舍利弗！正當那個時候，年少比丘以及先出家的比丘，沒有法上的依止，而竟然共相輕慢已經出家十年以上的大比丘所畜養的徒眾，這一些徒眾們都沒有恭敬心也沒有威儀法則，所說所行也都不如法。舍利弗！那時這些惡人們具足了貪欲、瞋恚、愚癡等三毒，互相的輕慢，互相之間也都沒有恭敬心；由於他們互相違背、互相牴觸的緣故，我釋迦牟尼所傳的正法就壞滅了。舍利弗！到那個時候，這許多的愚癡人大部分都現起了破法的罪業，當他們生起這一些破法的罪業以後，未來世將會下墮於地獄中。」

講義：依止於我見、人見是學佛人最大的惡行，這惡行不對別人，而是對自己造惡。那些執著我見、人見的人，他們都不自覺是對自己造惡，他們一向認爲自己很行，所以善知識說的法他們並不信受；因爲他們自己覺得很行，這就是他們的依止。但是我們今天應該告訴他們說：他們堅固的執著我見、人見時，其實是對自己造惡，是在毀壞自己的法身慧命。假使告訴他們說：「你這樣是在誤導眾生，誤人子弟。」他們會想：「這些子弟又不是我生的，耽誤就耽誤，我師父不也是這樣耽誤我的？」怪到他的師父去了。

所以我們不要對他說是誤人子弟，就告訴他說：「你是在耽誤自己，你是在害自己。」要從另一個方向來講，講的是害他自己。也許他想：「昨天某某人跟我說，我這樣在害自己、在耽誤自己。想想也有些道理，那我得要設法不要再害自己。」因爲眾生的習性，會害別人時不會想到也是在害自己，那我們就投其所好；這是個好方法，那麼這樣告訴他以後，他未來可能就會轉變。

但這類人的依止就是「我見、人見」，這種依止是很平常、很常見的，一直到我們正覺出來弘法以後，臺灣佛教界才開始轉變。至於大陸佛教界，有些學人開始在轉變了，那些掌控實權的各省大法師們依然不肯改變，如果有因緣私下跟他們點一下說：「你是在害自己。」「害自己」的道理是什麼，如果他沒問你就甭講，因爲你講了他會說：「你是要來說服我。」所以你應該欲言又止，只說「你是在害自己」，之後就不要再講了，讓他私下裡思惟以後再來問，那時你才講，他沒問時你甭講。

如來說像這樣邪見的人，因爲貪愛自己，於法就不能實證；愛自己愛到不得了的人，叫他否定五陰自己是不可能的事。所以我們爲什麼會孤單？如果在佛世，我們說這種法時徒眾會是非常多的；可是到了末法時代徒眾少，除非我們能去大陸弘法，因爲還有好多往世的同修生在那裡。那爲什麼現在正覺的徒眾不是很多呢？因爲我們說的法是佛法，如來早就講過「佛法背俗」，俗人最愛自我，所以有時電視廣告也這麼講：「父親節到了，愛一愛自己，犒賞一下自己吧！」「母親節到了，爲子女辛苦那麼久，也犒賞一下自己，要愛一愛自己。」甚至有時罵人家不幹好事：「你眞不自愛。」可是佛法中就不能自愛，因爲自愛就會以自我爲中心，然後來要求所有人。

所以當他很貪著自己時，你告訴他「無我、無人」，他接受不了。你告訴他說：「自我是假的。」他說：「自我明明是眞的，你看我活蹦亂跳，我會生氣也會痛苦，可是我有時也會很快樂。」他覺得自我很眞實，所以眾生大多是如此——貪愛自我，因此我見深深地盤踞在他的心中；那麼像這種人就算是很多劫以來諸佛連續示現，以應身的方式連續示現爲他說法，也不能把他的我見人見拔除。你們就看 釋迦如來在世時，也不是所有人都能證初果的。所以有許多人願意布施給那些聖弟子們，但你叫那些施主們斷三縛結時，他們不一定會接受。這表示 如來所說：得要他自己沒有往世的惡因緣遮障，而他自己我見、人見的執著不厚重，在 如來為他詳細演說佛法之後他才能接受。這就是說，我見、人見深厚的人，如來相繼示現也沒有辦法幫他斷我見人見。

因為當他聽到說：「**自我是虛假的，所以一切眾生也是虛假。**」他聽了心裡就不服氣，聽過一次以後不會再來聽第二次；因為他知道再來聽，如來還會同樣說：「**自我虛假，有情虛假。**」所以他不會再來聽第二次。所以說：「**諸佛猶亦不能拔其根本，何況聲聞？**」想想看，連諸佛都辦不到，那一些聲聞阿羅漢想要「**拔其根本**」，豈有可能！所以 如來接著說：「**舍利弗！如果有人有這樣的貪著不善的邪見，也就是說他堅固地執著我見、人見、眾生見、壽者見、命者見，那麼他又對第一義空很驚訝、很懷疑、很畏懼的話，你就應該知道，這個人過去世曾經成就了破法的罪業因緣。**」這就是說，我們沒有觀察往昔無數阿僧祇劫前的能力，但可以從果來推因，從他現在的現象來推知他過去世是怎麼樣的。

所以遇到這種人時，你就別勉強拉他來正覺，頂多告訴他說：「你拿個一百塊錢出來，我幫你去正覺種福田，下週把收據給你。」這樣就夠了。讓他種下這小小一百塊錢正法的因緣，未來世比較會相應；但是你別期待他這一世會來學法，因爲他有破法罪業的因緣。但總是要在這一世先讓他種下個好因緣，以後他就會有一點相應；有一點相應然後可能他再種大一點的福田，贊助個一千塊錢，然後他這一世就都不再贊助了；老了以後又往生到未來世去，也許他又會遇見正覺妙法，他可能會贊助一萬塊錢；就這樣一世一世漸漸增長，一直到緣熟了，他會想：「我護持正法這麼用心，可是我到底爲什麼要護持正法？」他終究會想起來，然後去探究：「原來護持正法的目的就是要實證佛法。」這就表示他的緣熟了；如果他還沒想到這一點，你再怎麼鼓吹都沒用，但這個悟緣的成熟，很可能是很多劫以後的事了。

所以你要觀察人，例如我這一世剛開始學佛，剛歸依之後人家說：「週末晚上有念佛會，你來念佛很好啊。」我就去參加；參加第一回瞭解了，第二回再去時我就找個法師趕快問：「我們爲什麼要念佛？」這就是於法有疑才要問：「**念佛是為什麼？**」結果我問錯了法師，那法師還是他們寺裡當時很有分量的法師，但我才一問完，他扭頭就走——休去，但他不是禪宗祖師那個「休去」，他是不想回答我或者答不了，立刻就走人了。當時他還出過兩本書，我以為他就應該會告訴我吧，結果是休去；後來我聽說星期天有禪坐會，聽到「**禪坐會**」時心想：「**這個應該比念佛會好。**」我就兩者都去參加，多作比較。這樣兩邊都去參加，參加了兩個多月時我想：「**我念佛會不要去了，還是修禪比較好。**」當然，當時被教的都是以定為禪，這是末法時代的正常事，這就是修定。

修定也未嘗不好，至少能把往世定力回復過來，後來因為知道若沒有定力時，其實也談不上學什麼法——三乘菩提每一個層次的實證都要有相應的定力。所以我就去禪坐會學禪，其實就是修定；沒想到我修不到半年，六妙法的各種方便突然想起來，自己開始走下去。六妙法我是自己練成的，當時也不知道那是六妙門，後來讀到經論中所說才知道，因此有很多往世的法就開始回復。後來聽到聖嚴法師講公案，覺得也不錯，心想：「**這是我要的。**」然後就這樣一頭栽進去。可是當時有聽到「**第一義空**」嗎？從來沒有聽過。

因爲當時沒有人講過「第一義空」，不論哪個道場都沒有人在講「第一義空」，全球佛教講「第一義空」是從我們正覺開始的。

我們開始講「第一義空」，也說明什麼叫作眞實空，什麼是畢竟空，什麼是了義的空，什麼是第一義的空，諸位聽得進去而不驚訝、不畏懼，這眞的很不容易。一般人聽了至少要疑心，通常是剛開始聽時覺得很驚訝，然後懷疑：「這是正法嗎？」最後畏懼：「這個法我不要學，學了以後什麼都空，那還得了！我才不要學這個。學法是爲了幸福快樂，大師早就講過了，說開悟以後從此過著幸福快樂的日子；正覺竟然跟我說學法證悟以後是空，那我要學它幹什麼？不要學了。」這是一般人正常會有的現象。所以初機學人要進入正覺，通常都是要有老修行者告訴他，向他保證：「這個才是正法，你不要去外面亂學。」然後半信半疑進了同修會。

剛開始也是一面上課一面看到底老師是在講什麼，但是我們容許這個狀況，因爲這都很正常。人家剛進來正覺，還沒有開悟前當然有資格作合理的懷疑。你說開悟了，可是人家不敢一時便認同你：「到底你是不是眞的開悟，我不知道啊！總要觀察看看吧。」所以進來同修會中會有很多層面的觀察，他要觀察老師：「這老師到底怎麼樣：會不會脾氣很大？會不會貪錢財？」他會這樣觀察。第一次到會裡上課，還沒有開始上課前就先把講堂到處看看，週二也來聽經，就同時觀察一下：這講堂跟人家不一樣。第一個印象通常是這講堂跟人家不一樣，不花俏；然後就看看身旁，就想：「奇怪！這些人坐下來怎麼大家都沒有在講話？爲何這麼安靜？」因爲你不論到哪個道場去，大家都嘰嘰喳喳一直講個不停，可是到正覺講堂來，大家都等著上課，都沒有在講話，覺得奇怪。

也許有的人就想：「這裡會不會是很恐怖，規定很嚴格所以大家不敢講話？」就像以前阿闍世王殺父害母以後生了重病，後來他想懺悔求病癒，他的大臣帶他要去見 如來時，好不容易來到耆婆伽梨園，他進園時靜悄悄的，就想：「是不是所有出家眾埋伏起來要害我？」他也是這樣想的，後來才知 如來聖眾永遠都是寂靜的。同樣的道理，我們只有到講經完了，同修們有事情需要聯繫和討論時，大家才會講話，這就是 如來的門風。所以你們看 如來的祇園精舍或其他的精舍，或者重閣講堂僧眾很多，但都很安靜的，那我們就是這樣的門風。可是不知道的人剛來講堂時，除了驚訝、還會疑心、還會畏懼，可是大概禪淨班學過半年以後都知道，是因為作功夫，那就是淨念相繼而不攀緣，為了保持淨念相繼的功夫，當然都在憶佛而不講話，就覺得這很正常，就會覺得這才是正法。

可是上課以後或者聽經時，聽到「第一義空」，說我們蘊處界全部都是生滅無常，無常故苦、無常故空，這法到底對不對？就會疑心。有的人甚至會覺得恐懼：學這個法學到最後變成要空掉。可是繼續耐著性子聽完才知道說：「喔！原來最後是要參禪，先教我們看話頭，教我們如何參禪，是要證得一個不空而眞實存在的如來藏阿賴耶識，又名眞如。」這樣心才算安定下來，原來不是斷滅空。所以剛開始聞法聽到「第一義空」的人，還沒有全部瞭解以前，首先是驚訝，然後是疑心，後來是畏懼，這都是正常的。

等到全面都瞭解了以後，才知道第一義空不是斷滅空，而是我們自己這個有情是空，背後那個如來藏才是眞正的空性，才是眞我；而我們五陰是緣起性空，這叫作「生無自性性」；而那個跟我們同在的空性，不是我們五陰，是跟我們不即不離，而祂不是我們五陰，但祂是眞實的空性，因為祂能出生我們。這樣弄清楚了以後，好奇心起來了：「我非得要弄清楚不可！」於是打死也不走了，這就是諸位進來正覺有許多人的心路歷程。我相信大概有一半同修的過程是這樣，但這是正常事，因爲有隔陰之迷，往世的所學已經都忘記了，這一世重新開始學起，慢慢引生往世的所學。特別是在被末法時的大法師們作了錯誤的教導以後，有這樣的驚、疑、畏，全都是正常的事；但是學到後來已經瞭解了以後，就不會再驚、疑、畏。

可是有的人聽到後來還是驚、還是疑、還是畏，那你應當知道，就可以判定「**是人先世成就破法罪緣**」，他在往昔很多阿僧祇劫之前，不是三個阿僧祇劫之前，可能就已經造過破法的罪業；而那個罪業一直沒有滅除，種子一直存在；於是他聽到「**第一義空**」時，由於他堅固的執著「**我見、人見**」，所以心中對「**第一義法**」驚訝、疑心、畏懼，沒有辦法眞的走入「**第一義空**」之中，那麼經中說的、菩薩說的「**菩薩清涼月，遊於畢竟空**」等，他就沒有因緣理解了。那我們今天講到這裡。

開個例外，所謂屋漏偏逢連夜雨，船遲又遇打頭風，今天來到半路時我聽說講堂地區停電了，但我想還是來看看再說，來到時果然看見眞的停電了。但我想，既來到這裡，至少我得上來九樓第一講堂上個香；沒想到電卻又來了，可以講經了。正要上來時才發覺我的包包沒帶，所以經本、海青、縵衣都沒帶來；然後趕快請行政組去 B2 拿經本與海青，到現在還沒拿上來，時間已經超過了，我就說：「不等了，我先上座再說。」不必一定要穿海青才能講經，反正我們這個法不以相取人。假使要以相取人，應該也還好，因為我也剃著光頭，穿這衣服也蠻像沙門服，至少顏色一樣。今天這就是人家講的「禍不單行」——講堂停電又遇上我忙到忘了帶縵衣與經本來。但還好，禍不單行已經行，下一句是「福無雙至」現在正要至，應該是這樣。我們上回是講到哪裡？因為我自己經本上的記錄不在身邊。喔！是第二段的第三行。

今天要從第三行開始：「舍利弗！若人如是貪著惡邪不善，謂貪我、貪人、貪壽命者，是人雖百千億諸佛以三輪示現，不能令悟使得道果。」如來這話看來講得很重，但其實不重，只是如實說。驗證於現在佛教界，不但在內地極嚴重，臺灣也差不了很多，只有稍微好那麼一點點；眼看著佛教界佛弟子很多，問題是為什麼大家不得道果？很多大法師、小法師、學人（優婆塞、優婆夷），其中求實證的人並非少數，可是為什麼再如何努力都不得道果？

對諸位來講，進了正覺同修會兩年半的課程學完，上了禪三道場打三時至少確實斷了三縛結；這斷三縛結不就得道果了嗎？至少解脫道上初果已經取證了。

可是放眼全臺灣，他們想要取證道果還眞的很難；畢竟沒有善知識的攝受，也沒有善知識爲他們詳加解說，所以他們想要斷三縛結何其困難！而且他們也無法像諸位這樣在兩年半的課程中，由會裡施設了無相念佛、看話頭功夫修法，讓諸位具有動中的未到地定。有動中的未到地定力支撐，斷三縛結也就理所當然，但在外面沒有這樣的機遇，所以他們要得道果眞的很困難；在臺灣如是，大陸不好說亦復如是，而要說更是如此！因爲在大陸所謂的佛教界，其實百分之九十以上都信密宗假藏傳佛教，那麼知見就偏邪了，連正法的知見都難以聽聞，更何況是具足定力而且又能夠斷三縛結。

所以 如來所說確實是誠實語，我們由現在的現象可以證明這一點，無可推翻。所以有時看見有的親朋好友繼續在信喇嘛或者繼續信受六識論的佛門外道，你怎麼樣爲他解說都沒用，他就是不相信你說的。但若是善根深厚的人就不一樣，你只要一談到如來藏、一談到人都有八識，他聽了就信，就下定決心要學這個法，別的都不學了。所以有些人不論你怎麼講，他始終走不進正法裡來，永遠都在佛門外道的六識論中打混，打混了三十年、五十載以後終於要捨壽了，他還覺得欣慰說：「我這一世夠精進、夠努力。」但其實都只是在意識境界轉來轉去而轉不出來。那背後的原因是什麼？就是過去世一劫又一劫的無量阿僧祇劫以來，不斷熏習我、人、壽者，因此產生了從意根引起的執著自我的堅定性，所以不管你說的法怎麼勝妙，他心裡就是想：「那只是你說的，我懂的比你多、比你行，爲什麼要聽你的？」他永遠是這樣想的，這就是以自我爲中心，所以總是想：「我講的算數，我比你懂，你不如我，你才應該聽我的。」這就是「著我」。「著我」的人不可得度，他們會永遠在識陰的境界中晃來晃去，始終轉不出來。

那麼 如來說如果有人「如是貪著惡邪不善」，所謂「惡邪不善」就是「貪我、貪人、貪壽命」；世尊說：「如果有這樣的貪，縱然百千億諸佛以神通等三輪如法爲他示現，再怎麼樣爲他說法，他依舊不能悟得道果。」道果有二乘法的道果，也有大乘法中的道果；不論二者之中的哪一種，他們都沒分。所以妄謗三寶是很嚴重的罪，特別是謗法時往往不知道自己正在謗法。那些人無量劫以來貪著我、人、壽者，所以對「**解說無我的人**」，對於「**主張意識生滅，唯有如來藏才是真常**」的人，他們就會誹謗，成為謗法者。

就像臺灣早期的大法師們誹謗我一樣，但他們聰明，只是口頭上誹謗；但大陸現在的大法師們利用政府的力量來打壓正法，已經不只是誹謗而已；因為他們掌握了中國佛協，也掌握了各省佛協，佛協有這個權力，所以認定咱們正覺是境外的，依宗教法的規定不許在大陸弘法；其實他們本來想主張的是「**正覺是邪教**」，可是不能主張，因為如果正覺是邪教，那就意味著六祖惠能、菩提達摩、玄奘菩薩，包括西天的 釋迦如來都是邪教了。他們有體會到這一點，所以不敢說正覺是邪教，最後就藉宗教法規說：你們是境外的宗教團體，不能在大陸弘法；你們是境外宗教，如果在大陸弘法就是違法。

他們這一點主張倒是成功的，八、九個月前有人告訴我說：「**網路上有個大陸的法師這麼主張。**」我就閉嘴不講了，因為這真是我們的要害。他們這一擊是擊中要害，但是耽誤了大陸許多往世同修們的道業，那個罪業無比深重，但他們不相信。因為他們雖然出家了，可是心裡想的是有情沒有三世，人存在就只有一世，所以也沒有後世的果報。有許多大法師是這樣想的，所以他們不怕因果：「因爲沒有後世，就沒有後世的因果可說了，那這一世我只要打壓正覺成功了，我的名聞利養就不受影響。」

這種人所造的業比誹謗三寶還要更嚴重，是比貪著我、人、壽命還要嚴重；因爲貪著我、人、壽命者，最多只是誹謗善知識、誹謗正法，不會作出嚴重抵制正法的行動；可是現在大陸那些大法師們已經作了，是聯合而且在全國作了，那這種事情 如來有一段很恰當的說明：「舍利弗！寧以利刀割舌，不應不見他事妄說其過：破戒、破見、破命、破威儀。」也就是說，寧可拿著利刀把自己的舌頭割掉，也不要恣意誹謗任何一位比丘、比丘尼，而妄說人家「破戒、破見、破命、破威儀」。這還只是毀謗凡夫位的出家人，如果以現在大陸的那些法師們對正覺的抵制，我們可以引用這一句聖教而說：「舍利弗！寧以利斧斫手，」斫手就是斷手，「不應不見他事妄說其過，妄說正覺是非法的。」確實是這樣。

這就是說「惡見、邪見」已經是大過失了，若再加上基於「惡見、邪見」而誹謗僧寶，那過失又更大！可是如果明知道人家是正法，卻偏偏去抵制它，這是公然與正法爲敵，所以大陸全國佛協抵制正覺這個罪業還會比誹謗正法、誹謗僧寶更嚴重，可是他們完全不在意，因爲他們被無神論的斷見思想洗腦以後心裡想：「可能沒有未來世吧，那就沒有惡報了。」那麼從另一方面又有不同，這也是末法時代的現象，所以 如來說：「舍利弗！於未來世當有比丘善護二百五十戒，是人懈慢心生，而作是念：『我是持戒，餘人不爾。』輕於他人，心無恭敬：『我是多聞，彼非多聞。』」這個現象在大陸很難見，可是在臺灣很平常，因爲大陸的法師們都學密而暗中修雙身法，根本不理會戒律。

在臺灣很平常的事，在大陸爲什麼難見？因爲大陸有很多比丘是上班的，白天來寺院主持法會或作事情，下午五點鐘寺院關門，他們也跟著回家過自己的生活。在臺灣比丘、比丘尼受戒時要在寺院經過三壇大戒，是正式的受戒，至少有得到下品戒（我講的是菩薩戒），除非那主戒的得戒和尚以及另外兩位阿闍梨三個人都破戒，否則至少得個下品戒；那麼比丘、比丘尼戒的戒體通常還是有的，因爲那是依出家的形像而受戒。但是在大陸不然，他們是怎麼出家的呢？堂頭和尚說：「你可以來出家了。」「我什麼時候來？」「明天。明天來寺院之前，你先去理髮廳把頭髮剃光了再來。」來到寺裡隨即披起僧服，就算出家了，所以他們要還俗也很容易。那他們出家時堂頭和尚有沒有告訴他們二百五十戒？沒有！不然至少也告訴他們菩薩戒的十重戒吧？也沒有。那麼四十八輕戒或五十二輕戒，也就甭提了。

在大陸很多出家人都是這樣，甚至有的出家人都當上方丈了，近來才知道原來是個殺人犯，逃到寺裡來出家而當上住持了。不曉得近年有沒有開始回復傳戒的制度，由官方指定某個寺院開始辦菩薩戒，有沒有？有啊？這算是進步了。你們不知道喔？你們住在大陸反而不知道。所以在大陸因爲持戒很清淨而傲視於同儕、或者傲視於佛教界的現象並不多見，因爲大部分法師已經投入密宗了。但是在臺灣是有持戒清淨而傲視其他道場的，所以有的法師因爲持戒清淨，就瞧不起一切法師；至於人家別的法師也許經論很通達，雖然還沒有實證，但是理路很通透，他卻依然瞧不起，因爲他只看重持戒；所以當他看見別人有時因爲戒相的開遮，爲了攝受眾生而有一點點小小的開緣時，他就撇起嘴來，一副瞧不起人的樣子。

其實是對方作的才對，反而是他錯了。因爲應該從眾生的角度去看戒律，能對眾生有利益、能使眾生信入佛法的事情才最重要，至於戒條應該開緣時就得開緣。結果他不是如此，他只死板地看重戒條，所以他對別人在法義上的貫通一點也不看重，只看重持戒；他心裡總是這樣想：「**我是持戒，餘人不爾。**」臺灣十幾年前，我記得是正覺傳菩薩戒傳了四年或五年時，有個在土城很有名的道場法師講話了：「**蕭平實憑什麼傳菩薩戒？他是個在家人，有什麼資格？**」後來輾轉傳到我這裡來，我說：「**你把話傳回去，請他去讀一讀菩薩戒本，或者去讀一讀《梵網經》。**」後來那寺院就沒聲音了，算他們聰明。

重視持戒當然很好，可是不應該因此起慢，因爲持戒是一個比丘或比丘尼應該遵守的戒法，這是出家人基本的條件，不需要傲視於人。就算普天下的人都在犯戒，他也不需要傲視於人；即使人家不受持比丘戒，單受菩薩戒，不一定就比他持得差呀！所以我說他們對持戒的精神不懂。持戒時到底是應該戒身還是應該戒心？（大眾答：戒心。）對了！諸位都懂，可他們有些出家人不懂。臺灣有些出家人持戒很精嚴，到外面去辦事剛好中午了，附近卻沒有素食餐館，那該怎麼辦？吃個肉邊菜吧，他就認爲是犯戒，要求老闆一定要依照他講的那樣作素菜給他，我就說：「**那他持戒不如我。**」因爲我以前還沒有退休之前，常在社會上到處跑，有時跑遠路去到鄉下地方，早知道不會有素菜館；大地方我也懶得找，路途也遠，我往往找一家飯館坐下來說：「老闆！我吃素，抱歉喔！你給我一碗白飯，給我一小碟醬油，如果能幫我燙個青菜更好。」這樣也就解決了，沒有什麼困難。

後來我懶得這麼作，乾脆帶兩個饅頭一包花生米，午餐我就解決了；若是去辦事的路上看見有人賣保久乳，我就買一瓶喝，湯的事也就解決了，根本不需勞動餐館老闆那麼麻煩再作素食。直到去年才知道那是沒有牛奶的牛奶，我喝了十幾年，出門就專門買保久乳喝，加上饅頭與花生也可以解決一餐；更不必藉口說因爲沒有素食館，我只好吃肉，但一定要吃肉嗎？有時葷食店的老闆會不高興，但我們說白一點：「因爲我素食，沒辦法沾葷，所以你幫我燙個青菜下個麵，什麼都不用放，給我一點醬油，頂多滴幾滴香油也就行了。」老闆就不會生氣。這樣也可以解決一餐啊！所以持戒犯戒到底誰持得好，眞的不一定。有的比丘會去居士家裡辦事，結果居士去素食餐館買了幾個盒餐回來，他們卻說：「這不好吃，我不要。」說要上餐館去吃當場煮的正式菜餚。那到底哪一個持戒比較清淨？高下立判，這很容易懂的。

同樣素食，有一次我回鄉去看老爸，那是二十年前的事；回途要上臺北時，爲了趕路，所以開到彰化縣員林鎭，快要開出員林鎭時，我就在對面麵包店買了半條吐司放在車上，然後一面開車一面吃，我二哥說：「這到底是葷的還是素的？」我說：「你管它是葷的素的，就算有點葷的，你沒有那個心，那就行了。」「那你吃得這麼清淡，不等於吃素嗎？」我說：「心才是重要的。」我在講，他有聽，當時勉強接受了。那麼兩個人你一片我一片路上啃著就往花壇鄉前進，要去彰化市上高速公路。路上他一路叨唸著：「唉呀！好難吃啊！」我說：「不會啊！又香又甜，怎麼會難吃？」所以心性不一樣時吃起來就不一樣，我吃起來覺得很甜很香，但他一路抱怨一路叨唸著，到了花壇鄉時還在唸；從員林到花壇是七公里或十公里，我如今忘了；他還在唸著，我就說：「你別唸了好不好？這明明就很好吃，你是心沒辦法靜下來，就覺得不好吃。」

我這一講到心，他就不講話了，默默地啃。我是享受那吐司，他是在啃吐司。那到底怎麼樣叫作清淨？我無所謂有沒有摻豬油或者什麼東西，那我吃起來很清香、很甜，但他很執著說不能吃肉、不能吃葷，可是一路上不停叨唸著這很難吃，那到底誰的戒持得比較好？我從那一次就有一點點體會到如來三十二相的「舌上味相」。這讓我吃起來覺得很好吃，那他為什麼覺得很難吃？我現在好像在說我哥哥是非，不過好在他也去世好多年了，就沒關係了。但我舉這例子來說，是告訴大家什麼呢？是說持戒時不要被戒綁死了。

假使將來有機會到大陸去，哪個法師請我吃飯時，因為他們不一定吃素，又假使飯菜端出來時沒有素菜，那我吃肉邊菜也無所謂，我依道共戒而飲食，無所謂。若是想要叫我吃上一口肉都不行，絕對不會答應。但是其實有很多法師私下裡連牛肉都吃，就別說豬肉了，眞的是大快朵頤；可是大陸的法師們表面上道貌岸然，背地裡又搞雙身法，那你看他們好像持戒很清淨的樣子，其實只是作個樣子。所以在內地要說誰因為持戒清淨而傲視同儕，我認為是沒有的；但臺灣還有，只是被戒條綁死了。

應當去體會　如來施設戒法的目的是什麼？那些戒法的目的就是讓比丘、比丘尼們，或者讓優婆塞、優婆夷們不要貪著於外我所，也不要貪著於內我所。外我所就是外面五欲或吃的那些外物，內我所是對於自己所領受的五塵的覺受，又如識陰六識的覺受功能……等。如來施設戒法的目的在此，那他們只在戒的表相上著眼，看起來像是兩百五十戒都持得很好，可是腦袋裡想的都是五欲，那你說他到底是戒身還是戒心呢？原來他只是戒身而不戒心。

就好像修定一樣，咱們無相拜佛一拜也許五分鐘、十分鐘、十五分鐘，也有人一拜二十幾分鐘、三十分鐘，都是淨念相繼的；看來身體是在動著，但心是淨念相繼而無雜念的。可是有好多道場他們修定是固定時間坐在一個地方，道貌岸然正襟危坐，可是光一個數息法，從一數到十，數了二十年還數不到十，總是起了妄想又要從一開始數，永遠都數不到十。那這樣到底誰的定好？所以要談制心一處的功夫，也是要從心下手，不應該從色身下手。修定在心，拘身無益；參禪也在心，拘身無益。所以好多地方在打禪七時都還規定要雙盤，可是心都不在參禪，都在叨唸著：「**今天是誰監香啊，為什麼還不敲引磬？我這腿已經痛死了！**」都是這樣的。可是參禪在心，不在腿，但他們都是顛倒；直到我們出來弘法這六、七年來才開始轉變了。

這就是說，持戒的道理也是一樣的，要戒心而不是在戒身。他持兩百五十戒都不犯，非常嚴格，可是每天晚上想著：「**我女兒交那個男朋友到底現**

在怎麼樣了？」都出家了還在想他家裡那個女兒要不要結婚的事。雖然出家兩百五十戒持得很清淨，可是心裡想著：「**我老婆好可憐，一個人守活寡，我到底要不要還俗？**」這是在持什麼戒？眞的不懂。這就是說，戒律在於戒心而不在於戒身。所以在佛法中談到不犯戒，是心不犯就是不犯；可是從二乘人來講，得要身不犯才叫作不犯。那他要依聲聞戒世世受持、劫劫受持直到成佛，我跟你保證：不可能。只有菩薩戒才能讓人受持直到成佛，聲聞戒的目的是使人放下一切，習慣於放下一切之後容易證得解脫果，但前提是要懂戒心，不單單是戒身。這個道理諸位要懂。

那麼因爲持戒都不犯，所以他歧視別人；即使人家對法義很通透，他也不服氣，這種人就叫作愚人——單單因爲持戒而生起慢心。可是在佛法中修行的首要就是除慢心，慢心若不能除，其他都是白修了。可憐的是他不懂，於是因爲持戒而生起慢心，然後因爲持戒精嚴，就不能隨便犯戒了，導致這也不能作、那也不能作，只能啃經典；於是每天抱著經典讀一讀，雖然讀不懂也得讀。於是經年累月可能讀了很多部經典，又因此而生起另一種慢心，所以他是：「**輕於他人，心無恭敬：『我是多聞，彼非多聞。』**」他以多聞自傲。

可是多聞其實沒有用，我自己的經驗說給諸位聽；我剛出來弘法時，四阿含全部經典是已經讀過了。因爲我都斷句過了，當然全部讀過了，之後我再演說大乘經典。當時大乘經典我讀不到三部、五部，是後來爲了印行《三乘唯識—如來藏系經律彙編》，因爲需要我先斷句，才好交給打字行打字，才讀了比較多部。那麼菩薩們寫的論那更不用提，絕大多數都沒讀過，我是用自己的證量出來說法接引大眾；我們剛弘法時有個元覽居士，姓甚名誰也就不講他；他很多聞，他讀過的經論非常多，包括釋印順的書也都讀過了，而我那時對釋印順的書是連一本都沒讀過。元覽居士就因爲多聞，有時會提起某一個名相來，我如果聽了知道意涵，就是勾起往世的記憶就會直接答；如果沒有勾起往世記憶的名相，我就說：「那你拿經文來看看。」經文拿來時我就爲他解釋；那時他因爲我經論讀得少，所以瞧不起我。

那時我們還在中山北路租的地下室共修，當時的辦公室其實也不是辦公室，因爲與講經的場所並沒有隔開，就只是兩個桌子放在那邊而已，他就在那邊跟我談起很多法來，我就爲他解釋他所提的法；他問了很多問題，我當時都沒以爲他是在質疑或者挑戰，因爲我從來沒有這樣的想法。我認爲每一個學佛人應該都是很誠懇的，都是爲法而來的，所以他有什麼問題我就爲他解答，沒想到後來第二次法難之後他們傳出話來，說他跟另外一位女眾林老師講：「唉！老師太厲害了，他太會講話，他口才太好了，我辯不贏他。」

口才太好？奇怪！如果口才太好，那在學校讀書的時候老師爲什麼都不選我上去參加演講比賽呢？從來都沒有輪過我上去演講。在家裡，我二哥、四哥也都認爲我的口才不好，他們的口才都比我好；可是他們在某些事情的辯論上卻都輸給我，很奇怪。這大概是往世學的因明學不知不覺就拿來用吧？因爲我的口才確實不如他們，所以我常常被敲腦袋；都是用這樣的拳頭敲的，這樣一敲，我腦袋就腫起一個包，就罵我說：「你連這個也不會。」

可是後來我弘法時寫了《眞實如來藏》、《禪—悟前與悟後》，送給我二哥看，他看不懂；他的口才很好，我這個口才不好又笨的人，結果我寫的他看不懂，這個表示多聞無用，實證才重要。只有一個前提下多聞是有用的——普天下都沒有實證的善知識存在，這時多聞可有大用了；但是也要看他的居心如何，居心是善就有大用，可以接引很多人投入正法；可要是居心不善，因爲憍慢心而想要降伏別人，他就會到處炫耀、到處去降伏別人，讓人不敢跟他說話，那就不善。

雖然不善，也還算是大用吧！至少人家說他「經論讀很多，所以他對佛法很懂」，可是一旦遇到一個實證者，他就沒有用武之處了；所以當年他們在我幫助下實證，雖然讀了很多經論，卻不如我這個經論讀很少的人，因此他們問的問題我可以幫他們解決，他們卻無法來挑我的毛病，我想這就是往世的種子流注吧。那麼弘法二十幾年下來，現在我經典就讀多了，因爲我講過的就讀過了，編輯《三乘唯識—如來藏系經律彙編》時爲了斷句，我也讀很多了。關於《瑜伽師地論》有人問我說：「老師您是以前讀過？」我說：「沒有讀過。」我沒讀過，都是今天要講到哪裡，我就先拿鉛筆斷句到那裡。因爲有時以前的人斷句會有錯誤，我就先再斷句一遍；當我斷句斷好了就讀完了。例如現在講到卷八十二，我每次上課那天就先斷句要講的部分；斷句完時就是讀完了，所以《瑜伽師地論》我已經讀到卷八十二了，卷八十三還沒有讀過，因爲卷八十二的斷句都還沒有斷完。

可是如果你們今天來問我說：「《瑜伽師地論》您都讀完了嗎？」也許我

突然心血來潮，就告訴你：「全部讀過了。」我沒有說謊，往世就全部讀過了。所以有人建議我要講《瑜伽師地論》時，我也沒想內容是如何，當場就回說：「好吧，那就講。」所以我也沒有先讀過，都是今天要講到哪裡，我斷句到那裡就是已經讀到那裡。經典也是一樣，當我要講的經典必須先印製時，我怕日本人斷句錯誤，就先斷句，所以印刷出來時就表示我讀過了。這就是從實證出發所瞭解、所爲的，但一般大法師們解說時就不一樣；所以單憑多聞不足以自傲，因爲多聞而沒有實證的人，他們有許多理解是誤會的，也無法想像經文背後的眞義，所以當他們爲人解說時有許多法義，都是憑著自己的臆想猜測而說。

但對這樣的人，我們還是要隨喜，因爲他們依文解義時至少不否定正法。如果像釋印順那樣，他是個多聞的人，但是他的多聞卻用在否定正法上，凡是自己讀不懂的就否定它、推翻它，說「**那不是佛說的**」；他自以爲這樣可以走遍天下，臺灣也給他走了幾十年，不巧的是後來出了個蕭平實，該他倒楣，所以他這一生最後將近二十年是抑鬱而終；憂鬱的日子一直過得沒完沒了，只好自己畫一個大餅安慰自己說：「**我已經成佛了，不理你蕭平實。**」

就這樣安慰自己。

他不這樣作也不行，如果不這樣，你叫他怎麼過日子？一天到晚都會有人問他法義的事情，而我幾乎每一本書都會講到他，因為我拿他當活教材；那他如果不這樣自我安慰，你叫他怎麼過日子呢？臺灣佛教界大家知道這蕭平實每兩個月出一本書，大約每一本書都會講到他，那人家去問「這怎麼辦？」他乾脆眼不見為淨、耳不聞為淨，弄一個成佛來安慰一下自己，這樣還可以算是過日子吧；所以臺灣佛教界最多聞就是他，但這樣的多聞遇到實證者就沒有用了。

所以這個持戒比丘因為戒律持守很精嚴，什麼都不犯，他就沒事情可作，因為一作就錯了，不作就不錯，那就只能讀經典。讀經典、讀論典然後多聞，多聞之後又起另一個多聞的慢，所以「輕於他人，心無恭敬：『我是多聞，彼非多聞。』」這種情形以前在臺灣是存在的，在大陸是不存在的，因為大多被密宗滲透了；可是以前在臺灣存在這樣的人，竟沒有人敢講話，大家都只有讚歎。那我們現在想起來為什麼大家讚歎？我想就是那句話吧：不看僧面看佛面。末法時代沒有人實證了，至少也對 如來尊重一點，他們畢竟是佛弟子，我想大概是這樣吧。所以臺灣佛弟子們心性眞的很善良，這不是反面指責說你們大陸佛弟子不善良，不要引申過度。

如來接著說：「**舍利弗！爾時多有比丘但貴持戒，多行阿蘭若行；能善護戒品隨所說行，勤心讀經求通佛法，如是人等生多聞慢、阿蘭若慢，而好瞋恚，心常垢濁，深懷慳貪、瞋恚毒心，頑鈍無知，以小因緣而起大事。**」你們看海峽兩岸不都是這樣嗎？不說海峽兩岸，南洋也一樣，都是以「**小因緣而起大事**」，所以各個山頭都蓋得很大，這在佛法中是不如法的；因爲得要有大因緣才能建築大寺廟，把正法廣大弘揚起來；沒悟的人也募集大量錢財蓋大寺廟，這就是「**以小因緣而起大事**」，是 世尊所訶責的事。

話說回來，這樣的人是「**但貴持戒**」，就僅僅看重持戒，好一點的再加上看重多聞，所以他們對戒品能隨著所說而行。他們一定不犯戒，也很精勤努力閱讀經典，希求通達佛法。可是正因爲持戒與多聞而在後來又「**生多聞慢**」，也因爲持戒清淨生起「**阿蘭若慢**」，同時也就「**而好瞋恚**」。阿蘭若就是遠離處，修阿蘭若行就是修遠離行，是遠離五欲才叫阿蘭若行，也就是修苦行。但他們是遠離市塵、遠離市場喧囂，叫作阿蘭若；他們的心是不正確的，是應該遠離五塵、遠離五欲才叫作「阿蘭若行」；那麼身相遠離五欲、遠離城市並不是眞正的「阿蘭若行」，那是表相的「阿蘭若行」。

因爲他持戒又多聞所以瞧不起別人，動不動就生氣，因此「心常垢濁」。爲什麼叫作垢濁？因爲五蓋很嚴重，就是貪欲、瞋恚、散亂（就是掉悔）、疑蓋，還有一個睡眠蓋。因爲他們這樣子「行阿蘭若行」，日子其實不是好過，因爲他們生活清苦卻沒有法樂可言，這個不能吃、那個也不能吃，這個不能作、那個也不能作，而且「行阿蘭若行」時又沒有人看，還沒到安板的時間就上床睡覺去了，不然他能幹嘛？他們的五蓋很嚴重，所以這樣的人你如果每天包個紅包去供養，他就很高興，雖然包的錢不多，但你去供養時總得要頂禮三拜吧，他會覺得：「還有人願意供養我，還有人對我這麼恭敬，很好很好！」他就對持戒以及多聞更有信心。

可是看到一般人就生氣了，因爲他想：「我持戒這麼清淨，我又這麼多聞，爲什麼還有很多人都不來恭敬供養我？」所以他看見一般的學佛人就生氣。假使有一天我到了素食館或者到了哪裡，看見不是每一個人都恭敬我，我就生氣起來，那你就知道這蕭平實墮落了。可我不這麼想，我想的是：「我不論去到哪個地方，希望大家都不認識我。」我一向是這樣想的，可是現在好像越來越難，因爲我到某些地方買東西時也會遇見同修們，到哪個地方吃個飯、吃個麵，也會遇見同修們；有時去賣場買個東西也會遇見，眞沒辦法隱形了。有一次有個同修跟她兒子也去賣場，因爲我平常沒戴眼鏡，她兒子就跟她理論說：「那個人不是蕭老師。」她就說：「那一定是蕭老師，不然我們過去問問看。」結果是她對，而她兒子看錯了。你看我越來越難隱形了，現在這個福利快要不見了；但我爲何希望隱形？這就是心態的不同。

如果是當法師的人，一般都是希望不管走到哪裡大家都認識，然後禮拜供養；這至少很風光，不論去到哪裡人家見了納頭便拜，多風光！可是這對我是個困擾，因爲人家會覺得奇怪：「這是什麼人？又不是和尚，又不是比丘尼，怎麼人家去拜他？」反而是個困擾，而且我的習慣你如果禮拜了，我得要回禮，我也跟你禮拜，那世俗人看了會說：「這幾個人到底在幹嘛？」沒罵出來就算好的，通常心裡會想：「這幾個人精神有問題。」所以心態的不同導致作爲就會有所不同。

那些「但貴持戒、但貴多聞」的人，通常瞋恚心很重，因爲五蓋都不離，所以「心常垢濁」，而且「深懷慳貪」。他們外表顯示持戒那麼清淨，可是心裡想的是希望有更多人來供養或禮拜。所以「瞋恚毒心」是小事，障礙道業才是大事。那他們爲什麼會障礙道業呢？因爲他們這樣作就顯示是「頑鈍無知」的人，有智慧的人不幹這種事。沒有智慧的人就像半瓶水，爲了讓人家覺得他很有智慧，所以要不斷地晃而發出聲音讓大家注意。如果整個瓶子裡連一點空氣都沒有，再怎麼晃也不會有聲音；他是爲了引人注意，所以會作出清高的言行出來，但這樣的人叫作「頑鈍無知」。

「頑鈍無知」表現出來的現象是「以小因緣而起大事」。在佛世乃至中國古時，凡是住山、開山，一定是因爲他有證量，要出來利益有情時需要一個道場，所以去住山；找到一個名山、一個合適的山頭住下來等候有緣人，當有緣人來到時就開始建設起來成爲名山，這是有大因緣的。但是到了末法時代都是「以小因緣而起大事」，所以一個凡夫就能住山開山，而且越開越大；現在如果開山二十幾公頃都不算什麼，都是一百公頃、兩百公頃這樣在作的。那他們開得那一大片山頭，金鑾寶殿跟皇帝住的一樣金光閃閃，不是爲了有正法來利益眾生，而是爲了顯示他們的身分地位；所以都是以凡夫之身開山，要不然就是藉著慈善的名義，每年弄個一百億臺幣，然後背地裡怎麼回事我們都不知道，還建立新宗派而由自己當開宗祖師，不像古人都是後代才爲開山祖師建立宗派。

那麼這裡就得探究什麼叫作大因緣；我們佛教中都說諸佛如來「以一大事因緣出現於世間」，既是一件大事因緣，那件大事是什麼？就是來到人間爲眾生開示悟入 如來的所知所見，那才能叫作「大事因緣」。而末法時代的大法師們，眞的是爲了把 如來的大事因緣爲眾生開示悟入而需要那一大片產業嗎？根本就不是。就只是爲了個人在佛教界的地位，所以臺灣有四大山頭各爭第一，我們北邊這個鄰居搬到金山法鼓山去，他們號稱是學術第一。那麼從金山反而搬到南投的中台山，是寺院全球第一高，也是第一；因爲他們的比丘尼說：「**我們師父證量第一，所以要蓋最高的。**」保不定哪一天誰蓋的比他們更高，證量就比他師父更高了。還有一個第一是全球寺院最多，諸位都知道是哪個大山頭，不過好在他們大約六、七年前轉型了，所以那裡是臺灣導遊說的「陸客必到」之處。你們內地來的人有沒有去過？都沒有去？這表示你們不是陸客，而是佛弟子。他們把錢拿去大陸弘揚佛教文化，這一點我隨喜，不作負面評論，在那之前我是評論的。全球寺院最多這也是第一，那麼後山的呢？搞什麼環保、醫療，她就是要爭臺灣佛教界乃至爭將來佛教界第一——徒眾最多、國際化第一，所以她搞了好幾年國際化，想提名諾貝爾獎。諾貝爾獎是個榮耀嗎？打從他們頒獎給達賴以後就已經是個污點了。

所以大家都要追求第一，那我們要不要追求第一？當然不要！我們不必追求也是第一，我們眞是全球第一大道場，因爲我們法最大，當然是第一；可是把佛法講是第一，其實完全沒有意義。以前常有同修們勸我說：「**我們就建立爲正覺宗。**」我說：「**千萬不要，一個完整的佛法爲什麼要分宗立派，我們不需要跟人家爭第一。**」因爲你從實相來看時連我都不存在了，還會有「**我第一**」嗎？所以那些第一完全沒有意義，我們不需要爭第一。所以我們籌畫建立一個玄奘文化中心，將來也用不著一百公頃、兩百公頃，夠我弘法使用就行了。

但我們正是像《法華經》說的，把 如來的這個「**一大事因緣**」來利樂眾生，就是把 如來的所知所見告訴眾生，用開、示、悟、入的方法來利益眾生，這才叫「**大事因緣**」。可是末法時代的大法師們都是「**以小因緣而起**

大事」，這是 世尊所訶責的，能以大因緣而起大事的人太少了。那麼像那樣的愚癡人，冥頑不靈的人，愚鈍的人，他們的行為就會顯示出一些特性，所以 如來說：「是人瞋恚覆心，互相出過，謂破戒、破見、破命、破威儀。」他們就是喜歡講是非，所以看見人家有時為了利樂有情而對某一個戒條有了開遮時，他們就提出來評論。看見人家為了利益有情時不得不作了某些事，因為這樣才有辦法利益有情；這樣作時戒條雖然也允許，但他們卻故意出來遮止，也提出來評論，然後就說人家「破戒」。

有時人家善知識講的法是從現量來說，那是實證的法，他們依文解義找不到經文依據，就說人家講的跟佛法不同，說人家「破見」；有時為了攝受一個眾生，所以善知識接受了某一種特殊行業的人所作的供養，他們就跟人家批評說那個人「破命」。到底他們的評論對不對？假使哪一天有個十惡不赦的人，聽到我的名聲趕到正覺講堂來供養，我也接受，不會拒絕他；但是接受了供養時也為他祝願，同時也要教導他，讓他改邪歸正，但不會拒絕他的供養。因為我不怕供養，供養越多越好，有什麼不好？只要我不放進口袋裡，全部都拿到會裡用來利益眾生，我不怕這樣的供養太多。

假使哪一天有個妓女戶的老鴇聞風而來說要供養我，我也接受；但是我都不用那些錢，我把她的供養轉出來利樂有情；讓她供養了這筆錢，供養出來之後她未來世的回報更大。所以接受供養時，不應該挑三揀四，不能夠說：「**她那個錢財的來處不是清淨的。**」不可以這樣，除非是搶劫來的。但她是開妓女戶的，她就是賺那個錢，那是有人要去那裡花錢而她賺那個錢，雖然不是光彩的錢，但她對三寶的恭敬卻是眞的，不是假的；她有心向善也是眞的，那就應該給她機會。雖然接受她的供養以後，可能她此世仍不會來學佛，但未來很多世以後（也很可能下一世）她就開始學佛了，這樣受她供養，不能說是「**破命**」。

所以看事情要看得寬廣，不要只看表面。假使你是個比丘而證悟了，哪一天突然有個女老闆開了一個大公司，她見到你好仰慕，你說：「**妳來學佛吧！**」但她不來。「**妳來護持正法吧。**」她也不來。後來她提出一個條件：「**你讓我抱一抱，我就來學。**」那請問你接不接受？（大眾答：接受。）對！你們比丘們爲什麼沒點頭？對！應該這樣。當然要以一次爲限，那她就進來佛門了。如果你成佛了，這當然不行，因爲佛的威儀不容許被世俗人抱，其實眾生見了佛也不會這樣起邪思。那麼你就犧牲一下，而她進來學佛之後就會很精進，她會想：「師父爲了我都願意這樣犧牲。」她就會很精進，然後一定也會鼎力護持正法的。

我告訴你們，弘法沒有錢時辦不得事；就像我們正覺同修會以前沒欠什麼錢，現在也沒欠什麼錢，可是眞要是沒錢時還能辦事嗎？買個講堂都買不來。想想看，我們剛搬來時，單單九樓一個講堂坐了七百十五個人，而且那時冷氣還只有十五噸，所以大家一面聽經一面搧著風，而我是一面講經一面擦汗。可是大家對法有信心，後來護持多了我就買十樓第二講堂；就這樣一步一步發展起來，所以沒有錢還眞作不了事。但是錢也不用太多，可是你如果有機會遇到這樣一個女信徒，到底這應該說是機會還是災難？不知道？是機會喔？你一旦接受她的條件之後，她一進門來就是精進修行、鼎力護法，那你就可以拿來利益更多的眾生。假使我們現在有上百億臺幣，那我現在去內地推廣正法會非常順利；而我現在是一塊錢作兩塊錢用，這是眞的沒辦法的辦法，就是這個格局。所以我們有一些事情正在作，都是斤斤計較，理事長、董事長、我們參與的幾位老師都知道，我們都是斤斤計較；因爲我們不像他們某些道場一年收入臺幣一百億元，那要花錢當然很容易，但我們不會像他們那樣花。

所以遇到這種情形時，你就不能說那位比丘破壞威儀。他其實沒有「破威儀」，而是他的善巧方便；因爲他的境界一定是超過欲界的，才敢公然這樣作。可是你們別說那喇嘛是超過欲界的，完全不是，他們被教導成爲好色之徒，是貪淫觸的世俗人，那是不同的。所以不能隨便說人家「破戒、破見、破命、破威儀」，眞的不能隨便講。有時就算親眼所見還不一定準，例如剛剛舉的那個例子，也許她是來到寺院無人之處，她對師父提出這個要求，而那師父接受時也許你剛好經過瞄見了，你就說：「啊！完了！完了！」其實沒有完，未來大好。所以不應該不清楚事實就隨便說人家「破戒、破見、破命、破威儀」，那是不對的。但如果是事實，應該要求對方改正；例如出家了卻開很多家公司賺錢，或是出家了卻開很多商店在賺錢——例如里仁商店……等，那是不應該的，那眞的叫作「破命」；不但「破命」而且「破戒」了。那麼「破命、破戒」的人是不是也「破威儀」還「破見」？對啊！因爲出家人的威儀，身爲表相僧寶時就不應該作生意，那他們作了就是「破威儀」。那他們也都是因為邪見才敢這樣作，所以四者具破。

接著 如來又開示說：「**舍利弗！如是僧中有好比丘，心無偏黨，處在中間，而亦謂之在彼惡中；互相譏論，諍訟不息，不得安隱坐禪讀經，在家出家皆亦嬈動。**」假使在這樣的僧眾之中有好比丘，這是正常的，因為不會全部都是邪比丘、惡比丘；假使其中有好比丘，他的心中沒有偏黨，他始終處在中間而不跟任何一邊結黨。

因為寺院中多數的凡夫都會結黨，他們幾個人要好成為一派，那另外一批人更要好成為一派；末法時代寺院中有兩派都是正常的，有三派、四派也都正常。以前我跟諸位講過，有個很有名的寺院，有一天兩個比丘在大殿上吵架，吵個沒完沒了聲嘶力竭；後來有位師姊冷不防輕輕的一聲說：「**兩位師父！吵的太慢了，乾脆用打的比較快！**」結果兩個人警覺了各自走開，所以這是正常的，偏黨是很正常。在正覺同修會中沒有偏黨——沒有結黨的人，因為大家知道結黨不是正覺的門風，所以想要結黨也結不起來，頂多三、五個人，十來個人覺得自己是一黨，其實也沒有人當他們是一黨，因為沒有大作用。所以正覺是一個很奇怪的佛教團體，但我們說實證的教團中得這樣才是正常的，因爲這符合 如來的教誨。

言歸正傳，世尊說，這樣「**心無偏黨**」的比丘們不偏向任何一邊，「**處在中間**」，可是偏黨的兩派人都會說：「**他是我們這邊的人。**」把他們定義說是自己的人，如果拉不過來可能就會成爲另一邊的人，於是寺院裡就「**互相譏論，諍訟不息**」。譏就是譏笑，論就是談論是非；這種事情在末法時代的寺院中很常見，且不說末法時代，就說那位很奇特的禪師五祖法演，他以前在白雲守端座下管舂米職事（就是管米倉），竟然有師兄弟誹謗他，向白雲守端密告說他侵占多少米糧，拿去買酒喝，還買胭脂、買白粉送給女人撲；他聽到這個傳聞，眞的去買肉買酒回來，就掛在舂米坊外讓人家看（我眞的買了），然後又去買了胭脂、白粉也掛在那裡，這一下人家更有理由去告，但他就是要人家去告；因爲讓師父老是在心中懷疑也不是辦法，總要把它解決掉，那他就用這個手段。

你們看他多有智慧，世間能有幾人有這智慧。通常人們最多是去跟師父告白沒有這回事，他偏去買來掛在那一邊，等人家再去告；師父又聽到人家去告，便找了他來。到了師父面前他也不辯解，師父更生氣：「**你可以請辭**

了。」他就說：「**等我把帳結了再來請辭。**」回去開始結帳，清理出來以後，去跟白雲守端報告：「**自從我掌管這些事務以來，我已經把剩錢三百千入常住庫房。**」白雲守端聽到時嚇了一跳，不但沒有少了銀錢，還比別人多出很多。這表示別人沒那麼乾淨，而他手腳特別乾淨，一絲一毫全部都入公；如果是這樣，他怎麼可能有錢去買酒喝買肉吃、買胭脂白粉給女人用？不可能的；於是眞相大白。你們看夠聰明吧，也只有他能拿得出這個作略。

好比丘們就像這樣，會被人家拉攏，拉攏不成就誹謗他，這是正常事。正因爲如此，所以寺院中「**互相譏論，諍訟不息**」，這都是末法時代的正常事。在五祖法演那個年代還只是像法時期都已經如此了，那麼末法時代這事情就難免了，所以二〇〇三年那一次法難時，他們私下就流傳：「**你們都不知道蕭老師在會裡搞了多少錢。**」如果我搞了那麼多錢，會裡還有那麼多錢，那我也眞厲害，應該去經商了。問題是我不經手錢財也不管帳，也不管現金，那是要怎麼搞錢；而我也不收供養，假使有誰曾經供養過我現金、我有拿到自己口袋裡，請舉手，或者請上來告狀，頒發獎金一億元。

這就是說邪比丘、惡比丘見不得好比丘們，想辦法要把他們拉攏成自己人，讓他們跟自己沆瀣一氣，如果作不到就要誹謗他們，所以五祖法演當年被誹謗也是正常事。可是這樣「**互相譏論**」互相「**諍訟**」的結果，道場中一天到晚都有是非，僧眾就「**不得安隱坐禪讀經**」。若是不能證悟，至少坐禪也不錯，把心清淨下來也很好；若不能證悟，那麼讀讀經典也很好，至少有著色身安靜下來的表相，總比在世俗法中熙來攘往好。但是有惡比丘、邪比丘時就作不到了，就會互相有所爭執，然後互說是非；言語傳來傳去的結果，難道會只有在出家人中傳嗎？當然也會傳到在家人耳邊，接著在家的信徒們就會跟著分派，分派的結果就互相對立，結果是「**在家出家皆亦嬈動**」。

那麼　如來苦口婆心接著開示說：「**如是，舍利弗！爾時多有比丘一歲、二歲、三歲乃至九歲，輕慢上座無有恭敬；是人出家受戒，多不如法。**」出家後都有算戒臘的，說你出家幾歲了；捨壽時他的通告，或將來立碑時，碑文上就記載「**戒臘四十六年**」，大家就想這個人是年高德劭，就是說他出家已四十六年了。在佛法中出家十歲就算大比丘了，因爲五歲學戒，所以出家受具足戒之後五歲滿了，算是出家成年了，但還不算大比丘，要滿十年，這十年中都符合戒法，那就是大比丘；如果是上座，就是修行好而被住持選爲上座，通常年歲都不小了，除非是再來人而證量很高。

如來說：「**到那個時節有許多比丘出家一年、出家二年、出家三年乃至九年，對上座很輕慢，沒有恭敬心。**」出家十歲而不犯就是大比丘了，但他們對大比丘沒有恭敬心；有的人出家九歲他說：「**我不過差你一年。**」有的人說：「**你雖然出家二十歲了，可是我出家九歲，我明年也算是大比丘了。**」他就生慢。如果是八歲、七歲乃至一歲就生慢，那就不可救藥，這些人出家受戒後都不如法。如來這意思是說，傳戒的戒師沒有教好，所以他們出家受戒時大多數不如法；如果戒師有教好，他們就會懂得如何恭敬大比丘，對上座會更恭敬，不會使他們後來變成這樣。

傳戒時沒有教好，這是個案嗎？是偶然嗎？其實不然。我們看見有許多比丘或比丘尼剛出家時品質都很好，可是有一天去受戒，三壇大戒回來以後都用下巴看人，回俗家省親時不再叫父親、母親，都改叫「老菩薩」；對其他任何人就是用下巴看人，都被教壞了。其實受了三壇大戒，具足成爲比丘，就應該教他比丘是什麼道理，可是都沒有教，光教他們：「**你們現在是僧寶了，以後應該保持僧寶的尊嚴……，所以回家看見父母親時不可以再稱呼他**

們是父親母親，要改稱為『老菩薩』。」如今臺灣的僧寶就被教成這樣。但是貴為如來的 世尊並沒有這樣作，甚至父王淨飯王捨壽時，如來還親自去抬棺。所以現在的僧寶自恃身分，都是那些戒和尚教壞了。我們看到這個情形，不必責怪那些新戒比丘、比丘尼，我們要責怪戒和尚、教授和尚，因為他們沒有教好；所以這樣的三壇大戒之後的出家人，我們就說他們出家受戒不如法。

接下來說：「**習效和尚、阿闍梨，亦無恭敬。**」他們受戒回來之後，看見堂頭和尚時就想：「**你是僧寶，我也是僧寶，所以你受用什麼我也受用什麼，你的儀仗是這樣、我也要這樣的儀仗。**」所以他師父講經說法時出場，也許有什麼儀仗，他想：「**師父有寶傘，我也要寶傘。**」就跟著要，這叫作「**習效和尚、阿闍梨，亦無恭敬**」，這對他的師父而言就是不恭敬的行為了。在寺院中有許多規矩，通常去出家時寺裡就會教；就是我們正覺沒有什麼規矩，沒規矩之中自然就有規矩，也沒有人要求。我讀過星雲法師的書，他書中提到一件事情，說有個比丘看看四下無人，他就到法主和尚的法座上去坐，不巧給人看見了，就是一場是非；因為法主和尚的法座別人不許坐，只有法主和尚能坐，這就是規矩。

但我們正覺沒這個規矩，所以派了親教師，剛開始親教師都不敢坐上來，都只站在地上講課；我知道了就說：「**不可以這樣，爲了正法，你得要坐上去。**」因爲是我規定的，所以他們坐上去就沒有違規。我們重法或者尊重和尚時要放在心裡尊重，那行爲恭敬與否，不在這個表相上。因爲你上課說法就要坐在這裡上課，幹嘛站在地上呢？我們這法是無上法，不是一般依文解義的表相法，所以講師不應該地上立；就好像誦菩薩戒一樣，誦戒者要上座，不能站在地上，這是重法、重戒的緣故。

在正覺，如果有人好奇說：「**那我就上去坐一坐，看會不會頭暈？**」是有這樣傳說，他就想：「**我來試試看。**」不巧被看見了，會有人計較他嗎？也不會；我們會裡沒有這個事情，我們重視的是法。當然我們也重視尊師重道的威儀，但是我們不在表相上來計較，而是要從實質上去作，所以我們沒有所謂「**習效和尚、阿闍梨，亦無恭敬**」，我們沒這回事。但是末法時代道場中的新戒比丘這樣作，其實已經變得很平常了。今天講到這裡。

我們理事長、董事長、前董事長出差還沒回來，眞的很辛苦；他們預計明天深夜才會回到臺北來。上回我沒帶自己的經文來，就沒有註記是講到哪裡，那我到底是講到哪裡？今天應該從哪裡開始講解？（正圓老師說七十九頁第五行。）好的，我再補記一下。今天要從七十九頁第五行開始：「舍利弗！**爾時年少比丘及先出家，無有依止，共相輕慢十歲比丘所畜徒眾，其諸徒眾皆無恭敬威儀法則，亦不如法。**」這時是說，到了末法時代，僧團中有年少比丘不知道依止誰，也不知道應該依止什麼法、應該如何修學，都不知道，所以「**上師依止、法依止**」全都不懂。那麼年少比丘如此，先出家的比丘應該不會這樣吧？結果也是一樣。如來這話完全沒有妄語，因爲全球各個佛教寺院現在大約都是如此；不管是剛出家的或是出家很久的所有比丘、比丘尼，全都沒有法依止，因爲他們連堂頭和尚都不曉得出家所應該實證的內涵究竟是什麼。

由於不懂，堂頭和尚也沒有辦法教導，於是僧眾在上師依止上也作得不太好。正因爲堂頭和尚沒有辦法教導，年少和先出家的所有比丘們都不懂，於是「**共相輕慢**」，所以徒眾會想：「**堂頭和尚也是跟我一樣都不懂佛法，那我依止他作什麼呢？**」所以不管出家多久的比丘，他們和剛出家的比丘心態都是一樣的，因此就「**共相輕慢十歲比丘所畜徒眾**」。那這句話講的就有一點點差別，表示出家滿十歲的比丘是大比丘了，至少也懂一點戒律，因為前面 如來有說過其中有的比丘持戒很精嚴，並且他們也求多聞。但是到末法時代的比丘們不理會這個，他們想：「**堂頭和尚一樣沒有實證，跟我們差不多。**」所以他們一點恭敬心都沒有；當他們沒有恭敬心時，對於出家十歲的比丘所率領的徒眾也跟著不恭敬了。

老實說，出家十歲以上而持戒精嚴的比丘，他所率領的徒眾同樣會是持戒精嚴，這不會改變的；因為上頭這樣，下頭就跟著學。所以跟著持戒精嚴的比丘學習之後，他們會效法堂頭和尚，也會求多聞；於是大家跟著求多聞，努力去閱讀經論。可是末法時代這些剛出家或先出家的比丘們，對這樣的十歲大比丘和他的徒眾，一點都不恭敬；既然都不恭敬，那他們出家五歲乃至十歲時，一樣是沒有威儀，常常犯戒；二百五十戒中的那些戒相就不提，其他應遵守的軌則他們也都不理會，所以他們上上下下都沒有恭敬威儀法則；這樣的出家生活根本就不如法，至於法上的依止、戒律上的依止以及上師依止，也就談不上了，這就是末法時代寺院中的狀況。

如來又說：「舍利弗！時諸惡人具足貪欲、瞋恚、愚癡，互相輕慢，無有恭敬；相違逆故，我法則滅。」這是說，到了末法時代，那些惡人（惡人的定義就是不持戒、不求多聞）都跟外道一樣知見邪謬，在法中就成爲惡人；他們具足了貪欲、瞋恚、愚癡，沒有法依止，也沒有親近上師作依止，那他們一定會落在世間六塵境界中，一心追逐的是世間法。這些惡人貪欲是具足的，由於貪欲具足，當他們的貪欲不能得遂，某一部分貪欲被阻止時就生起瞋恚的心行；由於瞋恚就貪瞋具足而顯示出他們是愚癡人。連法依止、上師依止都作不好，他們對於法的實證一定是完全不懂的；乃至於世間慧都不夠，才會被貪欲瞋恚的惡心牽著轉。

那麼這些人互相輕慢，各個都覺得自己的身分證量比天還高，互相都沒有恭敬心。看看末法時代有不少比丘正是這模樣，所以有些人出家以後瞧不起父母，對兄弟姊妹就別提了，乃至對諸天都瞧不起。但這是沒道理的，兄弟姊妹能跟自己生在同一個家庭就表示有緣，不應該瞧不起他們，再怎麼差依舊是兄弟姊妹。父母生育將養自己長大，這也眞是不容易，但他們出家後就瞧不起父母，再也不肯呼爹爹、叫媽媽，開口閉口就是：「老菩薩。」對於諸天他們一樣瞧不起，心想：「**我是三寶呢，諸天算什麼！**」可他沒想到，諸天之中也有許多人是三寶弟子，而且很有證量的；證量遠超過他的也不少，只是因緣際會生到天界去了，沒想到他竟然也瞧不起。還有一點是他們完全沒想到的：如來對剛出家的比丘、比丘尼，乃至五歲、六歲以後 如來還這樣教導：「**出家後應當修學六念。**」六念法門就是要念六種法：念佛、念法、念僧、念施、念戒、念天；他們都忘了。

有情之所以能生天，是因爲以前在人間努力修行具有天的德行了，才能生天。那麼生欲界六天是什麼德性？因爲受持五戒不壞，加上修行十善，因此可以生欲界天；那他們出家後身爲佛弟子，有沒有具足這六種法呢？有沒有及得上天的德行？還不說色界天，單說欲界天的德行，他們就沒有；所以出家後目空一切，認爲諸天也要聽他的，心性其實及不上諸天。他們心中也充滿著貪欲與瞋恚，根本沒有辦法生天，沒有天的德行；所以他們實際上比不上諸天，更別說欲界六天的天主了。那欲界六天的天人們，他們都比不上，竟然瞧不起人、瞧不起諸天。如果再要講到色界天，他們就更別提了。

所以這些人「**互相輕慢，無有恭敬**」，因爲「**具足貪欲、瞋恚、愚癡**」，這就是末法時代「惡人」比丘們的狀態，當然這不是我們會中的比丘們。這些狀況是指末法時代，而諸位進到正覺來就是住在正法時代；除了正覺以外才是末法時代，要記得這一點。末法之中有正法，假使末法時代都沒有正法時，就不是末法時代，而是末法時代過完了，這點大家要認清楚。

由於末法時代大家三毒具足(現在的大陸法師們正是如此)，所以「**互相輕慢**」，結果就是你指責我、我指責你，互相指責；他們不是在法上論議，而是在身口意行上互相指責。結果就是 如來說的：「**相違逆故，我法則滅。**」所以有的寺院中貼著六個字(廳堂壁上都貼著)：僧讚僧，佛法興。本來就應該這樣，但「僧讚僧」要跟法義論證分開來，不可混爲一譚。因爲 佛陀看重的是法，但在事相上應該要互相讚歎；人家持戒很好就該讚歎他持戒好，人家多聞就該讚歎他多聞，語氣千萬不要酸溜溜地說：「**他就是持戒很好啦！**」意思就顯示說：「**他除了持戒很好，其他什麼都不好。**」這樣就不好。應該誠懇地讚歎說：「**他持戒眞的很好。**」或者誠懇的讚歎：「**他眞的很多聞。**」

所以佛門之中，除了法義的論證以外，事相上都應該互相讚歎；而那些人因爲三毒具足的緣故，就這樣破壞了佛法，令正法消滅。這當然有後果的，

因此 如來告誡說：「**舍利弗！時諸癡人多起破法罪業，起此罪已，當墮地獄。**」破法的業果就是來世下墮地獄，不管出家在家都一樣。只要是破法者，所造的業都是三界中最大的惡業。殺人放火害死一個人也不過一世，但是破法、謗法會使眾生墮於邪見之中，假使此後沒有遇到很好的因緣，這些邪見將會存在於眾生心中無量劫，就會造業下墮而沈淪無量世。如今大陸佛教界好多大法師們心中充滿了邪見，我們很努力教導而他們依舊信受邪見；因爲很多劫來深植於他們心中，他們都捨不掉；你爲他們說無我，他們口裡說：「**對啊！佛法講無我。**」但實際上卻認定識陰這個我是眞實的，導致身口意行都還是有我；你再怎麼教導，再怎麼爲他們拆解、分析說這個我是假的，他們始終就是不信，將來捨壽後必然下墮三惡道中，所以邪見害人無量世。因此這些破法的人(特別是出家後還破法)，結果就是 世尊說的「**死後將會墮入地獄**」。

這一段經文 如來的意旨在哪裡？是說末法時代的出家人有四種，一種是破戒又充滿了邪見所以謗法，第二種是持戒很好而起慢心輕視他人，第三種是以持戒爲貴、進而求多聞而生起多聞之慢，第四種是持戒精嚴還求多聞而不生慢。第二種至第四種是有所不同的，但這三種人在末法時代都算是好比丘；只有最前面那一種人不好好持戒，又謗法而不求多聞；比較好的比丘，有一種是持戒很好，非常注重戒行，但是他看不起多聞的比丘、比丘尼們，因爲持戒的緣故所以他看輕一切佛門的僧寶，這樣的人還是有過失的。另外一種人就算不錯了，他們不但持戒精嚴還求多聞，雖然無法實證，至少依文解義、不亂發揮，因爲他們不自作聰明、胡亂說法，所以一世又一世出家以後終於遇到眞正的善知識，就是他證悟的時候了。所以末法時代這兩種人都算是好的。

如果披著僧衣、作生意，賺了錢又去供養破法的喇嘛教，諸位想一想，例如「廣論團體」，他們的未來會怎樣？特別是他們作生意以後賺了錢去供養了喇嘛教，那喇嘛教會對他們的出家眾教導《菩提道次第廣論》後半部的止觀；但那止觀講的是什麼？正是雙身法！前行法中是教你煉氣或者練拙火，或者打起雙盤腿來，在地上練習跳躍。這些都是爲最後面的止觀—雙身法—作準備的；這些練好了，就入密灌壇作密灌，然後就開始修雙身法，這就是《菩提道次第廣論》後半部的止與觀的內容。那他們出家學了雙身法，結果死後不是下十七層、十六層地獄，而是阿鼻地獄，比無間地獄還要苦。

昨天我在金華街那家全國素食吃午齋，我坐在落地玻璃窗裡面進食，剛好面對馬路，就看見對面一家賣溫州餛飩、賣湯圓的店家關門了，現在換誰去開店？換「福智團體」去開了一家里仁商店，他們現在又新開了一家。他們法師是出家人，商店越開越多；那些在店裡販賣的義工，包括種植有機蔬菜的義工都沒領薪水，都是義工，因此錢賺很多。如今日常法師死了，把整個「福智僧團」交給了眞如上師，既不眞又不如；那位從黑龍江來的女人，叫作金夢蓉，現在媒體爆出來，說她在美國、加拿大買了好多豪華別墅。買那麼多別墅幹什麼？因爲有隱密性，要傳給重要的比丘眾即生成佛之法時才方便，懂了沒？所以有人疑惑：「**奇怪！她買那麼多別墅作什麼？**」但正要這樣一棟一棟獨立，才方便個別傳法。聽說她現在不太去供養達賴喇嘛了，凡夫畢竟都會想要把錢留在身邊，但以前日常法師全都送去供養達賴喇嘛。這聽起來一則以喜、一則以憂，憂的是邪知邪見邪法還延續下去，喜的是達賴比較不會有那麼多資源可以亂搞。

這就是末法時代的現象，但是　如來告訴我們說，假使到了末法時代無法可證了，持戒精嚴以及求多聞本身是沒有過失的，只要乖乖地依文解義，不妄自發揮，就不會誤導眾生；自己心中謙虛的看待自己依舊是個凡夫而不起慢，依文解義來接引眾生，這也是好的。如果因此而起慢，就有過失，等而下之就是持戒很精嚴但是不求多聞，輕慢多聞的比丘、比丘尼，這就有過失了。如果他們持戒精嚴而不能多聞，但也不輕慢多聞、持戒的比丘、比丘尼，依舊無過。但他們因爲輕慢，就會毀謗或編造事實，說人家「**破戒、破見、破命、破威儀**」等，這樣子捨壽後就是下墮地獄了，別無他途。

所以 如來開示這一段話眞是苦口婆心，明知道佛弟子們聽了不會喜歡，但 如來還是會詳細說明。這就是說佛法到了末法時代，假使想要興盛，必須持戒精嚴，還要具足多聞，並且還要加上實證，這就是 如來要告訴我們的道理。如果眞的無法實證，至少大家要多聞；假使無法多聞，至少持戒清淨然後大家互相護持、互相讚歎！如來是這樣教導我們的。這意思是說，除了以法爲歸，佛門之中不應該互相指責身口意行有什麼過失。假使眞的有什麼過失就關起門來講，不用四處去宣揚。至於法，可就不通商量，對就對，不對就不對，這是一向的規矩，大家要分清楚。接著 如來又開示說：

經文：【「舍利弗！我今明了告汝，求自利已善比丘，當爾之時不應入眾，乃至一宿；唯除阿羅漢煩惱已斷，及病比丘於中有緣。何以故？舍利弗！當爾時人貪欲、瞋恚、愚癡毒盛，不活怖畏常所逼切。求利善人常應自處山林空靜，乃至畢命如野獸死。舍利弗！我今明了告汝，我此眞法不久住世。何以故？眾生福德善根已盡，濁世在近，求自利已善比丘應生如是厭心：我當云何？見法破亂、見此沙門惡世難時，我當勤心精進，早得道果。」】

語譯：【「舍利弗！我如今明白清楚告訴你，求自己利益的善修行比丘，到了末法時不應該進入大眾之中，乃至在大眾之中住一宿都不可以；除了兩種人可以在末法時代的僧眾之中住，就是煩惱已經斷除的阿羅漢，或者是生病的比丘有必須在僧眾中獲得照顧的因緣。爲什麼這樣說呢？舍利弗！正當末法時代的人們是貪欲、瞋恚、愚癡三毒熾盛之時，他們對於不能生存的怖畏永遠在逼切著，求自利的善人應當自己處於山林空野閑靜之處，乃至生命結束時就像野獸那樣死在野外。舍利弗！我如今明瞭地告訴你，我釋迦牟尼這個眞實法不會久住於世間。爲什麼是這樣呢？因爲眾生的福德和善根已經滅盡，污濁之世越來越近了，尋求自行利益自己的善比丘們，應當像這樣生起厭惡之心：我應當要怎麼辦呢？看見正法破亂、看見這種愚癡貪求的沙門惡行之世的艱難時節，我應當要殷勤精進，早日獲得道果。」】

講義：現在 如來針對末法時代比丘、比丘尼作了指示，因爲末法時代的出家人中有很多人是三毒熾盛的，所以 如來有指示：「在末法時代如果僧眾是三毒具足的時候，爲了求道，爲了佛法而修行、想要利益自己的比丘、比丘尼，不應該住在僧眾之中，也就是不應該在僧團之中共住，乃至於住一晚都不行。」這是說，假使那個道場是修學常見外道法，或者像喇嘛教那種外道修雙身法的，或是都在世間法上用心的，都是貪瞋癡具足的寺院；在知道是那樣的狀況以後，就要馬上離開，不應該繼續安住下去。佛說必須馬上離開，從知道的那一刻開始，連在那裡留住一宿都不許可。這樣看來，我從早年就認同出家人離開修密的道場，離開佛門外道而出去建立精舍獨住獨修，是正確的開示。因爲無法改變他們，就離開獨住修行，都遠比和外道他們同流合污要好太多了。

世尊說只有兩種人例外，可以和佛門外道同住；第一種是阿羅漢，由於阿羅漢煩惱已盡，所以說：「貪儘管讓他們去貪，瞋就讓他們去瞋，愚癡就讓他們繼續愚癡，於我無干，我住在其中不會被影響，因是梵行已立、所作已辦。」所以世尊說阿羅漢住在邪見、邪行中的寺院也無所謂。住在那裡時有因緣就說法，能誘導某些人迴轉最好，所以如果是眞正的阿羅漢，無妨繼續在這種寺院住。另外一種比丘仍然可以繼續住下去，是因爲生病了，無法照顧自己又無法還俗，也許他也沒有家人，那他就繼續在那種僧團中住，別人怎麼貪瞋癡具足都無所謂，只要自己不隨波逐流就行了，因爲是在那裡養病。先把身體養好再講，等到身體復原了才離開。他如果離開了沒有生病因緣上的照顧就是死路一條，死了無益於道業；如果他繼續在那裡安住，病懨懨的人也不可能跟著惡比丘們貪欲瞋恚，而他也能夠分辨善惡法，不會隨波逐流就行。那他繼續當常住時，僧團大家有義務要照顧他，再惡劣的僧眾也還是會照顧他。佛說只有這兩種人可以留宿於具足貪瞋癡的寺院中。

這就是說，到末法時代有好多人出家了，但是常常擔憂—講好聽的叫作擔憂—道糧無以爲繼。問題是他們吃的糧食根本不是道糧，都是爲了求世間法而飲食，又都害怕這些資源用完了就沒辦法過活。他們的打算，大約都是計算自己要活兩百歲所用的資源，但其實通常活不過一百歲；如果沒有足夠兩百歲用的資糧，就覺得不安心，要多弄點錢存著，所以 如來說他們「**不活怖畏常所逼切**」。其實 如來早講過了：末法時代所有出家的佛弟子們不會餓著、凍著的，只要安心辦道就沒問題，再怎麼樣都有人供養。可是他們就怕，得要有兩百歲夠用的資糧才會安心。有的人已經有兩百歲夠用的資糧了也還是不安心，那就是貪了；出家人聚集那麼多錢財要幹什麼，又帶不去未來世。

但末法時代這個現象是很正常的，如果繼續住在那裡而沒有阿羅漢的證量，遲早會被影響，最後就是隨波逐流，沆瀣一氣的結果就是跟著下墮，所以 如來說，假使那個病比丘的病好了，就要趕快離開，因此才說：「**求利善人常應自處山林空靜，乃至畢命如野獸死。**」就在那裡自修，不要擔心說：「**假使沒有人來供養，那我不就餓死了？**」一定不會的，一定會有人來供養。這樣精進自修一直修行到老了、壽命盡了，就像野獸死在野外一樣，根本不用掛念這個色身有誰來幫我辦後事。要這樣才能眞的求得解脫，若有這樣的決心，假使他讀到《阿含正義》書中所說，想要證阿羅漢果也快了；有這決心時就會努力修定、努力降伏煩惱、努力觀行，至少證得初果不是難事。所以寧可在野外獨自修行，即使不能斷三縛結、不能明心見性也沒關係，至少保住人身不下墮，來世依舊是個很好的出家人。一世一世保住人身繼續出家，總有一世會遇到善知識的，所以「**常應自處山林空靜**」之處，下定決心：「**乃至畢命如野獸死。**」有這決心又有正知正見作依止時，想要取證初果並非難事。

如來在世初轉法輪時，所有出家人都是這樣的觀念；當初也還沒有給孤獨長者捐出祇樹給孤獨園，全都沒有。初轉法輪的早期什麼都沒有，大家跟著如來乞食，晚上是樹下坐、山洞裡坐就這樣過夜；如果身體沒辦法承受久坐，就收集樹葉來，鋪在樹下或是鋪在山洞裡，就躺下來休息過夜；大家都這樣睡一夜，所有人都這樣。所以我這一世剛接觸佛法時，讀了四阿含以後就想：「**這個出家生活好，本來就應該要這樣。**」就想，阿羅漢的心態就是這樣子，四處遊行乞食，最後死在哪裡都不掛念。諸位也許想：「**末法時代了，還有人有這樣的觀念喔？我才不信啊！**」我告訴你們不要不信，因爲不是我一個人這樣想的，我們以前有位老師就這樣的，他也經歷過一段這樣的日子，就是一個人修行，晚上在人家騎樓下面睡覺。他眞的過上這樣一段時間，後來知道正覺有法而進入正覺的，眞正想要修行的人就是這樣想的。

這不奇怪，如果你熟悉佛世出家人的生活，這都是正常的。到後來 世尊開演《般若經》，那時有很多的居士開始供養，才有精舍、園林、講堂等，最早期是沒有的，僧眾都只有三衣一缽，加上一個裁布的半月刀，再加上針線，就這樣過日子的，大家都沒什麼牽掛。誰要偷衣服？沒有人偷的，因爲那是在棄屍林撿來之後被洗乾淨，然後用黑土或紅土染黑染紅的，再用裁布刀裁了以針線縫起來，很粗糙的布料和裁縫，能有多精緻？沒有人想要偷的。

現在用縫紉機縫的衣服都還被嫌粗糙，一件襯衫非得要萬把塊錢、三萬元的才要穿；我沒穿過那種衣服，不曉得穿在身上什麼感覺。我這一生穿最貴的襯衫是一千二百元臺幣，那是三十年前在勤益紡織開的店買的，長安西路、太原路口那一家；我在那裡買過此生最貴的一件襯衫，再貴一點的就買不下去了，此生也就只穿過那麼一件。後來學佛了，穿的是榮總旁邊已經拆掉的市場中買來一套六百元，是尼龍織的灰色唐裝，到現在還穿不破，眞的很厲害。後來是有同修懂得縫紉，幫我作了衣服，我現在都覺得好幸福，就不用穿那一套六百元尼龍布的唐裝出門，就這樣過日子。

我覺得穿著不是重要的事，因此說，以法爲歸才是正道。但不懂的人看人家那樣，就想：「大家都這樣，那我也這樣作有什麼關係？」那就是愚癡人。受了三壇大戒非同小可，三壇大戒具足受了以後，諸天都是很恭敬看待的。可是如果行爲不軌、處處犯戒，而且具足三毒，又對同門師兄弟多所攻訐，諸天看了就會掉眼淚。因爲本來是他們所恭敬的僧寶，怎麼會變成這樣？諸天想：「完了！」爲什麼諸天有那麼大的感受，因爲跟他們有切身厲害關係，特別是忉利天的諸天人，因爲這表示以後將是魔強法弱，人間好好學佛的人將會減少；減少以後會導致整個社會風氣變壞，於是有的人願意繼續行善可是瞋心重而不修行，結果死後都變成阿修羅，而天眾越來越少，所以他們很痛心。

如果大家都像　佛世尊初轉法輪時期一樣，有正確的認知、也接受這個觀念：「乃至畢命如野獸死。」都不用擔心身後事，佛法的修行就會有成就。死都死了，那個臭皮囊管它幹什麼，死後的臭皮囊不歸我所有了，就不必在意它。那時都不歸你所有了，歸誰所有？歸蟲、歸細菌所有，或者歸烏鷲、野狗等動物所有，再想要保有也保不得，又何必顧念它？就當作布施，布施給那些蟲鳥野獸。因此那時的出家人不計較世間利益，願意在山林空靜之處好好修行；像這樣子，即使不證三乘菩提，仍然清靜自修「**乃至畢命如野獸死**」，就種下了未來世見道的因緣，這沒什麼不好啊！那麼先有這個正見，能夠放下一切，然後轉入佛菩提中，努力修行、努力實證，再來利益眾生。

這時有錢也沒關係，你證眞如以後是不是就要把錢財全都丟掉？如果你證眞如了就把錢都丟掉，認爲那些錢好像毒蛇會咬人，那表示你沒有眞的證眞如；因爲你落到清淨一邊去了，而眞如不落兩邊。所以假如證悟了，結果事業越來越發達、越來越賺錢，都是合法賺錢，又不是不當得利，這都無所謂，只要拿來作更多好事就行了。利益眾生也需要錢，錢多有什麼關係，只要心中無貪而拿去行善就好，不必刻意把它丟棄。假如這時證眞如了就說：「**眞如不貪，所以那些錢留在我身邊是個後患，要趕快把它丟掉。**」對不起，那表示你沒有眞的證眞如，因爲你厭惡錢財，厭惡錢財是不是落入貪與厭的其中一邊？是喔！所以二十幾年前，有一個高中同學聽說我悟了，有一次私下裡見到我就說：「**欸！那你悟了以後，爲什麼沒有把全部財產都布施了？**」

我就默然；因爲跟他多言無益，可能還會害他謗法，所以我默然無言，我認爲他跟佛法是無緣的。

眞如不貪，但是也不厭；你當菩薩來利樂眾生時，有很多錢財是好事，否則又怎能廣利眾生？所以我從來不輕視升斗小民，但也不會嫌棄有錢人，可是我不會去攀緣他們，但我也不嫌棄他們。因爲人家有錢是往世修來的福報，假使不是非法得來的，爲什麼我們要嫌棄人家，沒道理！除非你要否定因果。有錢而且是正當得來的，那一定是往世修福，這世該他得。但如果有錢卻很慳貪，我就知道：這個人過去世是個精算師，很會打算盤，他可能遇到個大菩薩，大大地布施一筆錢財，但他不肯跟升斗小民、市井民眾結善緣，瞧不起人，就是這樣的人。

這是因爲他沒有布施的習性存在——布施的習氣種子不存在，只是因爲偶爾遇見一個大善知識，聽說在他身上種福田將來多麼好，所以在善知識身上大大的一筆種下去，以後便再也不種福田了。所以他這世很有錢，但他很慳貪。這都有過去世的緣因，但我們不用去嫌棄他們；他們慳貪是他們的事，但他們今天會有這一些福報，是往世修來的，絕對不會是無因無緣而得的，所以我們不需要嫌棄。但是遇見升斗小民乃至撿破爛的人，我們也不用歧視，假使他剛好有困難，順手推他一把，幫他撿一下也不錯，應該是這樣才對。得是這樣作的人，才叫作眞正的證悟者。

所以我們從來不鼓勵人家說：「證悟之後就把所有的錢財都捨棄。」假使我們曾經這樣鼓勵過誰，那就證明我們這個法是不對的，因爲這不是菩薩行者應該有的行止。所以龐蘊居士證悟之後，把金銀財寶都丟到河裡捨棄，然後去過刻苦的生活，跟他老婆女兒砍竹子編竹漉籬，讓他女兒去市場賣，這樣過著清苦的生活，我不認同。就算不用那些錢，也可以拿去寺院布施給三寶，不然去救濟貧窮等，作什麼都好；不然就把那些錢財留著安家，不用每天編竹漉籬，可以出來廣爲眾生說法，不必每天「爲生活謀」。身爲大菩薩，你的時光、你的五蘊是多麼好用的東西，爲什麼要拿來編竹漉籬？（大眾笑…）那些錢財不拿來布施廣積福德，這竹漉籬要編到什麼時候才有足夠福德成佛？對喔？所以我的想法跟人家不同。

兩千多年前我的師兄弟，他們有的人願發得很大，說將來成佛時佛國要如何如何，他們將來成佛的時間就慢；而我沒有這種大心，我的想法很簡單：

我該成佛時就成佛，不需要弄到那麼莊嚴、那麼漂亮。那我成佛之後利樂眾生，可以利益更多的人；在那以後的未來世，一世又一世繼續示現成佛，等到他們成佛時，我後來示現的佛國也會是那麼莊嚴，這也沒有不好，但是被我利益的有情將會更多。不必選擇第一次成佛時就那麼莊嚴，這樣能利樂的有情會比較少。

從眾生的利益來考量，你可以快速成佛時就快速成佛，成佛之後也沒有誰禁止你不可以再到某個世界示現成佛，所以示現入涅槃後又到別的世界示現一次成佛，可以一次一次繼續示現，當你的師兄弟將來成佛時佛國很莊嚴，可是你到那時的佛國不也一樣莊嚴嗎？而你利樂的人更多，早期跟著你修學的弟子眾都可能比你原來的師兄弟更早成佛，這有什麼不好？就像儒家有一句話說：鐘鼎山林各有天性，不可強也。各人都可以選擇自己想要的，是這個道理。我不勉強別人，但我要把自己的看法和所見告訴諸位，由諸位自己去選擇；如果要像舍利弗、富樓那他們將來佛國無比莊嚴時才成佛，也行，我也隨喜；但我的看法是這樣子，也告訴諸位。這個就是說，不同的見解會有不同的看法；所以眞要懂修行的人，應該先去瞭解 佛陀剛開始弘法時—初轉法輪時期—僧眾是怎麼生活的；如果懂了這一點，認同了這一點，說他證悟之後還會有私心，還會起貪心聚斂錢財，那我不信。這一點是必須要跟大家講明白的。

接著，如來又開示說：「**舍利弗！我今明了告汝，我此眞法不久住世。**」這是說 如來的正法在五濁惡世時傳揚著，不會住世很久，因爲五濁惡世中既然具足五濁，心性不很好的眾生還是佔大多數，心性好的眾生永遠是少數，所以正法不會住世很久，不會超過一萬一千五百年。既不會住世很久所以正法時期只有五百年，像法時期加倍是一千年，一千五百年之後就是末法時期了。所以唐朝、宋朝時佛法還很興盛，一到元朝時就很困難弘揚了，眞的就是末法時期。連皇帝都信喇嘛教那個演揲兒法——雙身法；到了清代，雍正還特地打壓如來藏，他也是雙身法的信奉者，所以說眞的是末法時期了。但末法時期是說弘揚正法時很困難，信者不多，不容易廣弘，勢力微弱，而邪見的勢力很強盛，所以叫作末法時期；但不代表末法時期就沒有正法，這道理大家要知道。

如來很清楚說：「**我此眞法不久住世。**」這樣講了以後當然就得作一個說明，所以 如來說：「何以故？眾生福德善根已盡，濁世在近，」因為正法時期過了以後，眾生的福德及善根減少了；到了末法時期福德與善根幾乎不存在了，只剩下一點點而已。若是再到末法一萬年之後，眾生就完全沒有福德與善根了，所以到那個時節，如果不是去極樂世界就是到兜率陀天。如果往生極樂世界就不容易相見了，你的左鄰右舍都不容易相見，因為大家全都住在蓮苞中，蓮花尚未開敷時就無法相見。除非同樣都是證悟了以後上品上生，否則，就算上品中生、上品下生，在那裡要如何相見？各自住在蓮苞中，住到賢劫千佛都過去了，還沒有相見。

所以末法時期都過完了就要上生兜率天去，上兜率天去以後咱們大家都還可以相見，不會一上生去那裡大家都看不見了。那時跟著 彌勒菩薩好好學法，都還是相聚在一起，才是眞正幸福。如果去極樂世界上品中生，在那裡半天等於這裡半個大劫，半個大劫過去時就是娑婆世界的住劫已經過去了，表示賢劫千佛都過去了；但在極樂世界中住的人，蓮花都還沒有開呢。妳們女眾是半個大劫的時間當孤家，你們男眾是當寡人，誰都不相見。你們覺得這樣的日子幸福嗎？尤其是你們都還沒有二禪的定力，去那裡久了一定受不了。如果跟著 彌勒佛，彌勒佛過去還有下一尊佛，連續不斷，這是多快樂的事！要懂得打這個算盤，這算盤要揹在背上不要丟了。

那麼 如來接著吩咐說：「**求自利己善比丘應生如是厭心：我當云何？見法破亂、見此沙門惡世難時，我當勤心精進，早得道果。**」如果要追求自己道業上的利益，這眞的是善比丘、善比丘尼，也就是應該要有厭心。求在法上有利自己的人，首先要對世間惡法生起厭心，就是不忍看見法被破壞，不忍看見沙門惡事的窘迫困難時節，因爲看見那個狀況心裡會很難過。後末世時看見出家人一天到晚在想著：「**明天要吃什麼、後天要吃什麼，如何做好的僧服，如何建設更好住的寺廟，如何收更多的供養。**」都忘了出家是爲什麼，看了不難過嗎？一定很難過。所以佛世有的阿羅漢，其實都已經迴心成爲菩薩了，他在遠處聽到 如來入涅槃了，就不忍住世，他知道接下來就是要看僧眾們在那邊互相鬥亂，看不下去，就當場入涅槃了。

但是我告訴諸位：「**我不認同他們的看法。**」明知道 如來入涅槃後僧眾會開始分裂，也不該入涅槃，要設法幫助他們、阻止他們，應該好好幫他們實證，阻止他們繼續在邪見中搞分裂，應該這樣才對。所以早期有的親教師跟我同修說：「**老師走了那一天，我就離開同修會了。**」我說：「**他怎麼可以這樣？我走了他要好好照顧這菩薩僧團啊！**」因爲他怕看見那時同修會中互相鬥爭，我說：「**不會啦！這個法難道是傳假的嗎？**」所以有些人的看法我不認同。我的想法是一定要把他們扭轉過來，不可以避開，反而要投入看要如何教導他們，要怎樣幫他們實證，實證之後教他們如實轉依成功，就不會再鬥爭分裂了。應當這樣想，也應當這樣去作。

但是若到了沒有辦法實證的時候，是應該像 如來教導的這樣「**生如是厭心**」。這「**生如是厭心**」的目的不是叫你逃到天邊海角去，是要叫你反過來去思索、下定決心：「**我當勤心精進，早得道果。**」只有厭離那樣的鬥亂紛擾事相境界之後，才會下定決心好好去求證，所以這個厭心是最重要的。如來的意思是說：雖然到末法時代時，大家也應該要尊敬前輩：或者年高或者德劭的老人，全都值得尊敬，我們應該這樣來恭敬對待他們。同樣的師兄弟之間，也有前輩後輩之分；同樣親教師之間，也有前輩後輩之分。會裡的所有人總是要恭敬禮讓前輩，這個好觀念必須要傳承下來。

如來有告訴我們一個故事——《十誦律》記載的故事，說往昔久遠之前，在森林中有一隻大象、有一隻猴子，還有一隻鵽鳥，不同種類的有情牠們互相在溝通說：「大家應該修學善法，誰最年長而懂得善法最多，誰就出來教導大家。」那大象就出來說：「這一棵大樹我記得的，以前這棵大樹還小，我當時走過去時，它的樹梢劃過我的肚皮。」這樣牠大概幾歲？大概十來歲了吧？牠現在已長成大象，而牠記得那時大樹還很小，當牠小時候走過去時，樹還很矮，樹梢劃過牠的肚皮。接者猴子說：「我小時候看見這棵小樹，就坐在地上捉住它，而用頭部把樹按到地面。」大象就說：「那你比我年長，你來教我怎麼修學善法。」那猴子沒有立刻答應，就說：「鵽鳥啊！那你到底幾歲了？」鵽鳥說：「很久以前，我在某一棵樹上吃果實，吃完了以後，我把那顆種子大便在這裡，後來長成這棵大樹。」那猴子說：「那你比我年長，你看到的事物更多，你來教我們。」牠們就這樣子來互相演說善法。

後來牠們講善法講到聞名了，有些人類就來邀請牠們去講善法，講到後來牠們出門時是怎麼出門的？後來是猴子坐在大象身上的頭部，鵽鳥則是停在猴子的頭上，就這樣出門去爲大眾說法。然後 如來就說：「你們不要懷疑，那頭大象是誰呢？是目犍連；那隻猴子很聰明，是誰呢？就是今天的舍利弗。**不要懷疑，那隻鶵鳥就是我釋迦牟尼。**」（大眾爆笑…）所以你們看，他們三人也是有很久很久以前的因緣，今天才會在一起。所以怎麼樣尊敬年高者或德劭者，是修行人的基本原則；年紀比較高的人，除非他幹惡事，否則就應當尊敬他，因爲他懂得世間法比較多，經過的人事也多，什麼該作、什麼不該作，他大概都懂得。另外一種人就是德劭，他的德行很好，也應該值得尊敬。那麼在佛法中，道理也是一樣的。

所以我們用人時不是單看誰能力好，有的人能力很好我卻不敢用，怕將來出亂子。這世界上唯一的正法僧團，萬一用了這個人將來出亂子，我得怎麼收拾？不但壞了正法名聲，連帶也使正法被人看輕。所以我們用人要看能力但也要看心性，要看修證也要看輩分，所以考量是多方面的。有的人才剛進入增上班就在等著：「**我什麼時候可以當親教師？**」他也得看看輩分，前面還有多少人等在那裡呢；你要是修得福德很好，發心很好，但總有個先來後到。如果有人後發先到，那一定有背後的原因，比如說他的證量不一樣。如果明心後又眼見佛性分明，那就可以破格提前任親教師，不然就是有個順序。

這個順序在我心中是早就排好了，在這排好等待的時間裡，正好讓我來觀察這個人可不可用。因爲當上親教師以後就等於正法的代表，很重要的，所以不能亂用。但是有的人只看局部，看不到全面，也不能看到事情背後的緣由，往往會抱怨我不公平。就如犯了同樣的戒，有人被我認定已失戒體，另外有人犯了同樣的戒，我卻認定不失戒體；有的親教師不知道背後的原因，私底下怪我不公平；但背後的原因我實在不方便告訴他，就只能讓他繼續誤會下去，等他未來世遇到這件事情的果報出現時，再由當時的 世尊爲他說明吧。

因此，假使年紀很大了，他有能力，我總不能等他到八十幾歲、九十歲才派他上場吧？所以可能提前一些時間，在比較沒有人輪序等候的較遠講堂派他出來，當然也要經過培訓的階段；但我會提前用他，不然他此世就沒機會任教了。那他如果教完一班、兩班就走人了，也很好，未來世無妨再繼續這樣的度眾善行，未來世也較有因緣可以當法主。如果還年輕的助教老師，雖然輩分很早，沒關係，再等一等，來日方長。所以我派任親教師時有種種考量的因素。有的人現在有任務，那任務很重要，就延後派任，等他先把任務完成。所以各人的因緣千差萬別，不能一概而論。

所以我們這次新開班派任的老師已經破參快二十年了，（導師轉頭問親教師：）有沒有？（有菩薩老師說十六年了。）有的老師破參十六年後，現在才當上親教師。原則上，正覺有個規矩，就是擔任重要幹部或執事時不能當親教師；如果要當親教師時，那重要職事就得卸下來，這是我們正覺的規矩。所以敬老以及尊賢一定要學著，敬老不一定年紀要很老，「老」是指輩分；譬如出家比丘一歲兩歲乃至十歲，那麼出家十歲就是大比丘，就稱之爲老；同樣的道理，破參十五年了就是老，縱使他只有三十歲，也是叫作老。但因爲年紀還不老，所以先給有年紀的同修上來任教，讓他有機會攝受佛土，未來世他可以是繼續弘法的人才，在這一世就先要把他培養好。如果還年輕的同修也就禮讓一下，這是說我用人時有很多原因的考量。

在《十誦律》中 如來說的這個故事是往昔的事情，也是告訴大家這個道理。所以只要年高又德劭，一定值得尊敬。但是各人的福德與才智是有差別的，所以目犍連尊者的智慧要比舍利弗差很多，這也是有道理的；但這不是一世兩世、一劫兩劫就能改變的，你想那往昔無量劫前，究竟是多久以前了？而他們往昔爲人說善法，死後都生天；然後在人間終於有因緣遇到佛法，就開始修學佛法，現在才能有舍利弗與目犍連成爲菩薩摩訶薩，而如來是過無量無邊百千萬億那由他劫之前就已成佛，你們看那智慧之差有多大？猴子活二、三十歲就算老了，大象雖然可以活六十歲，可是不夠善巧；而鶵鳥或鸚鵡可以活六十歲左右，甚至於也有活八十歲的，那麼牠的腦筋非常靈光。這表示那些旁生的眾生未來無量劫後，也會有各自與佛法因緣遲早的差別。

所以鸚鵡或鶵鳥可以跟人相處，可以懂得人類講什麼、幹什麼，但是猴子就比鸚鵡或鶵鳥差一點，大象又比猴子差一點。這雖然是往昔的本生因緣，其中的道理諸位也要懂，才不會一天到晚想著說：「**我養的那隻狗死了，我什麼時候可以爲牠說法、度牠成佛？**」我說：「**你就別牽掛了。**」因爲通常狗要回到人間很不容易，除非牠當狗已經來到最後一世了；但牠即使來到人間，也會因爲往世的業所造的遮障，使牠不容易修證。因此諸位修學佛法度眾生時，不要無止境的慈悲，你該爲牠作的就爲牠作，不必再爲牠瞎操心、傷心、流淚，都不值得。因爲牠有往世的業所遮障，無可奈何，你只要爲牠把因緣種下就好。家裡的親人道理也是一樣的，你把因緣鋪陳好，接下來就看他了，不必一天到晚為他傷心說：「**遇到正法這麼好，你偏偏這麼不懂得修學。**」然後在他耳邊嘮嘮叨叨。越嘮叨他越氣，離正法越遠。所以學法時應該有智慧，有智慧時就學得快樂，不會一天到晚亂操心，一天到晚在憂慮悲傷，都不必要。

這一段經文 如來開示我們的道理很簡單，就是即使在末法時代，邪見物慾橫流的年代，不管誰學佛或者出家時都不要隨波逐流，要有主見，應該遠離那些邪見和貪欲瞋恚等惡心所；假使沒有能力轉變他們就離開他們，等自己有實證了再來度他們、轉變他們。應當這樣想，而不是一天到晚留在那裡繼續悲傷，這是我一向勸導大家所作的。有的人來學了以後，每天擔心以前道場的同修們；你如果為他們解說，他們信受就好；如果你為他們詳細解說了，該作的已經為他們作了，而他們仍然不信，你就放下、好好學，等你悟了以後要回去度他們時再去度，不要現在就操心，導致在這裡法學不好，心又放在那裡，結果兩頭落空，這樣對你沒有利益，對他們也沒有利益，這是我的看法。接下來 世尊又開示說：

經文：【「舍利弗！我法無諸難事，不乏衣食臥具醫藥；汝等但當勤行佛道，莫貴世間財利供養。舍利弗！汝今善聽，我當語汝：若有一心行道比丘，千億天神皆共同心，以諸樂具欲共供養。舍利弗！諸人供養坐禪比丘不及天神，是故舍利弗！汝勿憂念不得自供養；佛眞教化當隨順行，莫以第一義空，出人過惡。何以故？舍利弗！大險難者所謂得空。或有比丘因以我法出家受戒，於此法中勤行精進；雖諸天神諸人不念，但能一心勤行道者，終亦不念衣食所須，所以者何？如來福藏無量難盡。」】

語譯：【接下來世尊又開示說：「舍利弗！在我的法中沒有種種困難窘暗之事，不會缺乏衣食臥具醫藥；你們大家只需要精勤修行佛菩提道，不要看重世間的利益供養。舍利弗！你如今好好地聽著，我隨即會告訴你們：如果有專精一心行道的比丘，千億天神都會同共一心，以生活上快樂的各種器具想要共同來供養。舍利弗！諸人共同來供養坐禪的比丘，總是比不上天神所供養的，由於這個緣故，舍利弗！你不需要掛念憂心自己得不到供養；如來眞實的教化應當隨順而行，千萬不要由於第一義空的實證，就去說出別人有

什麼身口意行的過失與惡事。爲什麼這樣？舍利弗！大險難就是我所說的證得空。有時有比丘因爲於我的法中出家受戒，在這個法中精勤的修行而非常精進；雖然諸天神或者眾人不憶念他，但他只要能一心專精勤奮修行佛道，終究也不需要掛念衣食的所須，爲什麼這樣呢？因爲如來所修得的福藏無量無邊而難以窮盡。」】

講義：世尊是說，如果出家之後，在佛法中好好地修行，是不會有衣食醫藥臥具上的匱乏，因爲護法神們都會去作安排；如果他一天到晚安逸、放逸，不收攝其心精進修行，護法神不會很想要來護持他，這是正常的；如果他肯精進努力修行，即使三天不飲不食，護法神看到了難道不感動嗎？都不愁衣食時就這樣努力精進，不爲衣食謀，護法神看見了就想：「這個菩薩心性好，眞夠精進。」他們自然會去安排天神或者人眾經過這個地方來幫助他。所以出家之後只要眞正爲法勤行佛道，根本就不用看重世間的財力供養。若是斷三縛結之後，又加上證悟了，這時再來看待世間的財利供養，那就跟過去世所獲得的財利供養一樣，不過是夢中的供養、夢中的財物、乃至夢中的眷屬，既然如此又何必太過看重？

如來又說，假使有人一心行道，這樣的出家人其實有上千億的天神都想要供養他。在人間最需要的就是衣服、飲食、臥具、醫藥，諸天天神都想要供養他，是因爲看重他「**不貴世利，一心專精修行佛道**」。假使聽到有某一位天神想要去供養某比丘，別的天神就會隨行；因爲天界都有他心通，所以大家都會互相知道，然後大家就一起來供養。一起供養時，不會是每位天神各自供養一缽，都是大家湊合起來供養那一缽；明天再湊合起來再來供養一缽，大家就一起供養。

因爲這樣的比丘、比丘尼很難得，末法時代都是貪瞋癡具足的出家人，很難得遇見一位「**精進修行、不貴世利**」的比丘、比丘尼。這眞的很難得，所以天神們都很想供養，因爲有廣大福德。如果哪一位天人說：「**這位出家人用的臥具已經開始在毀壞了，我們來供養一個新的吧！**」當然不會是每一位天人都供養一床，一定大家合起來供養；那等到又壞了時，大家又合起來供養，都是這樣的；乃至於供養醫藥的道理也是相同的，所以說「**千億天神皆共同心，以諸樂具欲共供養**」，那麼眞正一心專精修行的出家眾會獲得這樣的供養。

以前有個道宣律師，說每天都有天神來供養他，這應該也是事實，因爲他很注重戒律，持戒很清淨，自己也努力在閱讀經論；雖然他終極一生沒有開悟，但很精進修行，天神也很佩服他，所以每天送食供養。可是有一天窺基大師一方面好奇天神供養了什麼東西，一方面有點懷疑，因爲他想：「我都沒有天神供養，他憑什麼會有天神供養？」所以就去拜訪。拜訪時說法論議到天都晚了，天神竟然沒有來供養；窺基大師看看說，天都快晚了還沒來，看來是沒了，就告辭走了；沒想到他告辭剛走了，天神就來了；那道宣律師有點不爽快，就責備了天神：「爲什麼你遲到現在才來？」那天神說：「我找不到地方可以進來供養你，直到大菩薩離開了，我才看見這路能怎麼走，不然我進不來啊！」且不論這件傳說的眞假，持戒清淨與智慧實證都是重要的。

那麼天神的供養當然是勝妙，眾人的供養當然不及天神；但是再怎麼不及，只要他清淨修行、努力修行，不造惡事、不起邪見，一定會有護法神去影響在家弟子前來供養的。所以 如來說：「汝勿憂念不得自供養。」這是眞的。眞要不行，到市場托缽，一天托個二、三百塊錢難道沒有嗎？二、三百塊錢買米，山上種點菜，也可以好幾天精進修道了。因此我認爲，只要精進修行，「不貴世利，不造惡作，不起邪見」，護法神一定會影響在家居士去護持，根本就不用擔心這個。如果他起邪念、起邪見、造惡作，那當然護法神不會策動居士來供養，那也是正常的。

接者 如來說：「佛的眞實教化應當隨順而行，不要因爲第一義空的實證，就來指別人有什麼過失、有什麼惡事。」也就是說，人雖然出家了，受了三壇大戒，穿起僧服、住在寺院修行，但畢竟還是凡夫，所以有時有什麼過失也是正常的，不應當大驚小怪。想想自己有時也都會有過失，那人家都還沒有證悟，還沒有轉依，有過失也是正常的事，所以就不需要「出人過惡」；對出家人應該隱惡與揚善，這樣佛門才會興盛。今天只能講到這裡。

《佛藏經》今天是一百八十講，要從八十頁第一段第五行開始：「何以故？舍利弗！大險難者所謂得空。」這是延續上週所講：「佛陀的眞實教化應當隨順而行，不要用第一義諦的空性來作憑藉，就隨意指責別人有什麼過失、有什麼惡行。」接著就解釋爲什麼 如來要這麼樣告誡大家，就說「大險難者所謂得空」；「得空」是一件非常困難的事，自古以來因爲得空而產生的各種怪象，林林總總不勝枚舉。有時我們看到那些現象時不禁要感嘆說：

「他們眞冤枉。」爲什麼冤枉呢？因爲學法修空本是一件善事，卻因爲修學這善法的緣故，導致死後長劫墮落三惡道中，那眞是冤枉！

但就像俗話說的，可憐之人必有其可惡之處，例如某人爲什麼處處不得人緣，就無法像另外一個人爲何處處有人緣，最終得道多助，這背後都是有原因的。但是歸根結蒂或者追根究柢，其實都肇因於心性不夠好；就是自以爲是，老覺得自己最行：如來也不過如此而已；對善知識的勸誡說明都不聽進耳裡，這結果就因爲得空而墮三惡道。這話好像有點奇怪，其實不奇怪，因爲空有很多的定義，就像《大般若經》中講到十八空，說轉依於空有十八種次第，很多人自以爲他證得空了，所以口出狂言不服一切人，最後他連 如來都看不在眼裡，無怪乎捨壽後長劫墮落三惡道中。

我們也常常說空有兩個大的內涵，就是空性、空相。至於「空相」內涵就非常多了，可是「空性」就只有一種，沒有兩種。不像那賣藥的斯斯有兩種，因此不可以說：「**你悟你的，我悟我的，我們悟的不一定要一樣。**」這就是說，空相是從事相上來看的，所以事相上有很多法相會顯示出各種不同的空；但是空性就只有一個，名爲如來藏，就是禪宗講的本來面目，在這部經中說爲「無名相法、無分別法、無所得法」。空有很多種，最粗淺的譬如老人家常常安慰兒子、女兒（因爲兒子、女兒也許被騙了一筆錢或事業經營有點什麼問題），老人家就說：「那不過是一生的事情，猶如過眼雲煙，看開一點；一切都無常，被騙了再賺就有，不要傷心了。」老人家也常常說：「張三走了，李四又走了，唉！世間很無常，過不了幾年可能我也走了，無常所以最後還是一場空。」那樣也是空，所以有種種的現象就會有種種的空。

乃至於修學佛法以後也告訴你說圓成實性空。諸位一定覺得奇怪：「圓成實性是我們要證的啊！這是眞實法，怎麼會是空？」但我告訴你：「當你轉依眞如，從眞如境界來看圓成實性時，根本沒有圓成實性這回事。」圓成實性是你證得眞如時，觀察這眞如心如來藏，祂圓滿具足一切法，能生一切法，也能滅一切法，所以祂有圓滿成就一切染淨諸法的眞實性。但這眞實性是你的意識之所觀察，假使你換個位子來看，改爲從如來藏眞如心的立場來看時，圓成實性這法也不存在了，所以告訴你說：圓成實性無自性，因此依他起性、遍計執性也是無自性的。所以教導你證實三自性以後，又讓你觀行三自性其實無性，歸結起來就說是三性、三無性。

這有一個前提，我要附帶一下，講「三自性無性」時，得要先證了三自性以後才有資格說三無性。還沒有實證三自性時根本不曉得那是什麼，有什麼資格解說三無性？這個前提先要在這裡打個註腳。這意思是說其實空相非常多，十八空也只是一個列舉，那如果要詳細說下來，從早到晚也說不盡，因爲太多了，但是歸結起來都是三界中事相的空。所以空這個法相非常多，有的人誤會了佛法講的空，不知道還有第八識空性，或者他知道有這個空性，但他把空相當作空性，錯把世間法的無常故空等等空，認作就是空性。那他因爲沒有辦法轉依眞如，所以「得空」時就目空一切。目空一切的結果不只是瞧不起一切人，也有可能連 如來說的經典都可以否定，釋印順正是這樣的人。他是「得空」而陷入「大險難」的具體事證，是一個典型的範例。當他「得空」時，所得的是什麼空？就是空相所侷限的一個部分而已，他也沒有對空相的一切空全部都理解，但他就已經目空一切了，來世的果報就很悲慘，這就是「大險難」。

對釋印順而言，「得空」眞是「大險難」；但對諸位而言，「得空」不會是「大險難」，因爲我們會好好教你繼續深入觀行而得轉依眞如成功；悟後進修之道也為諸位安排好了，所以諸位來正覺學法「得空」時一點險難也無，但是對末法時代的一般學佛人而言，「得空」真是「大險難」。那麼我們出來弘法到現在二十幾年，看過佛教界那些「得空」的人太多了，有的人因為我們弘法，後來他們知道自己悟錯了，死前能公開懺悔，就不墮三惡道，這算是不幸中的大幸。但有的大法師可能就因為我們的說法，他們也許私底下招集了一些已被錯印證為悟的徒眾，在佛前公開懺悔以前的大妄語業，這也是好事，將來可以保住人身不墮三惡道。那麼這個「得空」對他們而言就已經不是「大險難」了，前提是因為我們出世說法，把正確的道理如實告訴他們。

但是人間在末法時代不是時時都有善知識出世，所以末法時代的比丘「得空」往往是一場大災難，非常的危險。萬一他們自己認為證得「第一義」了，然後隨意「出人過惡」，而實際上善知識並不是真的有那些過惡，他卻隨口妄說；就算人家真的有過惡，如果不是有什麼因緣必須要講，他也可以不說，比如為了救護因為那一件事而會下墮的眾生，那時不得不公開來講，否則不必說他人過惡，純粹就法論法就是了。所以真正修行佛法的人，對於如來的真實教化不但應當信受，還應當隨順而奉行，不可以把　如來的聖教作選擇性的接受。

如來說的一切法應該全面接受，不應該作片面的選擇；當如來的法被作片面的選擇之後，佛教就四分五裂了，才會有末法時代大家耳熟能詳的所謂八個宗派各弘片面的佛法。但佛法是一個整體的法，不應該分宗立派，因此禪宗本來就不應該建立為禪宗；因為所有佛弟子修學佛法時，只要是修大乘法就應該參禪證悟，不管是哪一個道場都如是；那為什麼還要把禪宗建立為一個派別？達摩大師到中國來，他也沒有吩咐過將來要建立一個宗派叫作禪宗，他只是把佛法宗旨的傳承交代清楚而已，是後世的人不明白，把它建立為一個宗派。所以三論宗、天台宗……等宗派一一開始建立時，都是錯誤的行為。

包括法相唯識宗，當年玄奘法師並沒有同意建立一個宗派，因為他講的法是一個整體的佛法，結果後人為了方便稱呼他的傳人就稱為慈恩宗，那已經有過失了。雖然那個過失還算小，因為慈恩宗不算一個宗派，目的只是指涉玄奘法師在慈恩寺譯經以及傳授佛法的那些傳人，本意也不是建立宗派。可是後來所謂的佛學專家把它建立為法相唯識宗，後來又乾脆簡稱為法相宗，那就眞是胡扯了。法相唯識還勉強可說、勉強可以立宗，其實也不應該，因爲法相唯識就函蓋全部佛法了，爲什麼要建立爲一個宗派？建立爲宗派就是佛法下面的支流，不是主流了。後來佛學家們更把它簡略稱爲法相宗，就更不該了。法相宗意謂說它所弘揚的只是法相等生滅法，因爲一切法相全都虛妄；既沒有眞實法，又怎麼可以建立爲宗派？所以建立宗派是不對的。

但不管有多少個宗派，到最後一定都會有外道法滲入，後來就稱之爲密宗，就是我們常常提出來講的假藏傳佛教。密宗假藏傳佛教根本不是佛法的宗派，那全都是外道法，只是竊取佛法名相來取代正統佛教。但你們看那些所謂的佛法專家把密宗外道也稱爲佛法中的一個宗派，那他們能是專家嗎？所以面對那些所謂的佛學專家，當你看見他們的書、心中一定要馬上生起一句話：盡信書不如無書。因爲他們書中講的不一定全都正確，如果全部信受他們所講的，你可能就會被害死。譬如他說密宗假藏傳佛教也是佛法的一個宗派，聽過以後有一天也許遇到個喇嘛你就會相信，因爲那專家說密宗是藏傳佛教，也是佛法的宗派，但這一走入密宗假藏傳佛教，以後就萬劫不復，所以盡信書不如無書。鄰家老伯伯、老婆婆都不識字，喇嘛說什麼他們也不聽，但死後他們至少保住人身；可是走入密宗假藏傳佛教跟著學那一些法，又去幫喇嘛們拉皮條；或者不說得那麼難聽，說幫著喇嘛去招攬信徒，結果害更多人墮落，那他死後還能保住人身嗎？我可不信。

所以密宗假藏傳佛教也講空，因爲他們想要人家誤信他們也是佛教的一支，所以他們也講空。他們講空最有名的是應成派中觀，自續派中觀講的比較少，倒是講如來藏比較多。那應成派中觀說一切都空，不管人家說什麼他們都說是空；人家講如來藏生一切法，才是眞實空性，他們就說：「**如來藏也是空，如來藏是施設法、不是眞實有。**」就用一個空否定一切佛法宗派的法義，但這叫作頑空。我說應成派中觀確實是頑空，他們是用空的說法排除一切法，可是他們所知的空、所得的空，不外於現象界的無常故空。這樣的空並沒有證得「**眞實空、畢竟空**」——沒有證得「**第一義空**」，但他們卻不斷在書中千方百計要讓人家信受他們所證的空就是「**第一義空**」。《菩提道次第廣論》前半部講的那些所謂佛菩提道，它區分成三士道的內容，不就是如此嗎？正是標準的代表。

可是他們因爲不是眞正證得「**第一義空**」，又怕墮入斷滅空中，只好返身又把雙身法抓得牢牢的，就說五蘊不空、五蘊是常住、五蘊是眞實，在《廣論》前半部的三士道中就是如此說的；那又同於常見外道，跟世俗人就沒有差別了。所以說他們所作所爲都墮在人間的有中，還及不到欲界天的有，更別說色界、無色界的有。所以喇嘛教的所說所行，正是祖師大德們所指責的：**「終日口說空，身行落在有。」**正是如此啊！那他們自以爲「得空」，自以爲證得「第一義空」，就來否定一切宗派的法義。所以他們把第三轉法輪諸經加以貶抑，說爲不了義經，說《阿含經》也是不了義；他們認爲《般若經》是了義的，可是他們卻誤會般若諸經，把般若諸經當作是說明一切法緣起故空，所以他們定義般若諸經的法義叫作「性空唯名」。

這顯示他們誤會了「第一義空」，卻認爲自己已經「得空」，因此臧否天下人。眞正的藏傳佛教覺囊巴就是這樣被他們誣蔑以後消滅掉，所以現在的藏傳佛教全都是假的佛教；眞正的藏傳佛教曾經出現在西藏，那就是他（導師返身指著佛龕中玄奘菩薩前方的一尊祖師像），那一尊小小的祖師像，眞藏傳佛教是他開始弘揚起來的。他是阿誰？是篤補巴。然後弘揚到多羅那他時就被滅了，多羅那他被趕出西藏時，只有一匹瘦馬、兩個隨從，最後在四川落腳；聽說當年他坐著說法的實木椅子還在，他的一頂毛帽也還在，被覺囊派僧人奉爲聖物放在櫥子裡。你們有沒有看過椅子被供在櫥子裡的？如果你去四川時看見了，就知道那就是多羅那他坐的椅子，史上都沒有記載。

但從這一些眞實的事例證明 如來是誠實語者：「大險難者所謂得空。」你們看同樣是「得空」，有的人道業升進，有的人下墮三惡道。所以這一條路不是平坦清涼的路，其中充滿種種歧路，還有雜草與異類、毒蛇等，我們在《法華經講義》中已經講過了。如來說成佛之道是艱險難行之路，在這裡更爲大家點出來：「大險難者所謂得空。」所以「空」這個內涵不是一言兩語、三言四語就可以講得清楚的。且不說講經，咱們二〇〇三年開始講解《瑜伽師地論》，講到現在才只到第八十二卷（編案：此是二〇一七年八月二十九日所說），後面還有十幾卷，也都是在講空。當年玄奘菩薩去西天的目的是爲了取得《瑜伽師地論》，因爲他在中國證悟了之後有個問題無法解決：悟後要如何成佛？證悟之後首先要有能力檢查自己有沒有成佛，一般人都是證悟之後就自認爲成佛了；可是玄奘悟了之後知道自己還沒成佛，但是悟了之後應該怎樣進行而可以成佛，這是大哉問。

當年玄奘為解決這個問題四處打聽，後來聽說有一部《十七地論》，講解瑜伽師的十七地——瑜伽師的十七個層次的境界，從五識身相應地、意識相應地一直到究竟佛地，說這一部論中把整個佛道的次第與內容都講了；所以他發願去天竺取經，重點就是這一部論。我們二〇〇三年開始講《瑜伽師地論》，到現在講到卷八十二，全都是在講空性與空相，預計最快也得再三年才能把它講完；如果三年後可以把它講完，那是到二〇二〇年的事，那就講了十七年，喔？又剛好十七地喔！（編案：後來是二〇二二年二月圓滿。）

所以這「空」不是容易理解的事，一般人不懂佛法而目空一切，假使悟得眞就不會這樣了。所以我此世剛弘法時，有的同修告訴我說：「老師！不是『見性成佛』嗎？那我們看見佛性時應該就是成佛了。」我說：「不！還早著咧！」可惜他們沒聽從我的話，所以後來就出問題。甚至於當年我曾跟他們說明，我說：「見性有四種，十住菩薩的見性不同於地上菩薩的見性，諸地菩薩的見性又不同於諸佛如來的見性，你們現在看見佛性了，想要成佛還有待努力。如果是會外那些所謂見性的人，他們是最低的層次，就是凡夫之人所隨順的佛性，就是把六個識的見聞知覺性當作佛性。」我都跟他們講解了，但他們不信，都覺得自己很行，才會退轉。

問題是如果自己已經成佛了，眞的很行，就不需要再去信受月溪法師的邪法了，爲什麼卻要拿月溪法師的邪見來否定咱們所證的內容呢？所以我不得不開始破斥月溪法師的邪見，當初剛開講時名爲《批月集》，開宗明義就是要批判月溪法師。當年那是一場很不愉快的過程，那個帶頭的人姓劉，名字我就不講了，他打電話向我同修說：「請妳勸老師不要再批判了，老師每講一句話就像在我身上割一刀一樣。」我同修說：「老師也不想這樣，可是你們要否定正法，老師就不得不講，不然大家又走錯路怎麼辦，不然你們就更正吧。」但他們又不肯更正，那我就繼續講。後來有人覺得這書名太刺激了，我說：「不然我改名叫作《護法集》好了。」後來有個人說：「這書中講的都是正法，不然再加上『正法眼藏』四字好了！」因爲他讀過以前大慧宗杲的著作，大慧的書中有這四個字，我想：「也行！你喜歡就好。」就把這四字加上去。

那他們以前不也是「得空」了嗎？可惜轉依不成功，因爲法得的太容易了，當年我都是明講奉送的。不知道諸位現在希不希望我爲你們明講？不希望喔？這樣最好，因爲這般若密意就得要自己辛苦參究，過五關斬六將衝出重圍，才表示眞的有實力、眞的通透而可以轉依。這樣一步一步踏踏實實走過來的人，「得空」之後就不會再出紕漏，這樣繼續進修，前途就不會是險道，一定沒有「大險難」。所以「得空」眞是「大險難」，不是現在才這樣，而是自古已然。所以佛世也有大妄語者，佛陀都還在世，就已經如此，何況末法時代，當然是正常事。那麼這一句解釋到這裡。

接下來說：「**或有比丘因以我法出家受戒，於此法中勤行精進；雖諸天神諸人不念，但能一心勤行道者，終亦不念衣食所須，所以者何？如來福藏無量難盡。**」到末法時代惡比丘、比丘尼多的是，可是終究也有部分比丘、比丘尼是爲了正法而出家受戒的，所以如果道場是成日裡趕經懺，他就不想安單，另外再尋找安單的道場。如果他發覺那道場所傳的法是有問題的，他就會離開。到末法時代，反而是離開大道場獨自修行的比丘、比丘尼是比較有智慧的；也許一個精舍十幾位比丘或比丘尼努力修行，都遠比住在大道場好，因爲現在的大山頭大部分不是眞的在修行，這是末法時代的正常現象。

假使各大道場都是努力精進在修行，我說那一定是時空倒轉回到正法時代了；所以我一向對散處各地的精舍或者自己買個公寓，兩、三位比丘或兩、三位比丘尼同住修行，我都覺得那是很好的；除了另一種是不好的，就是他在道場中老是跟人家合不來，特立獨行、譁眾取寵。甚至還有一個很有名的比丘到處騙吃騙喝，還戴著勞力士錶，還吃肉喝酒，那我都不贊成。但這是末法時代的正常現象，老實說他造的孽還及不上某些大道場，因爲那些大道場還在推廣密宗假藏傳佛教的邪見與邪法，所以末法時代這些是正常的。有時有的精舍聚集幾位比丘或者另一個精舍聚集幾位比丘尼，努力精進修學佛法，不脫離 如來的正法，這都是值得讚歎的；因爲大道場都已經密教化了，他們若不離開，道業怎麼辦？

那麼像這樣子爲了正法而出家受戒，在正法中「勤行精進」的人，雖然諸天神、諸人不憶念他，也就是說沒有得到諸人、諸天神的大力供養，但是只要能一心「勤行精進」於佛道，其實也不必掛念衣食所須，因爲 如來總會差遣俗家弟子前來護持；不可能得到很多的金錢食物，但基本的衣食一定不愁缺漏，因爲 如來的福藏無量難盡。所有人都理解 如來是福慧兩足尊，福德沒有圓滿時是不可能成佛的。所以任何一尊佛的「福藏」都是「無量」，也都是難以用盡的。

我記得有一部經講過，一個人修行成佛之後，報身住世可以有七百阿僧祇劫，那麼成佛時所需要的福德究竟有多少？而諸佛的三十二大人相，每一相都是要藉無量的福德才能成就的，這樣成佛以後自然是「福藏無量難盡」。如果是 釋迦古佛，成佛之後又繼續不斷在有緣的地方或是來人間示現受生成佛，或者示現在天界成佛度眾，已經過無量無邊百千萬億那由他劫了，來到現在時又增加了多少「福藏」？這樣想一想就知道了。所以如果眞是爲正法而出家受戒努力修行佛法，一定會有人供養的；不一定是諸天諸人，也許就像是法融法師，他在牛頭山的深山中一個人修行，諸天諸人都沒有來供養，但卻有野獸眾鳥來供養他；更何況是在人間修行，不可能沒有人供養的，因爲依法而出家受戒修行，就是如來之子；而 如來是大富長者，祂的子女怎麼可能會缺糧？如何可能衣不蔽體非得要穿破衣不行？所以 如來眞是「福藏無量難盡」。也許有人懷疑說：「眞的嗎？」但 如來不誑語、不妄語、說誠實語，所以 如來一定會告訴我們，爲什麼 如來的「福藏無量難盡」，那我們再來聽 如來的開示：

經文：【「舍利弗！如來滅後，白毫相中百千億分，其中一分供養舍利及諸弟子，舍利弗！設使一切世間人，皆共出家隨順法行，於白毫相百千億分不盡其一。舍利弗！如來如是無量福德，若諸比丘所得飲食及所須物，趣得皆足。舍利弗！是諸比丘應如是念：『不應於所須物行諸邪命惡法。』舍利弗！若衲衣比丘於糞掃中拾取弊故，應生是心：『以此障寒及修聖道。』我今以此弊故，縫作僧伽梨著，勤行精進；若以凡夫，乃至一夜不應著此。』是比丘淨洗縫著。若此比丘於此衲衣生貪著意，即應捨之；我不聽著，何況餘衣？何以故？舍利弗！是比丘於此衣中生非比丘法，是比丘不復應著，何況餘物？舍利弗！時，是比丘寧以赤熱鐵鍱自纏其身，不應著此衲衣，何以故？於此衣中染愛心故。舍利弗！衲衣比丘應作是念：『著此衲衣以遮寒熱，以助修道，我今不復更著餘衣，當得須陀洹果、斯陀含果、阿那含果、阿羅漢果。』舍利弗！如是衲衣比丘專求道者，我則聽著。」】

語譯：【世尊又開示說「舍利弗！如來示現入滅之後，以白毫相之中的百千億分，其中的一分來供養舍利及所有的眾弟子們，舍利弗！假設世間的一切人，全部共同出家而隨順法行，這樣來受用如來白毫相中百千億分中的一分也都受用不盡。舍利弗！如來有像這樣的無量福德，如果諸比丘所得的飲食以及所須要的物資，聽從他們所到之處都可以具足。舍利弗！這些比丘們應該生起這樣的念頭：『不應該針對所須的各種物資而去造作各種邪命的惡法。』舍利弗！如果衲衣比丘在糞掃堆中拾取破舊的衣物，應當生起這樣的心：『我用這些衣物來遮障寒冷以及修行聖道。我如今以這破舊的衣服，來裁縫作僧服穿著，精勤地修行、精進用功；如果是以凡夫之身凡夫之想，甚至僅僅一夜也不應該穿著這樣的衣服。』這樣的比丘把它清淨洗滌然後縫成僧伽梨來穿著。如果這比丘對於這樣的衲衣生起了貪著的意念，他就應該立即捨棄；因為我不聽受他們繼續穿著，更何況其餘的新衣好衣？為什麼這樣呢？舍利弗！這些比丘於這樣的僧衣中生起了非比丘之法，這樣的比丘就不應該繼續穿著僧衣，更何況其餘的物資？舍利弗！末法時代，這一些比丘寧可用赤熱的鐵鍱自纏其身，而不應繼續穿著這樣的衲衣，為何這樣說呢？因為對於這樣的僧衣染著了貪愛之心的緣故。舍利弗！穿著衲衣的比丘應該生起這樣的意念：『穿著這些破舊的衣服是用來遮蔽寒熱，用來幫助我修學佛法的正道，如今就不要再另外穿著其餘好的、新的衣服了，我應當因此而證得初果、二果、三果、四果。』舍利弗！像這樣的衲衣比丘專心一致尋求正道的人，我就聽受他們繼續穿著僧伽梨。」】

講義：諸位都知道 如來有三十二種大人相，還有八十種隨形好。大人之相從頭頂到腳底總共有三十二種，那麼其中有一相叫作白毫相。彌勒菩薩也告訴我們這三十二種大人相，不是每一相的福德功德都平等的，某一種大人相要有幾千倍、幾萬倍，才能及得上另一種大人相，所以這三十二相不是完全一樣的。那麼白毫相是三十二種大人相之中的高層次，就像如來的肉髻也是高層次的部分。現在 如來說這三十二相之中的白毫相，也就是眉間白毫，這眉間白毫相需要累積多少的福德才能成就？假使聽到某人說他成佛了，你就說：「來、來、來，走近一點我瞧瞧。」他說：「你瞧什麼？」你就說：「我瞧你的白毫相啊！」結果一看，沒有！你就罵他：「你好歹也裝個假的給我看，不然你怎麼自稱成佛了！」這也是很容易檢驗的方法。

我們弘法以來自始至終不敢自己說成佛了，因爲知道距離還很遠啊！偏偏那一些凡夫動不動就說成佛了，然後來嘲笑說：「你們正覺層次太低了。」

可是他們不懂什麼叫作成佛，如果他們稍微懂，至少也裝個假的白毫相給人看吧，全都沒有就敢出來誑人！那我們這尊佛像當初請來時是沒有白毫相的，我就請了一個師傅來，請他幫佛像作一些修飾，順便請他帶個人造鑽石來鑲上去；但後來他竟然發心說：「這由我來供養好了。」我說他的善根也不錯，因爲我們想要付錢但他不收，他說要供養 世尊，眞有福德！全球唯一正法道場的主講堂，他種上這個福德，但他還不知道自己這個福德有多大。我今天是第一次講出來，但是他若求證悟就得等來世，因爲各人的因緣很難講，所以到未來世時他也許想：「我有可能證悟嗎？」他一定會這樣想；然後有一天證悟了就說：「我到底是前世作了什麼好事，今生讓我證悟了？」一定懷疑啊！如果我那時還記得，我就告訴他這件事。

這就是說，諸佛如來都有三十二種大人相，顯現於外的共有三十一種，這都可以拿來檢驗，看他到底有沒有眞的成佛了，騙不得人的！那麼這每一相都是要以無量無邊福德修成的，特別是頂髻相和白毫相，所需要的福德最爲廣大。如來說：「我將來入滅之後，白毫相有很多的福德，把這些福德細分成百千億分；」百千億到底是幾分？以億爲單位，劃分爲百千個億。這百千億分中的一分，是很少的數目，但世尊說：「以這一分拿來供養舍利和所有的如來弟子，只要正法還在人間，一直到末法過完爲止，供養這些弟子們，只是如來福藏中很小很小的一部分。」單單是白毫相中的百千億分之一，其他相還不談，如來說：「即使是這麼少的一分，就算是世間所有的人同時出家共同精進修行也用不完。」這樣夠嚇人了吧。

想想看臺灣佛法這麼興盛，出家人也才多少人；假使全部世間人都出家，出家之後所有比丘們所需要的飲食、所需要的物資「趣得皆足」。「趣」就是所到之處，舉凡精進修行的出家人所到之處，飲食、物資都可以得到、都能具足。那你們想想看 如來的福藏到底有多少？所以眞出家修行的人不怕沒有供養，除非他每天要錦衣玉食，那就沒輒。如來又吩咐說：「這些末法時代精進修行的比丘們、爲法出家的比丘們應該這樣子想：『不應該對所需的各種物資，爲了要去獲得而行於種種邪命的惡法。』」那什麼叫作邪命？就是那四種食：仰口食、下口食、方口食、維口食。

現在末法時代佛教道場維口食或者方口食，諸位看看多不多？怎麼只有一個人應聲？因爲沒有把握？我告訴諸位，譬如在電視上爲人家說法，他不是眞的有法給人家，而是靠著在電視上說法讓人崇拜，所以人家不斷地五百、一千、兩千元匯款給他，那本質就是維口食，跟一般人說相聲、說書來賺錢沒有不同。假使他是演說眞正的法，那就不叫作維口食。有的法師因爲在佛教中的地位很崇高，他在佛教界一呼百諾，所以他去作說客，遊說大家作這個活動、辦那個活動，甚至有時去遊說大家作的是世間法的事，那正好是方口食，這些都是邪命之食。等而下之就是作生意，作生意的出家人是什麼食？下口食；那些作生意的人不管是製造物件或幹什麼，總是要低著頭埋頭苦幹；如果出家人開素食餐廳來賺錢，也是看著鍋裡不斷地作，也是下口而食。農夫是最基本的下口食，自己種菜時都看著地上，但出家人經營素食店或大餐廳時也是看著下方的鍋子不斷地鏟；包餃子等食物來賣，不也都是下口食嗎？這些都是邪命之食。那現在佛教界大法師有沒有仰口食？有喔？我不知道欸！恐怕難得其人吧？如果要吃仰口食這口飯，得要學一學星象。我所知道的是現在這些大法師對星象都沒興趣，學不好；也許是想那賺不了什麼錢，所以現在仰口食大略上是不存在的，除非那位大法師是劉伯溫再來。

這是說，爲了得到修道所需的衣物、飲食或者醫藥、臥具等，不應該行諸邪命之法；出家人本來就讓人家供養，這是正常的、天經地義的，而他的本分就是好好修行、求證三乘菩提的全部或其中之一；他不必自己經營事務，如來的信眾自然會有食物、衣物……等供養，這是正常的。如果不是貪得無厭，如來弟子一定都會來供養；如果他貪得無厭，出了家一天到晚要名牌包、要名錶、要名車……等，還要住別墅，那人家會說：「**他有在修行嗎？他是貪得無厭欸！**」那就不會有人供養，因爲正信的佛弟子都走掉了。接下來會換什麼人來供養呢？換成世俗人。

如來教育末法時代的比丘們：「**如果是衲衣比丘，就應該在糞掃堆中拾取弊故，**」什麼叫作衲衣比丘？這是說，並不是去買全新的布匹來裁剪縫製僧衣，而是拼拼湊湊成爲一件僧衣，叫作衲衣比丘。如果那是衲衣比丘，應該去糞掃堆裡拾取舊衣來縫製僧衣自己穿。眞的如此！如來剛出世弘法時，所有比丘的衣物都不是由人家供養的，都是去棄屍林撿回來洗淨了縫製成的。古印度有許多窮人沒有辦法墓葬，死了以後就是一件白布包一包，外加一件草蓆捲起來綁好，就好像湖州粽子那樣，因爲長長的；也好像逃難時把鋪蓋捲起來，然後草蓆捲在最外面，綁起來成爲長條形而揹在背上一樣；窮人家就這樣一件白布裹了，外面再用草蓆包好，然後用繩子綁起來，僱請一個專門揹屍體的人揹到棄屍林去，窮人家都是這樣的。

剛開始跟著 世尊出家的弟子們，就是去那裡撿；有時窮人家還不是很窮的，至少還有衣服穿著；通常外衣都要留下來給子女穿，若不是特別窮，死人至少還有外衣可以撿。印度的外衣都是寬寬鬆鬆的，古時都是這樣，可以撿回來洗一洗把它染紅土或者黑土，就染成壞色。所以僧衣有兩個顏色，一個是紅土的顏色，不是像達賴他們穿的那種紅衣，染起來的紅色其實看起來根本就不像紅色，很醜，就這樣穿。如果用黑土染色，黑土就像大家現在穿的黑色一樣，染起來就像灰色一樣，你們這個黑色還算很漂亮。

那時就是這樣去棄屍林撿回來，有的布料都已經破了，有時還沒有破掉，但是狐狼野狗來啃咬屍體時也就被咬破了，就把破的地方裁掉，好的地方留下來，然後一條一條縫起來就這樣來穿，所以叫「弊故」。「弊」就是破了，「故」就是很舊的，都是去棄屍林撿回來，那裡就叫作糞掃堆。有垃圾時也是往那裡丟。在垃圾堆中撿來的弊或故的衣服，或者棄屍林撿來的破的衣料，去洗乾淨以後染成紅土或黑土的壞色以後，再裁剪縫起來穿，初轉法輪時期的僧眾所穿衣服大約都是這樣。

所以眞正的「衲衣比丘」，也就是眞正修頭陀行的比丘，是應該於糞掃堆中「**拾取弊故**」，心裡應該這樣想：「**我穿的衣服，目的是幫我遮障寒冷，有時是幫我遮障熾熱的陽光，**」因爲在印度五月、六月、七月時太陽晒在身上久了會疼的，就穿那衣服遮擋陽光，所以是用來遮障寒熱；若是寒冷，是有時在荒郊野外沒什麼遮擋時，如果沒有樹遮著，天空又沒有雲，到半夜時會冷，就用那破弊來遮蔽寒冷。所以修頭陀行都應該這樣，心裡應該想：「**我是用這個來遮蔽寒冷與遮蔽熾熱的太陽，可以因此而好好修學聖道，我如今以這衣服破了或已經舊了，人家不要的舊衣服我把它裁剪縫作僧衣來穿著；既然穿著僧衣，我就應當精勤修行精進用功；如果我是以凡夫之身起了凡夫之心，那我連一個晚上都不應該穿著這件法服。**」換句話說，所穿的這件衣服就是修道之衣，穿這件修道之衣就是人天之所應供養的人，作爲一個人天所應供養護持的人，就應該好好修道，不應該生起凡夫之心；如來是這樣的教導。如果生起了凡夫之心，就應該脫下來趕快還俗。

如來作個小結論說：「**這個比丘**（也就是指衲衣比丘），**他就應該把弊故**

之衣好好清淨起來，好好把它清洗乾淨，然後把它縫起來成爲一件僧衣。」這就讓我感嘆說，有的人出家後，他那一件僧服非得要七、八萬元臺幣，否則他是不穿的。我剛開始弘法時有一位大陸的法師，說廣州有一個很有名的佛寺；我就不談是哪個寺，中和也有一家是那個名稱的寺院；說那個住持法師信受正法，也願意用功修行，我說：「**那很好啊！**」我就託他供養住持一萬八千元臺幣，讓他自己去做僧衣。後來聽說那位法師瞧不在眼裡，說他的僧服每一件都是要萬把塊人民幣。臺幣萬把塊錢眞的不算數，我嚇了一跳說：「**啊？出家人一件僧服要萬把塊人民幣喔？**」我說：「**我生來還沒穿過那麼貴的西裝欸！**」就別說現在這唐裝有多便宜，所以我開始對大陸的僧人改觀了。

後來漸漸知道原來他們所謂的僧寶是什麼：是跟住持講好了，他就去市鎮裡的理髮廳把頭髮剃光了，之後就到寺院去穿起僧服來，這樣就算出家了。他們沒有沙彌、沙彌尼的過程，所以式叉摩那戒、沙彌戒，都沒這回事，那比丘、比丘尼戒就更別提了，後來我對大陸出家人就很失望。當古剎或者有名的住持是怎麼能當得上的？是拿大筆錢財私下去跟宗教局的官員談，談好了就派一間寺院給你。小寺院，在十二、三年前的小寺院是十萬元人民幣，就可以去當住持；當上住持以後，天暗了沒有信徒來了，就換世俗衣服回家，明天早上又來寺裡上班，你說大陸的佛教怎麼辦？

聽說現在大陸開始有人重視出家人必須受戒，這倒是好事！你們出家人如果有因緣要去幫忙他們，他們願意受戒是好事。如果你們應邀受聘去幫他們傳戒，這是好事應該去作，可別說「**他們那個算什麼佛教**」，不要這樣想，他們願意受戒就是善心，就幫他們圓成這個善心。至少在戒壇中，你總得要教導他們各種戒條的內容吧？那些戒條代表的是各種戒相，你總得講一講。他們將來萬一要犯戒時，至少心裡也會稍微頓一頓，這是好事。表示他們開始警覺了，有開始在進步。好現象我就隨喜，不要一竿子把他們一船人都打翻；但凡有一絲善法，我們就隨喜讚歎。也就是說，穿著這件僧服不是一件輕易的事，穿著僧服代表是 如來的弟子，如來的弟子該幹什麼、該如何修道生存在人間，要有一定的軌範，就是受戒、依戒法而行。

世尊接著又說：「**如果這個衲衣比丘，對於身上這一件破故衣生起貪著之意，他就應該捨棄了！**」諸位也許想：「**奇怪？既然是糞掃堆中去撿來的**

弊故衣服，就算把它洗乾淨了，裁好了縫起來穿，不過是弊與故來縫成的僧衣，那有什麼好貪著的？」一定有人這樣想，這就表示你淺見了。要知道前面 如來已經講了：「我這白毫相中百千億分，其中一分供養舍利及諸弟子，設使一切世間人皆共出家隨順法行，於白毫相百千億分不盡其一。」表示穿著這一件弊而且故的僧伽梨，人家就會來供養；所以這些僧伽梨雖然是弊又故，但它代表著背後會有源源不斷的供養。如果這位「衲衣比丘」因爲這件僧服背後有源源不斷的供養，就對這件衣服生起了貪著之意，他就應該要捨棄，不應該再穿了。

所以眞正修行人珍視這件僧伽梨，但是沒有貪著之意；你們看 克勤大師好了，高官富人都要來找他，供養何其多，可是他從來不以爲意，一點都不看重那一些，隨處放，後來看著多了，就拿出去分給僧眾；所謂上行下效，我這個首座弟子怎麼辦？供養來時我就先供佛，撤下來後就送到和尚方丈室去，一向都這樣。古時供養僧衣的信徒很多，那些大官以及富貴者都會來供養僧衣，那布料當然都是好布料。凡夫供養來時我的慣例先供佛，撤下來就送到和尚方丈室去；他若沒有需要，馬上就送到下面給大家穿，他從來不看重。

有時人家會供養時新，時新懂嗎？這時新也不懂？就好像我們現在是幾月？現在是八月，如果龍眼剛生產出來就叫作時新，剛剛出來的第一批就是時新。以前我常常收到時新供養，人家叫作嚐新。剛出來的就是要先嚐，先嚐爲快，常常都有，那我供佛完了就送到和尚方丈室去。有時時新如果只有一顆，會的，有時會只有一顆，因爲是提早成熟的果子，數量很少，供去方丈室以後，克勤和尚會拿刀子切，留給我一半，我們就是這樣的一對師徒。

以前出家人是這樣修行的，哪有像現在會外出家人，一天到晚腦袋裡想著一堆雜七雜八的供養，沒有這回事。只有現代出家人才會想那些奇奇怪怪的供養，現代人出家後是食不厭精、膾不厭細，很多都是這樣的。至於衣服可講究了，衣服且不談，單說那一串念珠，還要蜜蠟製作的。十來年前有一位大法師，他那一串蜜蠟你知道多少錢嗎？我記得是兩百五十萬或三百萬元臺幣，那蜜蠟每一顆圓滾滾、清澈透明又很大顆，這一串就是兩、三百萬元臺幣。可是什麼時候能戴出來，不容易，因爲捨不得，大多時間收藏在櫃子裡！像這樣子，那一串念珠能有什麼價値？也許大法師不是捨不得戴出來，可能是想：「**如果戴出來時可能是千夫所指。**」那又何必製作出來呢？我眞不知道他是什麼想法。

這就是對這一件僧伽梨——對這件衲衣——生起了貪著之意。衲衣本身沒什麼可以貪著的，但它背後代表的是佛弟子對他的恭敬供養，就因爲這樣而生起貪著之意。可是 如來說：「**如果生起貪著之意，那他就不是『衲衣比丘』。**」因爲「**衲衣比丘**」是修頭陀行的人，而他生起了貪著之意，就不可能是修頭陀行的人，就應該捨棄而不該再穿。如來特地加上一句話：「**我不聽許他穿著。**」接著說：「**連這件破弊衣都不許他穿著，何況是其餘的好衣服。**」

世尊又解釋爲什麼這樣子，理由很簡單：「**這個比丘對於這件衲衣，他在衲衣之法中生起了非比丘之法。**」比丘之法就是三衣一缽；還有一個戒刀是裁縫衣服用的，一針一線一缽外加一根錫杖驅趕虎狼之用，所謂身無長物，所以去到哪裡都很安祥，不怕人家來搶劫，謀財害命就不用提了，因爲無財可謀。如果比丘因爲這一件僧伽梨，它背後代表著一些恭敬與供養，心裡就生起了非比丘之法，那麼這比丘不應該繼續穿著這件僧衣，更何況是其餘的物資。

世尊怕末法時代的比丘沒有聽好，又特地強調說：「到了末法時代像這樣的衲衣比丘，如果他是真正的衲衣比丘，寧可用已經燒紅的鐵鍱（也就是鐵片），一片一片纏滿自身而且綁住，寧可這樣受苦也不應該再繼續穿著那件衲衣。」這話可夠重了！這鐵鍱，我想起以前讀《舊約》聖經有講到銅鍱，他們基督教也互相爭辯說：「我講的才是真正基督的法，你講的那個不是。」所以有一派用銅鍱（就是銅片），在那個銅片上面刻上他們的經文，然後主張說：「這才是真的。」

我後來都想：密宗假藏傳佛教那個岩藏和岩藏之作法，也許是學基督教銅鍱的方法去作的。密宗假藏傳佛教有人是這樣的，很會搞怪的上師自己聰明，寫了些東西，故意去山上某個地方岩堆裡藏起來，然後吩咐人家說：「我走了以後，你要到哪裡的石堆底下挖出來，那裡藏著勝妙法，要去把它找出來。」那叫作岩藏，聽過吧？什麼岩藏？他說那是古代的大仙人遺留下來的妙法，其實是他寫的（大眾笑…）。但民眾迷迷糊糊就被騙了，因爲古時西藏的同胞們各個是文盲，很容易騙。只要去找一些舊的紙張來，越舊越好，然後寫一寫再去岩石堆裡藏起來。而且古時又沒有現代的科學碳十四驗證法，也無法檢驗它的年代，反正大家一看：「哇！這個紙都這麼舊了，它一定是眞的。」就信了。

可是諸位有沒有發覺一點，不管什麼時候去挖出來的岩藏密法，講來講去全都一樣；既然都一樣，何必要那麼多的岩藏？所以說這是愚民之作；作的人愚癡，信的人一樣愚癡，成爲愚癡人騙愚癡人，就叫作密宗假藏傳佛教。但是那東西更早幾百年基督教就有了，是在中古時代就有銅鍱了。我以前讀過《聖經》時有讀到這個，如果後代的人也弄個銅鍱刻了他想說的事情，讓它風吹日晒雨淋，淋上半個月或者頂多半年，然後把它包裝好藏起來，將來發掘出來說那就是最好的法義。

所以說搞怪各有手段，但我們不要信那些搞怪，要談實質；看它上面的文字所說的實質，看它是否眞實，是否能經得起再三驗證，是否能歷經久劫而不變，這才是眞實法。那麼到末法時代衲衣比丘就應該好好淡薄自守、清淨用功、精進修行；世尊說：「寧可以熾熱的鐵鍱自纏其身，也就是寧可自纏其身膚肉焦爛，也不應該繼續穿著這件衲衣。」因爲他在衲衣之中生起了「非比丘法」。

如來解釋說：「**爲什麼我要這樣講？是因爲這衲衣比丘在衲衣之中已經染著了貪愛心的緣故。**」爲什麼要穿衲衣？表示自己對於衣食住行沒什麼貪著，隨緣過日子，努力修道業，才是衲衣比丘的初衷；不然他就穿好的僧衣，爲什麼要穿衲衣？所以衲衣比丘，如果你供養了他臺幣五萬元、十萬元，他很歡喜接受，不是轉而供養常住，表示他不是眞的衲衣比丘。眞正的衲衣比丘只接受生活上、修道上所必須的物資，通常是白米青菜或其他的食物、衣被等，夠用就好，多出來的他也不要，才是眞的衲衣比丘。結果你供上十萬塊錢他收了，不是轉爲供養常住，那就不是眞的衲衣比丘。

所以衲衣比丘的定義是很清楚的，如果不是這樣就不要穿衲衣，就用好布料裁製僧衣穿起來；如果有故衲，或是破舊的幾條衣，去把它縫成一條一條的僧衣穿起來，不是一整匹的布料製作的，就是衲衣比丘。既然這樣穿著，他就要有衲衣比丘的實質，否則就像一般人出家後穿一般的僧服就好，不用穿衲故衣！所以「**衲衣比丘**」不該於此衣中染上貪愛之心，才算是眞正用功修行的「**衲衣比丘**」。

如來苦口婆心又吩咐說：「**舍利弗！衲衣比丘應該這樣子想：『穿著這件**

衲衣是用來遮蔽寒冷以及炎熱，幫助我可以好好修道；既然如此，我如今就不需要再穿著別的好衣服，就在這件衲衣之下要證得初果、二果、三果或四果。』」請注意喔！這裡不是告訴你說：「我今不復更著餘衣，當得七住、十住、十行、十迴向。」有沒有意會過來？啊？怎麼點頭的人這麼少？這就是說，假使你是菩薩，你不用穿衲衣。菩薩不穿衲衣，菩薩要有菩薩的福德，當然不穿衲衣。假使你穿著僧伽梨成爲出家菩薩，應該說：「我當得七住、十住、十行、十迴向。」

可是末法時代出家比丘大多只懂得修學解脫道，因爲遇到佛菩提道的善知識的機會太少。也許有人不信，不然大家檢擇看看，打從宋朝之後有多少機會可以遇到弘揚佛菩提的大善知識？舉起手指來，五個指頭都數不完，是不是？對啊！除了你們有些人跟我到西藏去，後來被趕出來時有的被殺死以外，有多少人遇到佛菩提道的大善知識？如今在臺灣終於又遇到了，可是在大陸呢？有多少人遇見？寥寥可數啊！所以眞的不容易。末法時代只有機會修學解脫之道，「衲衣比丘」精進修道時應當證的果是什麼？就是聲聞果，就是從初果到四果，如來說的就是這個道理。

如來最後總結說：「舍利弗！像這樣穿著衲衣比丘，專心求於解脫之道的人，我就聽許他可以穿著衲衣。」換句話說，其餘的人不聽許他穿著。今天講到這裡。

《佛藏經》上回八十一頁第一段講完了，現在從第二段開始：

經文：【「舍利弗！乞食比丘應諸法中無所分別，常攝其心，不令散亂而入聚落，以諸禪定而自莊嚴。乞食得已，心不染汙，持所得食從聚落出。在淨水邊可修道處，置食一面，洗腳而坐。以食著前，應生厭離想、不淨想、屎尿想、臭爛想、變吐想、塗瘡想、厭惡想、子肉想、臭果想、沉重想；又於身中應生死想、青想、脹想、爛壞想。舍利弗！比丘應生如是想，以無貪著心然後乃食。但以支身，除飢渴病，令得修道。應作是念：『我食此食，破先苦惱，不生後苦；心得快樂，調適無患；身體輕便，行步安隱。』又念：『食此食已，我應當得須陀洹果、斯陀含果、阿那含果、阿羅漢果、無生法忍。』舍利弗！比丘如是食者，我聽乞食。舍利弗！若乞食比丘於所得食生貪味心，以爲甘美而作是念：『我食此食當得好色，氣力充盛。』不作是念：『我食此食勤行聖道。』如是比丘我乃不聽受一飲水，何況飲食？舍利弗！若於食中不見過惡，不見出道，而便食者，寧自以手割股肉噉，何以故？我聽行者得者受他供養，不聽餘人。」】

語譯：【世尊開示說：「舍利弗！乞食的比丘應該在諸法之中無所分別，永遠都收攝自己的覺知心，不使自心散亂而進入聚落之中，應該以各自所證的禪定而莊嚴自身。乞食得到了以後，心中不可以有染汙，受持著所得到的飲食從聚落中走出來。來到聚落外的淨水旁邊可以修道的地方，先把飲食放在一面，把腳洗乾淨之後坐下來。然後以飲食放在面前，這時對飲食應該生起厭離之想、不清淨之想、屎尿之想、臭爛之想、變吐之想、塗瘡之想、厭惡之想、子肉之想、臭果之想以及沉重之想；然後又對自己的色身應該生起死想、青想、脹想、爛壞想。舍利弗！比丘應該生起這樣的種種想之後，以沒有貪著之心然後才可以進食。飲食的目的只是用來支持色身，用來滅除飢餓以及口渴等病，使色身可以用來修道。應該這樣子想：『我吃了這些飲食，可以破除先前色身衰弱無力修行的苦惱，不會再生起後有之苦；心中可以得到快樂，可以調合安適而沒有過患；身體可以輕便，行步時可以安隱。』然後接著又想：『吃了這些飲食以後，我接著修行就應當證得須陀洹果、斯陀含果、阿那含果、阿羅漢果以及無生法忍。』舍利弗！比丘像這樣飲食的話，我就聽從他可以去乞食。舍利弗！如果乞食的比丘對於所得的飲食生起了貪味之心，把那些飲食認作很甘美的食物而這樣子想：『我吃了這些飲食以後，將會得到很好的色身，而且氣力非常的充足豐盛。』而不生起這樣的想法說：『我吃了這些飲食可以精勤地修行聖道。』如果是這樣的比丘，我就不聽從他領受一滴的飲水，何況是領受人家飲食的供養？舍利弗！如果於飲食之中沒有看見過失以及罪惡，沒有看見出離之道就進食的人，我說他寧可自己用手割下臂部的肉來自己吃，爲什麼這樣呢？我聽從行者或者得者可以領受別人的供養，我不聽從其餘的人領受供養。」】

講義：如來的開示好像越來越辛辣了，好在你們多數是在家人，不乞食就沒有這個問題；在座的出家人不然就是行者不然就是得者，也不會有這個問題。可是我想如果是會外那些心中貪求種種法的出家人，今天也許到了正覺某一間講堂坐著聽時，他會覺得怎麼樣？這是難免的。那麼 如來意思是說：「乞食的比丘，應該對諸法無所分別。」換句話說，接受信眾布施時，不管信眾布施的錢財是多是寡，食物是精美或粗略的，生活上的用具是高級或者是很普通的，不論是哪一種都應該「**無所分別**」。那麼 如來說「**應諸法中無所分別**」，指的是諸法，不僅是我剛剛說的那一些。也就是說，不管什麼樣的信眾來了，由於信眾也有許多種，所以信眾也是諸法之一；供養的飲食錢財用物等也是諸法，全都是諸法，既然接受供養就不應該對諸法生起任何的分別。

所以信眾即使貴為皇帝，在世間法上的禮數雖然一定要恭敬於他，但你心中對他還是一樣地看待；如果是很卑賤的乞丐來了，假使他當天乞食只得兩百元臺幣，而他布施給你一百元，對他而言那就是大錢，但是你知道了一樣是「**無所分別**」，不能看輕他，要這樣來看待一切諸法。如果對方當了皇帝，但他心性不是很好，是不是當他想要得法時就幫他證悟呢？不可以。對方假使是一個乞丐，但是他每天總是罄其所有，除了吃飯需要以外都拿來供養三寶，那你應該知道這個人對三寶具足信心，可能他只是往世因為某種惡業導致今天這樣的異熟果報，但他對三寶信心是具足的，布施的心已經養成了；你從這裡應該看得出來他的布施度其實已經修好了，否則他不可能每天都這樣作，因此不應該在事相上分別說他很貧賤，絕對不幫他證悟；或者分別說他很有錢、很有權勢，就得幫他證悟。

所以假使皇帝是武則天，雖然她很有權勢，她的財富也很多，因爲國家的財富都是她的，但是卻不能幫她開悟。想想看她的心性，你們如果詳細去讀過她的傳記，就會知道她連親生的孩子也可以殺掉，只爲了地位，至於其他的作爲就不用談。所以她派人在玄奘身邊監視著，因爲怕玄奘的影響力太大會對她不利，那她要想從玄奘那裡得法就不可能了；因爲這顯示她不是具足信心，而且心性惡劣。武皇帝沒有下墮，是因爲她也鼎力護持正法的譯經事業，功德很大；後來的得法是 觀世音大士託夢指導的，跟玄奘無關。

所以當年她從玄奘那邊得不到法，後來心念轉一轉，因爲看到南方六祖開始弘法很有名氣了，她又想到六祖那邊得法，主意打到六祖頭上去了。沒想到六祖也不吃她那一套，所以她派人去南方直到第四次時就說：「**如果再不上京來，提頭來見。**」給了使者薛簡一把尚方寶劍帶去，但是威脅沒有用，禪師都不接受威脅，薛簡最後不得不說：「**弟子沒有辦法回去覆命，那怎麼辦？**」六祖就把頭伸出來說：「**你來砍了去覆命吧。**」那薛簡也不敢動手，只好空手回京報告。所以說，武則天那種人不具備菩薩性，那就不應該讓她得法，所以不要分別說她是很有錢、很有權勢的人。但是有的升斗小民卻是很有菩薩性，所以就幫他們開悟。也就是說，不從世間法上去作分別，如果從世間法上去作分別，那麼這乞食比丘修行一定很差，所以 如來教導我們說：「**應諸法中無所分別。**」

並且要「**常攝其心**」，常就是永遠。永遠要收攝自己的心，不要到處攀緣；所以對修學解脫道的比丘們，如來的勸誡是收攝六根：「**藏六如龜，防意如城。**」就好像烏龜遇到危險時把頭尾巴四肢都收起來，這樣保護自己。意根雖然住在五陰城裡，但是意根很容易攀緣，所以要「**防意如城**」，時時要防守這個意根；對於修學解脫道的人，如來是這樣告誡的。那麼修學菩薩道的人剛開始修行一樣要如此，才能使定力生起；定力生起時把心降伏了，然後可以修種種善法，乃至證得般若等。所以「**常攝其心**」是修學三乘菩提入門的要道，入門時一定要這樣作。

那麼「**常攝其心**」的目的是爲了「**不令散亂而入聚落**」，因爲他是乞食比丘，乞食比丘一定每天都要入聚落乞食，所以入聚落去乞食時不能東張西望。修學解脫道的比丘入聚落乞食時，一般的慣例都要看著前方六、七尺或一丈以內的地上，不東張西望的，要這樣去乞食。如果心散亂，人家就會說這比丘沒有修行；所以古時乞食比丘就算沒有修行，也要裝得一副有修行的樣子，否則人家不太喜歡布施。所有人布施時都希望布施給有修行的人，修行不好的人，布施的功德少，福德也少，比較不受歡迎。所以就算沒有定力也要裝著有定力，什麼都不看，只看著前方地上。這個目的除了「**常攝其心**」令心不散亂以外，同時也是莊嚴三寶；自己修行不好，總不能帶累師兄弟們，讓大眾說出家人修行都很差。不可以這樣的，所以至少要維持一定的模樣，那叫作出家人的威儀。

那麼這是說，如果眞能「**常攝其心**」，就是以不同層次的禪定來莊嚴自己。乞食比丘有什麼好莊嚴的？穿著壞色衣、故衲衣，又不能作什麼化妝或保養，頭髮也剃光了，有什麼好莊嚴的？並且剛開始大家都打赤腳，連鞋子都沒有。佛世比丘後來可以穿鞋，是因爲有不少人被木槍刺足，就像 佛陀那樣被刺傷；那時的鄉下地方常常有木樁什麼東西埋在土裡突出來，走路時不小心就被刺傷了，所以才說可以穿著鞋子。但比丘們穿鞋子不可以去買牛皮、羊皮來做，所以有的人用樹皮做。後來有人看見野地上有牛死了，皮沒有被動物吃掉，有人回來請問　如來說：「那我們撿那個自死牛的皮回來做鞋子穿，可不可以？」如來說：「若是自死牛所留下的皮，可以製成僧鞋穿。」因爲牠是自己死掉的，不是人爲去把牠殺了取皮，那叫作自死牛的皮。

自死牛的皮撿回來後，用刀子去裁剪，那樣製成的就像鞋子了嗎？其實不像鞋子，倒比較像拖鞋。但拖鞋也算鞋，就是鑽洞用繩子把它綁了，就可以穿在腳上拖著走，免得被碎裂的石頭或者木槍刺到腳流血；是這樣才開始有僧鞋的，但在以前大家都是打赤腳。所以你們看羅漢的雕像都是打赤腳的，我們小時候如果已經晚了還不肯去洗澡洗腳睡覺，父母都會罵：「你這個羅漢腳，到現在還不去洗腳。」以前鄉下不是每天都能有熱水洗澡的，除非是有錢人家，因此小孩子晚洗腳都會被罵是羅漢腳。我小時候也常被罵，後來我學佛使證量恢復以後就說：「欸！父母親小時候罵我還真罵對了。」有時事情眞的很難講。

這就是說，比丘進入村落乞食時，應該要有禪定實證的樣子。但比丘們良莠不齊，尤其到了末法時代有禪定的比丘是很少的，到末法時代有未到地定的比丘就算是非常好的，不像佛世動不動就是初禪、二禪、三禪、四禪，都是很平常的。所以有人得未到地定，也許有人得初禪、二禪，那也不賴；但不管得到什麼樣的禪定，入聚落乞食時應該要「以諸禪定而自莊嚴」，因為各人禪定證量不同，所以叫作「諸禪定」。

那麼 如來又開示說：「乞食得已，心不染汙，」得到了食物以後，心中不可以有染汙。為什麼要說「心不染汙」？因為有的比丘看見所得到的食物是非常甘美、非常好吃的，他就生起了貪著之心，那就是染汙。假使乞食所得的食物是粗糙的，他知道這是粗糙的、不是很好吃的，那他心裡生起了厭惡之心，這也是染汙。假使是古時候，不說現在，乞食時得到比較粗劣的食物，如果他生起了厭惡之心，菩薩們知道了一定會罵他，說他嬌生慣養。因為古時出家人都是乞食，而且日中一食，得到食物時再怎麼粗糙都會覺得很香美、很好吃，而他卻會覺得那不好吃，表示他一向都被有錢的居士供養慣了，那他修道一定不好。

在那個時空背景是這樣的，所以佛世很少有人嫌食物不好吃的。因為你昨天中午一餐，昨天早上也沒吃，到了昨天中午一餐以後就沒得吃了，來到今天中午時，還會覺得那食物不好吃嗎？不會了。可他竟然會覺得不好吃，還在想著好吃的食物，表示這個人一直生活太好，根本不在道業上用心，也是染汙心。嫌棄食物不好吃也是染汙，所以得到食物時「**心不染汙**」，不可以起染汙之心。

「**持所得食從聚落出**」，乞食比丘不是獲得食物以後就在人家屋簷下吃起來，不能這樣；要離開到聚落外，找一個地方來吃；那麼到聚落外要找什麼地方來吃？要找一個有水的地方，如果臭水溝你就別去，要讓你可以洗腳洗手。當然，在古時的水溝都不會是髒水，大多是淨流水；在那個地方進食，是因爲你坐下來要進食之前，要先把手腳洗乾淨，因爲部落裡面有時候不太清淨，有時會踩到牛屎或什麼不淨的東西，那你走來走去腳終究不清淨，所以進食以前先得要洗乾淨；而且進食之後缽盂也得要清洗，所以要尋找有淨水的地方。那你吃飽了可以在那邊經行，那就是修道，所以 世尊說要尋找：「**在淨水邊可修道處。**」

到了合適的處所，先把乞得的食物放在一邊，然後把腳洗乾淨，手也洗乾淨了坐下來；再怎麼餓都不可以站著就開始吃，身爲出家人不許站著吃，一定要坐下來，這是必須要有的威儀。所以要「**置食一面，洗腳而坐**」，這是必然要有的威儀。那麼洗腳以後坐下來就可以吃了嗎？還不行。你看洋人信上帝，坐上餐桌以後合掌低頭禱念說的是「上帝賜我吃、賜我用、賜我住」等，感恩後還要禱告才可以吃；問題是那些吃的眞是上帝賜給他們的嗎？眞是瘋言瘋語。那是自己的如來藏賜給他的，怎麼會是上帝賜給他的？假使沒有如來藏帶來前世的福報種子，飲食根本就不可能有。所以我們小時候有些改信上帝的孩子，上了餐桌喃喃自語在那邊唸時，父母親就這麼一個拳頭敲下去：「**這是我給你吃的，什麼上帝給你吃的？**」父母都會罵。

這就是說，那是一種宗教信仰上應該有的行爲，他的行爲對或不對我們且不談它，我們說，乞食比丘既然所食是信眾的供養，而信眾供養是因爲 如來的緣故所以作了供養，那麼 如來攝受這些弟子出家之目的是什麼？是要讓他們得解脫、要他們證得無生法忍，所以這時比丘們都不應該貪著飲食。因此「**以食著前**」準備要吃了，但還要先作諸種想，所以要生起「**厭離想、不淨想、屎尿想、臭爛想、變吐想、塗瘡想、厭惡想、子肉想、臭果想、沉重想**」，對所吃的食物要先有這些想。

爲什麼要有「厭離想」？如果對食物不能有厭離之想，貪著於食物，就是被兩個法綁住了：第一就是外食——身外的食，第二就是被自己的味塵綁住。綁住就不得解脫，因爲你修解脫道將來要入無餘涅槃，那是一切法俱滅的；且不說阿羅漢，單說初果好了；初果人是要把十八界都推翻的，結果卻對食物生起貪著之想，那就是被綁在舌頭上了，就不得解脫，所以先要有厭離想。

接著要有「不淨想」，對食物要生起不淨想；假使今天第一次來聽我說法，心想：「欸！不對吧？食物明明炸得很香，煮得很好吃，爲什麼這食物是不清淨的？」但食物眞的不清淨。諸位先要想一想，食物是怎麼來的？地上長出來的。特別是古時候，古時種的食物如果要好吃，就得要施肥，施什麼肥？（大眾答：糞肥。）欸！正是如此。

我記得小時候住在市鎭裡，家家戶戶最後的房間都會開個小洞，那小洞裡面就是個茅房；人家來挑屎時，還不能直接舀著就走了，因爲那時糞尿是有價值的東西，那叫作肥料。所以要來挑屎之前先要跟主人講好什麼時候要來挑，主人答應了才可以舀了挑走。如果人家約好來挑屎時被人家先舀光了，後來的人就會問主人家：「欸！你不是答應我了嗎，怎麼被人挑走了？」主人就會去問左鄰右舍，看昨天到底是誰先來挑走的，就要去責備他。你們現在都認爲那是髒東西，但在古時那就是肥料，是那種糞肥幫助才能長出米或菜來的，能說是清淨的嗎？

而且食物都是從土裡長出來的，所謂肥沃的土，都是腐質土，米麥或菜類才會長得好，你說那食物清淨嗎？就算是山上沒有腐質物的土，算是清淨土吧，你能不能直接納進嘴裡？放不進去的。山上那個土算是比較乾淨了吧？可是越好吃的米麥等，全都是從越有腐質物的泥土中長出來，說那是比較肥沃的土，但越肥沃的土就表示其中糞尿的成分越多。

以前美軍打越戰時駐紮在臺灣，有些是你們大部分人都不知道的事情；他們有一天發覺臺灣的蔬菜是用糞尿去澆的，從那時開始他們就不吃了，都要從美國進口過來。可是二十年前他們也改了，依舊乖乖用糞尿去作堆肥，然後去施肥。因爲化學肥料種出來的菜不好吃，乾乾瘦瘦的，所以他們現在叫作回歸自然，就同樣是用糞尿製成肥料來施肥。如來在《阿含經》的《央掘魔羅經》中講到人類都是食土眾生：「于今食土。」《阿含經》中也有說往世的眾生貪著地蜜（編案：古時甘泉其味如蜜）地味等四種味道的人，到現在還在吃土，說的是什麼人？你不要說那是講別人，那講的就是你、是我，大家都一樣仍在吃土，因爲全部都吃土裡長出來的，所以叫作「**食土眾生**」。既然從土中長出來的食物，一定不會是清潔的，所以應當生不淨想。

食物的不淨是很容易理解的事，可是這些食物吃進肚子以後變成什麼而出來？對了！所以吃了喝了以後變成屎、變成尿而排出來。如果有人吃了食物結果都沒有屎、沒有尿，那只能叫作死人，這一餐吃了立刻就死了，才不會有屎尿排出來。可是死人並不是沒有屎也沒有尿，如果把他放在烈日下不管他，三天以後就膨脹爆炸，所以還是有的，所有食物進了肚子以後就會變成屎與尿。也許有人還年輕，沒想到這一層，心裡想：「**食物如果吃了不會變成屎與尿，那該多好？**」那我就要問了：是不是你吃時色香味美，排出來時依舊色香味美？這是有問題的，若是這樣，你何以滋身？沒發酵過的物質，你吸收不到食物中的營養。顯然你沒有吸收到它的營養，那你吃了也是白吃。

所以佛法中說得很清楚，欲界眾生的團食，是以爛壞爲相。飲食這個法相之所以能夠成就，一定是你吃進去以後的食物會爛、會壞，在爛與壞的過程中才能得到飲食的功德。所以你如果吃進去以後排出來還是色香味美，那表示你沒有得到飲食的功德，色身一定不久就會衰弱而壞掉。所以欲界眾生團食之相都是以爛壞爲相，這是很早以前 如來就講過的道理，所以一切所吃的食物最後都會成爲屎尿；因此出家人對即將要吃的那些食物，也要作屎尿想。好了！厭離想、不淨想、屎尿想之後，還會去貪著那個食物嗎？不會了！搞不好有的人這麼想完之後，看見炸牛排或各種炸物，正想要吃時也許還會吐，或者還會乾嘔一下。

屎尿想之後是「**臭爛想**」。這食物即使你不吃，把它放著久了也會臭、也會爛，臭了、爛了的食物一定不會想要吃，也就不起貪了，所以要先生起臭爛想。也許有人說：「**那現在明明還沒有臭爛，還是色香味美啊！**」不然就再瞭解一下，把它放一段時間以後它爲什麼會爛、會臭？你就把它蓋得好好的，什麼細菌都不會來，但爲什麼還是會爛、會臭？因爲它本身就是不淨的！這樣想就不會起貪著。

接著是「**變吐想**」。假使不說別人，說你感冒嘔吐時，吐出來的食物即使用碗盛著，你還肯把它吃進去嗎？一定不會的。可是你自己思惟一下，即使吐出來的食物跟你吃進去時是一樣的，但一定是先咀嚼了以後才吞下去；除非一顆湯圓或者一口菜，或是一片牛排，會有人是整個吞下去的嗎？就像鱷魚那樣吞嗎？都不是，都是咀嚼爛了才吞下的。如果不信，自己可以試驗看看，整個吞一定不行的。所有人都是咀嚼爛了才吞下去的，那就不說吞下去以後再吐出來，就說你咀嚼爛了即將吞下去之前，先找個小碟子吐出來盛著看看，這一看，你再也吃不下去了；都還沒有吐到地上，剛剛想要吞下去的吐在碟子裡，你看著已經無法再吃下去了；不說是觀想，應該說是自己觀察看看，這樣就懂這個道理了，這叫「**變吐想**」。

接著是「**塗瘡想**」。假使已經臭爛的食物沒有人要吃，但若是有人不小心碰觸到它，也就不想再吃了；放一段時間後它有一點乾了也不想吃。或者說臭爛的食物，或是碰到長瘡長膿發黴的不淨物時，那手又不小心抹到還沒有臭爛的食物上，你也吃不下口的，這叫作「**塗瘡想**」。因爲食物最後臭爛之後就像動物死了以後的屍體臭爛，然後被風吹日晒以後是一模一樣的。

由於所有動物的肉都是從那些食物變來的，當你吃進去以後長成身上的肉，而肉是哪裡來的？你若不吃食物，身上的肉哪裡來？當然那是如來藏的功德，但是若沒有那些食物，身上哪來的肉？所以小孩子吃著吃著，就一天又一天長大了，身上肉都是從這些不清淨的食物來的。所以食物臭爛了風吹日曬以後，跟屍體臭爛後風吹日曬一模一樣，觀想到這裡，再來看自己對那些食物是不是還會有貪著？就沒有了，這就叫作「厭惡想」。

對食物有了「厭惡想」就不會生起貪心，如果到這個地步還會生起貪著想，不然就作「子肉想」：「這是我兒子身上割下來的一塊肉，我眞的要吃它嗎？太殘忍了吧？」這樣想著，也是另一想。接著是「臭果想」，譬如你在市集買了一些水果回家，看這些水果紅的綠的又是香橙橙的，而且非常甜、非常好吃，可是這水果在樹上如果你都不採下來，它一直成熟後，最後會變到什麼模樣？變得很軟最後掉下來又爛掉了。爛臭掉的果實賣不掉，沒有人要買的，因爲都吃不下口，這叫作「臭果想」。

附帶說明一下那果實在樹上本來小小的，漸漸地長大，漸漸地變香甜，然後又會開始成熟，熟到太熟時就會掉下來爛掉，是誰讓它長大、成熟、爛掉？（大眾答：如來藏。）對了！你們的知見非常好，是共業眾生的如來藏運作而使它們這樣不斷運行著。所以一個種子種下去以後，若有空氣、陽光、水、好土壤，就會發芽，不是上帝讓它發芽，是共業有情的如來藏讓它發芽。因爲有情的如來藏了知到眾生需要這一些種子發芽生長等，所以你把種子種下去就會發芽，就會讓它生長、讓它開花結果，讓它可以爛壞；如果不會爛壞就不能成其爲食物，這就是如來藏的功德。

以前有一位王某人說：「**這就是上帝的功績。**」但上帝都不知道怎麼樣使果子成熟，所以那不能叫作推己及人，其實是作賤自己，也是長他人志氣、滅自己威風。所以果實是會臭爛的，因此說欲界有情的團食以爛壞爲相。那麼人家供養了食物，它當然就是植物長出來的果實，那果實最後都會臭爛，所以應當生起「**臭爛想**」，就不會太貪著。

然後是作「**沉重想**」。人間的所有人到底是從哪裡來的？世界剛生成時並沒有人住，人是從哪裡來的？從光音天來。那一些所謂的進化論者、所謂的生物學家都亂扯淡，有的說是從海底魚類發展成兩棲類、然後再變成人，後來又改說人是從恐龍演變來的。但問題是，如果海底的生物可以演變成人類，那爲什麼我們現在這麼多的人，他們還有那麼多的魚都不演變？還有，現在有考古學者找到了化石，那個化石是幾億年前恐龍還在時的腳印形成的，那恐龍化石腳印重疊著一個比較小的腳印，是人類的腳印，五個指頭加上腳板都有。那麼人類是恐龍演化來的嗎？顯然不是！人類是跟恐龍同時期存在的。在那一些考古挖掘的過程中，漸漸發現一些史實，跟那些所謂科學家的說法不符合，可是跟佛經講的卻符合。

所以那一些人所謂的什麼證據或學說，你們聽聽就好，再有什麼證據都遠不如那個恐龍腳印化石跟人類腳印重疊的證據來得眞實吧？如果說恐龍腳印的化石和人類腳印的化石都是獨立的，那沒什麼好說，就算化石檢驗出來是同一個年代，也都沒有這個證據那麼充分，因爲是踩在一起的。所以三趾龍的腳印上面有一個小的人類腳印踩在一起，這樣的一個化石，證明人類跟恐龍是同時存在的。所以說那一些人都是偏見偏聽，始作俑者是達爾文。他去一個島上觀察以後就來爲人類的起源下定論，這是以管窺天。後人根據他的進化論來定義，更是有問題的；而且恐龍是卵生動物，人類是胎生，卵生動物可以進化成爲胎生的人類，也眞是異想天開。

如來說最早時世界初成，漸漸冷卻下來可以住了，那時還沒有人類，那時色界天的光音天人因爲會飛，對人間好奇而下來看，對世界形成後自然而有的如蜜的甘泉產生好奇，就去沾了一下嚐一嚐，覺得還蠻好吃的，互相傳言開來大家就跟著來試吃，不貪吃的人繼續保持著輕盈的天身；吃到起貪的人就會多吃，吃得多的人身體比較具有物質性，變得比較粗糙，身體就越沉重而無法隨意飛來飛去，就越來越沒辦法保持在光音天的境界了。他們有時三天兩頭下來，因爲貪那個味道而下來吃，三天兩頭下來吃，身體就越來越粗糙，最後無法回到光音天去，只能住在欲界天。

就這樣由於貪吃那甘泉蜜味的緣故而一步一步下墮，當這一類地蜜吃完了沒得吃，這些天人共業所感又會出生了地味，地味比起甘泉地蜜就沒那麼好吃；但是貪味貪慣了有什麼可以吃的味道他們就同樣會吃，地味吃到後來沒辦法飛了，連夜摩天人都當不上，所以只好在人間行走了，或是偶爾飛一飛，但飛不久，便在須彌山走來走去；不然就在須彌山腳或是人間走來走去，等到地味以及其後的地肥吃完時就吃粳米。如果現在還有粳米，一定非常高價，因爲那粳米入口即化。後來連粳米都沒有了，變成有殼而很粗糙，得要舂掉外殼而且要煮才能吃。就這樣一步一步演變，到這時就變成人類，根本沒有辦法飛行了。人類是這樣演變來的，不是什麼恐龍進化、海底的生物變成兩棲動物再演變成，不是這回事。那麼人類都是粗重想的有情，因爲人的色身是粗糙的；住在須彌山腳的夜叉、羅刹都比人類要輕一點。

如果是一個乞食比丘，不應該吃得很胖、走路很困難，所以應該對這個身體有「沉重想」；如果常常都有「沉重想」時就不會貪吃。但這是對外之想，對於吃進身體的食物也要起這樣的「沉重想」；那食物是用來吃的，吃進身體裡面就跟身體有關聯，俗話說「人是鐵，飯是鋼」，聽過吧？當病人或者有人受到打擊吃不下飯時，親朋好友就會勸他：「人是鐵，飯是鋼。」說鐵打的身子沒有這些鋼材來補充也會壞掉，表示想要維持色身的存在就得靠食物。

這個色身是靠食物維持得來的，食物會壞，人身當然也就會壞；而且有生之法必定會壞，所以有生必滅。既然有出生就會有死亡，既然生了以後就會死，那這個身體還是要趕快用來修行，要不然死了以後這個身體全都用不著了，那麼貪著那些飲食有什麼意義呢？所以要起「生死想」。所謂的長生不死之道全都是假的，沒有眞正的長生不死之道，造善業以後人壽漸增，那才是眞的長生之道，所以到最後人壽可以到八萬四千歲，但還是得死，沒有不死之道。

好多愚癡人很有錢但是很愚癡，花好多錢說死了以後要把他的屍體好好冷凍保存，將來科技發達時可以使他又活過來；我說那叫作愚癡人，他只要再去投胎不就得了？去投胎頂多十個月就有一個身體可以用了，何苦花很多錢弄一個冷凍櫃把屍體冰在那裡，下一世出生以後由於如來藏的感應而覺得身體老是很冷（大眾笑…），這是眞的啊！這叫作如來藏的「不可知執受」，這個不可知執受加上融通妄想，就會導致他這一世的色身一直都覺得寒冷，所以伸出來手也是冰冰涼涼，大熱天他也覺得寒冷、覺得不舒服。

所以說那眞是錯誤的想法，不如把冰凍屍體的那些錢拿去布施，未來世得到比較好的異熟果報，活得健康而又長壽，這才是聰明人。當他這一世的身體死了冰凍著，永遠沒有機會可以用科技再活過來的，因爲七七之後他一定會往生去，中陰境界最多就只有七個七天，不肯往生人間的人就會成爲鬼道眾生；縱使眞有那種科技，他也回不來了；老實說，縱使往生後取得來世的人身時，他也不想再活回來那個屍體之中了，因爲執著來世那個身體了。

他們想的是未來又可以從冰櫃裡活過來，如果將來科技眞的那麼發達。但我說，除非那個科技可以把他來世色身裡的如來藏，再塞回去這一世已死的色身而活過來。可是不行的，沒有那種科技。因爲科技是物，如來藏是心；再有一點，如來藏一旦捨身就不會重新再來執取這一世的色身，因爲那個屍身是祂已經受用完畢的異熟果殘餘物。所以我說那一些人眞的不懂，因爲都不懂就去給那一些有聰明點子突發奇想來賺錢的人賺走，所以那些人都是愚癡人。在世間法上你看他們好像很聰明，都是大公司的老闆，留下那麼多錢財才能辦這件事；但其實他們在生命科學中是很笨的，只是在賺錢上聰明。

如來藏一旦捨身就不會重新再執取那個色身，因爲他的業報是應該如此，所以如來藏才會捨身。如來藏既然捨身不重新執身，一定會去重新創造一個來世新的色身，那就是入胎；更不會入胎之後，又捨胎身而重新回到此世已捨的色身來，所以那種科學技術永遠不可能被發明出來的。所以人要有智慧，不要隨著那些世俗的想法亂花錢，那些錢花了對自己的未來世沒有絲毫的好處，不如拿來布施給眾生，幫助來世取得更好的色身以及過更好的生活。所以這個色身如果壞了就是壞了，不要妄圖維持這個色身說：「將來科

技可以使我在這色身上又重新活過來。」其實這個身體冷凍之後他已經在另一個世間準備要重新生活了，那個身體已經跟他無關，所以「有生必死」不可能借那個身體再活過來，只有愚癡的人才會那樣作。

他們這樣的原因是，此世的許多財產或身分、名聲捨不下，想要藉未來科技活過來再度擁有；但其實不可能，因爲已經被繼承了，法律也不許他活回來時重新取得，也許都被孫子花光了。假使今天有人六十歲，他想：「**我很有錢，那我這個身體還可以，沒想到卻臨時就要死了，只好冷凍起來等候將來重新活過來的機會。**」問題是他如果把那一些冷凍的錢拿去布施，再去投胎，將來身體不是更好用也更有錢嗎？對喔？應該這樣想才對，何苦去保持那六十歲時死掉的身體？這才是聰明人，這才是正確的「**生死想**」。

接著說「**青想、脹想、爛壞想**」。有生有死當然就會壞掉，人如果死了不處理就會開始瘀青，所以古時的仵作——現代叫作法醫，去勘驗時一看死人的表皮就說這個人死多久了，他大約就可以判斷。看他瘀青的程度就可以斷定他大概死多久。青的時間不是永遠的，時間再久一些，會伴隨著皮膚變黃，有些地方變青，這就是「青想」。青是兩天、三天的事，第四天、第五天就開始膨脹；爲什麼會膨脹？因爲他生前吃進去的食物繼續發酵，卻無法放屁了，最後是他的內臟也腐爛發酵，將來就是一起膨脹；膨脹之後如果不是有蟲蟻或動物來咬，以致破口而流膿出來，最後就是爆裂。如果有破口流了出來就漸漸消下去，有蟲蟻等會去吃，但是最後是爛了、壞了。所有人死後的身體都逃不掉這個過程，所以身體壞了就壞了，不要戀惜；愚癡人守著那個身體不肯走，非得要那個身體爛壞他才肯投胎去，那就夠笨了。以上說的是「**生死想、青想、脹想、爛壞想**」。如果對食物有了那些「**厭離想……**」等，對色身有「**生死想……**」等，當他作這一些思惟或想像完了，再端起飲食時一點點貪都不會有了。我不相信這樣思惟或觀想過以後，他還會對飲食起貪，這是不可能的事。

那麼 世尊交代說：「**舍利弗！比丘應該生起這樣的種種想，用這種無貪著的心，然後才可以進食。**」這樣來吃時一定不會有貪著心，所以飲食對世俗人來講可能是一種享受，認爲是色香味美；但是對於乞食比丘而言，他應該只是用來支持這個色身，讓這個色身不會衰弱、不會壞掉，讓這個色身可以遠離飢餓以及口渴，可以用來修道。所以乞食比丘進食的目的還是爲了修道，進食只是爲了維持這個修道的工具可以繼續正常使用，不是爲了求飲食的味覺、香味或者觸覺等享受。

那麼　如來吩咐說：「**這樣的乞食比丘正當飲食時，應該這樣子想：『我吃這個食物只是破除之前所有飢餓、口渴的煩惱，以及破除這個色身生存在人間時所引生種種的煩惱；吃了這個食物之後好好修行，不會再生起後有之苦。』**」目的只是這樣。當然，以古時禪宗的實修者來講，也確實是這樣的。你這一口飯、一口湯吃了就離苦得樂了，禪宗確實是這樣的。所以密宗在那邊打坐觀想好久也無法成就道業，還得很辛苦兩個人雙修然後才成佛，成的還是假佛，那眞是太差了！禪宗這一口飯吃下去當下就成佛！確實如此！但那是理上的佛，咱們這裡就不談它，密宗假藏傳佛教的所有法王、喇嘛們卻是作夢都無法想像的，所以永遠住在凡夫位的大妄語業中。

但末法比丘乞食修行飲食的目的是爲了支持這個色身，使這個道器可以好好用來修行，所以說：「**我吃了這個飲食，目的是破除之前所有種種苦和煩惱，我再也不會生起後有之苦；**」不生起後有之苦就是得阿羅漢果不受後有，同時也是因爲飲食之後可以修道，證道之後心中得到證道後的快樂。不論佛菩提道或是二乘解脫道，只要實證了，心中都是快樂的。以前所不能證、所不能知的解脫境界或大乘所證實相的境界，現在證了、現在得解脫了，所以「心得快樂」，心快樂時被外在的環境影響就變得很少了。因此可以比較適應外在的環境，所以身心「調適無患」。

到這樣的境界時「身體輕便」，因為日中一食，又不是一天吃三餐、一餐吃三、四碗。尤其年紀大的人眞的不能多吃，所以我現在都換小碗；換了小碗之後又要注意別再吃別的食物。以前是怎麼吃都不胖，現在可能上了年紀，所以只要吃了不努力運動，雖然只是那麼一小碗，還是得運動才行，不然都坐在電腦前面工作，就開始胖起來；又不長手臂上的肌肉，是長在肚子上的肉，唉！老了眞不好，所以每天得要運動。飯後一定要去走路，山路走一走，否則久了以後就不是「身體輕便」的人。所以運動的目的是為了「身體輕便」，總不能在講經之前上座之時走起來很沉重，那很不好。好在我還保持得很好，四、五十歲的人跟我在山上走路，他們往往還跟不上我；所以我算還好，一直有注意著。為了正法要作得更多，這運動一定要每天作。以前是不必怎麼運動都不會胖，現在得要運動。

「**身體輕便**」是很重要的，假使吃得很胖而去部落乞食（大眾爆笑⋯），你想想看，別只顧著笑，人家看了一定想：「**吃那麼胖，我再布施給他，是在害他，這是造業。**」人家一定也會想：「**他一定晚上都有偷吃。**」「**身體輕便**」對修行人很重要，爲什麼很重要？因爲你修學禪定時如果身體胖就不好修。如果中國佛教還在托缽的年代，當我看見出家人很胖來托缽，我會拒絕布施，因爲我繼續布施就是妨害他修定。不管多少阿僧祇劫之前或者到多少阿僧祇劫之後，這道理都不會改變，所以出家人太胖不好。那麼「**身體輕便**」還有個好處就是「**行步安隱**」，出家修行的人不要讓人覺得很遲鈍，所以應該要保持身體的輕便。

那麼現在的人智慧不好，爲了想要身體輕便而去醫院抽脂減肥，那是傷身害體，應該改爲少吃而多運動。所以現代的人想法是很奇怪的，老是要倚靠科技來幫忙，可是最好的瘦身方法就是減少飲食、多運動，身體就變好了。所以如果出家之人吃得身體很沉重，他經行一定作不好，打坐也一定昏沉。所以如來告訴我們說，乞食比丘應該想：「**我吃這食物不是爲了長肉，是爲了這個身體的健康用來修道。**」所以飲食時一定要有一個預設的目標，就是「**身**

體輕便，行步安隱」。不可以才三、四十歲就吃到很胖，走路像七、八十歲的人那樣，那怎麼修行呢？這是第一個作意。如來說飲食時應該還要有第二個作意：「我吃了這飲食以後，應當要證得初果、二果、三果、四果，甚至於還要得無生法忍。」

無生法忍是大乘法，要能入地。「乞食比丘」不但要證得初果、二果、三果、四果，還要能入地，這心才算是大。可是現在不說無生法忍，單說證初果就很難了；所以到末法時代能遵從　如來這樣告誡的人其實不多了。不然你們去南洋看，他們不也還在乞食嗎？但他們有這樣的正念正想嗎？並沒有啊！所以弄一些花招譁眾取寵來獲得世間的財利。那些大寺院就不談，南洋不是有一個道場收養老虎嗎？結果後來被拆穿了，只是藉那些老虎在賺錢，暗中賣虎肉、虎骨、虎皮，如今都被拆穿了，所以那一些乞食的南洋比丘沒有辦法證道是有原因的。當然，法上的原因是由於他們被西元五世紀的覺音論師誤導了，一直誤導到現在；但也是因爲他們不想求得眞正可以證果的法，今天才會變成這樣。

至於臺灣或者大陸的比丘們，現在大家搞錢財很行，咱們沒有誰能比得上他們。搞名聞、搞利養、搞眷屬都是正常事，有哪個人依照 如來這個告誡在作的？至於證果，都不可能！無生法忍就更別提了。所以怎樣能如實依照 如來的告誡修道，這是很重要的事！假使能眞的依照 如來告誡這樣來修行，何愁不證果？又何須害怕不開悟？所以 如來的金言，到末法時代沒有多少比丘、比丘尼願意信受了。假使末法時代比丘、比丘尼們都信受的話，今天九樓輪不到你們在這邊坐，全都被出家人坐滿了。可是你們看就只有這麼十幾位出家人，所以法末之世人心浮動，很容易被天魔所引誘，這也難怪，所以今天我們才會成爲佛教界的異類。

世尊又告誡說：「舍利弗！比丘如果是這樣而飲食，我聽從他們可以去接受信眾布施飲食。」就是允許他們可以去乞食。什麼人不可以去乞食呢？如來說：「舍利弗！如果乞食的比丘對於所乞得的食物生起了貪味之心，把那些食物認作很甘甜、很美好而生起這樣的念頭：『我吃了這樣的食物將會得到好的力氣、好的色身，所以我氣力充滿。』他沒有作另外一個想法說：『我吃了這個食物，有氣力之後，我會很精勤的修行聖道。』」他作前面那個想法而沒有作後面這個想法，如來就說：「像這樣的比丘，我不允許他接受一口飲水或一滴飲水的布施，何況是飲食？」人家布施給他一滴水，他都不可以領受，那也是竊盜，因爲他不是眞正的比丘。

眞正的比丘是息心於外物、勤修聖道，所以比丘叫作勤息。息滅對種種外物之欲，又息滅苦惱、息滅煩惱，才叫作勤息。但他吃了竟然想：「這食物好好吃，我吃了就會有很好的色身，我就會很有氣力。」結果這好色身、好氣力不是用來修道，而只是貪著於好的肉身。這樣的比丘 如來說：「我不允許他接受布施一滴水，」連一滴水都不允許，「更別說接受人家布施飲食。」

如來說明這個道理：「舍利弗！如果於飲食中不看見過失以及惡處，不能看見出離之道，乞食回來就吃了，寧可自己用手把臂部的肉割下來吃，爲什麼這樣說呢？」如來又說：「我允許行者以及證得者等兩種人可以接受別人的供養，我不允許其他的人接受供養。」所以 如來允許末法時代弟子接受供養的只有兩種人：一種叫作「行者」，另一種叫「得者」。顯然「行者」與「得者」的定義我們得要弄清楚，因爲今天身爲在家身，來世不一定繼續是在家身，也有可能是出家身；先把這個種子種進心田裡去是好的，所以要先弄清楚什麼是「行者」，什麼是「得者」，那我們就來聽 如來的開示：

經文：【「舍利弗！云何名爲行者？若有比丘決定發心：『我於今世斷諸結使，當入無餘涅槃；修習聖道，如救頭燃，又當除斷不善惡法。』是名行者。又能一心信解空、無相、無願，爲得須陀洹果、斯陀含果、阿那含果、阿羅漢果、斷諸煩惱，名爲行者。求諸善法常行諮問，名爲行者。又能發心度脫一切，名爲行者。勤心修習諸助道法，於諸法中如說而行，及有一心求佛道者，舍利弗！於佛法中是名行者。何謂得者？謂得須陀洹脫三惡道，名爲得者。斯陀含、阿那含、阿羅漢，斷諸煩惱，求道已息，所作已辦，善學三學，是名得者。我聽是人得受供養，是人若受供養，是名善受供養。」】

語譯：【世尊開示說：「舍利弗！怎麼樣叫作行者？如果有比丘心中決定了，發起這樣的心：『我要在這一世斷除三縛結、五利使等，我這一世要入無餘涅槃；修習聖道時，我要像頭上的頭髮被燒了一樣去努力撲救，而且還要繼續除斷各種不善的惡法。』這樣的人就是行者。此外，能一心信解空、無相、無願，爲了想要證得須陀洹果、斯陀含果、阿那含果、阿羅漢果而斷除了種種的煩惱，這樣的人也稱爲行者。勤求各種善法，永遠不斷地向善知識諮問，這樣的人也稱爲行者。而且有人能發心度脫一切的有情，這樣的人也叫作行者。精勤至心而修學熏習種種助道之法，在諸法之中如說而行，以及有人一心求證佛道時，舍利弗！在佛法中這一些人都叫作行者。什麼是得者呢？是說已經證得須陀洹而可以脫離三惡道，這樣的人稱爲得者。證得二果、三果、四果，斷除了種種煩惱，求道之心已經息滅了，因爲所應該要作的事情都已經作好了，善於修學戒、定、慧三學，這樣的人就叫作得者。我聽許行者與得者這兩種人可以接受人們的供養，這些人如果領受人們的供養，就稱爲善受供養。」】

講義：現在 如來說明行者有四大類，得者分爲兩種人。這四大類和兩種人都可以領受眾人的供養，稱爲「善受供養」。如果不是這四大類和兩種人而受供養，該叫作什麼人？諸位就明白了。所以布施時或者供養僧寶時，還得要有正見，因此，如果是那些貪求飲食、貪求衣著、貪求住處、貪求各種勝妙床褥等物的出家人，你去供養了，他們就成爲「不善受供養」。如果你捐了錢去供養喇嘛，那可不只是喇嘛「不善受供養」而已，你還是爲虎作倀，並且還是造作共同破法的惡業。所以供養僧寶時眞的要有智慧，寧可買了供品去道教的宮裡、廟裡供了神，或是布施給流浪漢吃，也不要去供養喇嘛，因爲他們都是在破壞佛法。

那麼怎麼樣的人是行者、怎麼樣是得者？如來定義很清楚。行者有四種：第一種行者，這比丘心得決定——決定不改變，永遠都不改易發心，他發什麼心呢：「我於這一世就要斷結，至少我要斷三縛結、斷五利使，如果再進一步修行我將會證得無餘涅槃。」以這樣的決定心所以修學以及熏習聖道時，如救頭燃一樣，不敢一時一刻鬆懈。假使頭髮著火了，他一定不會說：「我等一下再來拍滅頭上的火。」他會很快速不停地處理它，一直到火滅，否則不休息。

這樣的比丘發願說：「我一定要斷三縛結，乃至可以入無餘涅槃，因此我修學熏習正道時，如救頭燃，不能一時一刻休息。」他是這樣發心的。然後又下定決心：「我將會在修行的過程中努力滅除、斷除各種不善的惡法。」下定決心這樣去作，就是第一種「行者」，雖然這還是沒有證道的人，還在凡夫位，但無妨領受眾人的供養；因爲他精進修行，也立下那樣的志願，是佛法中眞正在修行的人，所以他值得眾人的供養。

第二種「行者」，能夠專精一心，也就是心中都不懷疑，信受以及理解空三昧、無相三昧、無願三昧；這是指二乘法中的三三昧，或者他想要信受以及勝解大乘法中的三三昧。這兩個三三昧有所不同，二乘法的三三昧是從五蘊、六入、十二處、十八界的空來作觀行，從它的生滅無常故苦、生滅無常故空，既然生滅無常終歸於空，所以就沒有什麼相可說了，因此說五蘊、六入、十二處、十八界沒有常住不壞相，這就是無相。既然空、既然無相，何必爲這個五蘊去發什麼願求呢？例如發願說：「**願我將來要很有錢。**」「**願我將來很健康。**」「**願我將來長得很漂亮，長得很莊嚴。**」「**願我將來很有權力**」等，觀行清楚了就不必再起這樣的願，因爲五蘊無常空。

五蘊存在的本身就是一個苦相，既然苦、空，也沒有常住相，不是眞實我，就不必爲這個假我起願，不起願就不會有各種所求，心得清淨自然得解脫。所以專精一心而不懷疑地信受理解空、無相、無願三昧，他這樣一心不疑地信受與理解三三昧，目的是爲了想要證得初果、二果、三果、四果，爲了要斷除種種的煩惱。這裡說的煩惱，簡單地說就是外我所的煩惱以及內我所的煩惱；那麼他這樣努力地修學，心得決定而不猶豫，都不懈怠，這叫作「行者」。

第三種「行者」，這樣的比丘或者比丘尼，求覓種種善法，凡是對於解脫或者佛菩提道有所幫助的善法，他們都去尋求。曾經聽聞的就努力思惟，未曾聽聞的法，努力再去尋求，去尋訪善知識，盡可能多諮問一些，所以「常行諮問」。有的善法聽過了就努力實行，有的善法還沒有聽過，不知道還有什麼善法可以幫助自己修道，所以常常都去詢問善知識，這叫作「常行諮問」，那麼這就是第三種行者。

第四種「行者」，是能發起大心想要度脫一切人。也就是前面這三種之外，這種比丘們加上一種作意，就是發起大心想要度脫一切人。因爲經由努力修行之後，知道有情的存在都是苦，而且很多有情在苦中還不知苦，所以他們自己努力修行之後雖然還沒有證果，但也願意去度脫一切的有情，這樣就是大心的有情。雖然他還沒有證道，無妨是個「行者」。

如來對這四種行者綜合起來說：「如果他們是很精勤的心，來修學和熏習幫助自己或者幫助有情可以得道的法，並且在求得的種種法中如說而行——爲人解說自己也如說而行；以及有的人是一心求證佛道，不只是求解脫之道，」他對解脫之道的興趣不大，但是他對佛菩提道非常有興趣，「這一些人綜合起來，在佛法中都叫作行者。」所以「行者」共有這四種，綜合起來就是努力修學種種助道法，在諸法中「如說而行」；以及另外一種是很強烈的心，專精一心只求佛菩提道，這一些人都叫作「行者」。

什麼人叫作「得者」？是說他已經證得須陀洹果；證得初果之後就永遠不入三惡道，這是第一種「得者」。證得初果的人一定不會誹謗實證佛菩提的菩薩們，這個事實或現象是永遠都不會改變的；所以外面有人自稱是阿羅漢，竟會誹謗「正覺是外道法」，或者誹謗我，或是誹謗我們會裡的親教師，那些人有可能是證果的人嗎？不可能的！因為他們的所作所為與三惡道相應，異生性分明未斷，這一點諸位也要理解。證得初果的人是永離三惡道的，這是第一種人，雖然他還沒有辦法出離三界生死，如果他是遲鈍的初果人，還得在天界與人間七次往返才能出三界，但他無妨是「得者」，因為遲早都要出三界的。

第二種「得者」是斯陀含、阿那含、阿羅漢。二果人所斷煩惱比初果人多一點，雖然見地是一樣的，但是他有努力修行，因此對外我所、內我所的煩惱斷除多一點，煩惱便少一點，所以又名薄貪瞋癡。那麼阿那含，所有阿那含都是「梵行已立」的人，已經離開欲界愛了，所以他一定發起初禪，並且斷了五個下分結而成爲阿那含，他比二果人又斷除更多煩惱。如果是阿羅漢，那叫作「斷諸煩惱，求道已息」；證得阿羅漢果以後，他不需要再學解脫道了，所以求道之心滅了，不需要再尋求；因爲連五上分結也都斷除了，所以外我所、內我所的貪著都不存在，因此捨壽就可以入無餘涅槃，所以叫作「求道已息」，因此叫作無學果，因爲他對解脫之道的諸法已經無需再學了，這也叫作「所作已辦」，應該學的學了，應該修的也修了。

世尊說：「這樣的人於戒、定、慧三學是不需要再學也不需要再修了。」這種人是「善學三學」的人，所以叫作「得者」。如來又說：「我允許這樣的人接受供養，這兩種得者如果接受供養，叫作善受供養。」那麼還有沒有別的人可以接受供養？當然還有，所以 如來開方便門，眞的很慈悲。但是時間不夠了，等下回再來說明。

今天開講前先聊一下最近的事件，就是感嘆外道何其多，尤其是附佛外道。今天午餐時看見中天新聞特地報導了一位假冒成佛者同時擁有兩輛勞斯萊斯的事，顯示人之貪心以至於斯。可就有那麼多的愚癡人繼續信受，這表示我們弘法上的努力還不夠，我們應該還要有一本口袋書大量流通，否則那些人以後龍華三會是沒辦法參加的。要怎麼樣救他們，這是我們眼前很迫切的事情；也就是說什麼叫作成佛？什麼叫作開悟明心？什麼叫作眼見佛性？而且這字數不能多，因爲那些人你講太多法義時他們讀了會亂掉，根本讀不懂；那你必須簡單扼要把佛地的功德，把十地的功德、三賢位的功德加以說明，主要側重在七住位的明心、十住位的眼見佛性以及入地所須的條件等，得簡明扼要寫出來教育那些盲信的學人。全無修證的凡夫而自稱成佛，廣受供養，一次接受兩輛勞斯萊斯的供養，下一世開始的很長時間將有不可愛異熟果報，未來世他要怎麼承受？

有人願意去接受這兩輛勞斯萊斯，如果他花自己賺的錢去買來享用，比如他開的是大公司，每年賺一、二十億元，開五輛勞斯萊斯也沒問題，我不會覺得他可憐。但那是人家供養的，而接受供養的人只是一個凡夫之身，妄想自己已經成佛了，所以我們講堂供著佛像、菩薩像，他們的道場不用供，因爲他自己認爲是佛，所以大眾想要供奉時就供他自己的像。早期妙天有弄自己的像給人家拜，後來好像不見了，算他聰明。把自己的臉刻在佛像上給人家拜，是什麼意思？是宣示自己已經成佛了；後來好像他撤掉了，算他聰明，現在他的徒弟這位妙某眞的不聰明。

我看中天新聞報導出來那個畫面中，左右兩個對聯，其中一個對聯我看到四個字叫作「明心見性」，但他懂什麼明心？懂什麼見性？且不談這個，單說斷三縛結他就不懂了，十足的大妄語凡夫。我看他連十八界都弄不清楚，可是就有很多人想方設法供養他，說是供養佛。這個想法跟我完全不同，我是低調到出門時人家都不認識我，所以我有時去菜市場或街道上買個什麼，不會有人認得。有時去西藥房買藥，因爲是固定的顧客有打折，有一天我才知道原來我的電話號碼被建檔以後，他電腦裡註記我的身分是什麼呢？叫作廟祝先生（大眾爆笑⋯）。因爲我都穿著唐裝，可能很多的廟祝也一樣穿唐裝吧？我就說：「**什麼？我變成廟祝了？**」我說：「**我不是廟祝，我是個學佛人，我每年至少出六本書，怎麼會是個廟祝？**」那他就改；後來我看他電腦上我的資料是「寫書先生」（大眾爆笑⋯）。

我們來作一個假設，如果妙某先生眞的成佛了，他會不會接受兩輛勞斯萊斯的供養？（大眾答：不會。）諸位都很有智慧。其實他的名車蠻多的，以前人家報導過了，但這一回因爲一次接受兩輛勞斯萊斯，那不是小數目的供養，每一輛都要兩千多萬元臺幣，兩輛就是四千多萬元。就算我很有錢，也絕不開勞斯萊斯。好多人勸我說：「導師！您去買BMW，七字頭的很好開。」我說：「我永遠不去開雙B的車子；我現在開這個牌子不是很便宜也不很貴，但人家不會認爲這是很有錢的人。」這車子給人的印象是這樣的，也符合實質。可是有的人喜歡讓人覺得他很有錢，買五、六百萬元或千餘萬元的車子開。

我常常這麼講：「不管多麼荒謬的信仰，或者多麼荒謬的宗教師，都會有人相信。」因爲人間已經是到了五濁惡世而且是末法的年代了，可是那些信徒這樣的表現，也眞的太沒智慧了。如來授記當來下生是 彌勒尊佛，彌勒尊佛還沒有來人間成佛，哪來的那麼多佛？但是也有人會相信。他們連這種很基礎的正知見都沒有，那我們是應該想方設法來救這一些人；如果這一些人跟著那位妙某人大妄語下去了，將來龍華三會哪來那三次各九十幾億的佛弟子？所以我們要想方設法去救。

而且這不是很深的題目，應該請編譯組想辦法找誰寫個簡單的、讓人家容易瞭解的口袋書，解釋明心是什麼、見性是什麼，因爲他妙某人講明心見性，我們先破這四個字就好。至於明心之前要先證初果，那是斷三縛結，三縛結是否定了什麼而解脫了什麼；然後才談到眼見佛性以及入地應該有的各種條件——三個現觀以及證得至少慧解脫阿羅漢果。然後是初地開始要有些什麼現觀，到七地爲止有什麼現觀；然後習氣種子的滅除也要說明，才談到八地以上的異熟生滅的滅盡。最後成佛，成佛時有什麼？十號的功德，把十號簡單解釋一下；然後說明十力……等，三不護與四無所畏……等也都簡單解釋一下，大量去流通。

希望將來出版的這本口袋書可以在幾十頁，大約三、四十頁就把它寫完最好。要大量去流通，讓大家知道成佛之道。最後要點明一下：「彌勒菩薩還沒有來人間成佛以前，自稱成佛的人都是凡夫外道。」或者在扉頁上面加上這一句。趕快作出來要救那一些人，不然那些人未來怎麼辦。電視節目上說的，我沒看完，因爲我沒有時間，我只有吃飯的時間看一看，後面的報導我就沒看了。他們名嘴的說法是說，這位妙某比他的師父妙天更有錢，因爲妙天的信徒大部分都跑到他那邊去了。

唉！裝神弄鬼比較容易賺錢，但我們不是來賺錢的，我們是來布施的，我自己布施佛法也布施金錢護持正法，來這一世並不是要來賺錢的，未來世就能永保安康。只是感嘆此時外道何其多，那些愚癡的人又那麼多，想起來就覺得這些人很可憐，我們該怎麼救？那位自作孽的人，我們管不了，至少那些被誤導的人得要救啊！看見這些人這樣子，我們不救，那我們還算菩薩嗎？所以這件事情請編譯組趕快進行。我說妙某的事，就當作附佛外道中的一場笑話吧，回到《佛藏經》來，今天應該從八十二頁最後一段開始：

經文：【「舍利弗！清淨持戒者，開化檀越者，及修多聞、讀誦經者，謂讀修多羅、祇夜、授記經、伽陀、憂陀那、尼陀那，如是諸經；本生經、方廣經、未曾有經，阿波陀那論議經。是人久能清淨持戒，無有瑕疵，不垢不濁自在不著，智者所讚能自具足，隨順禪定時樂坐禪，如是比丘我亦聽受供養。」】

語譯：【接著世尊開示說：「舍利弗！清淨持戒的比丘，以及開示教化施主的比丘，以及努力修學多聞和讀誦經典的人，是說他們努力在閱讀經典、應頌、授記經，諷誦、自說經、緣起經，像這樣的諸經；以及本生經、方廣經、未曾有經，以及譬喻經等論議經。這些人是很久以來就能清淨持戒，而且好好修行沒有瑕疵，因此沒有污垢、沒有污濁，心得自在而沒有執著，這樣的人是智者所讚歎而能自己具足各種行門，並且能隨順於禪定，總是喜愛坐禪的人，像這樣的比丘、比丘尼，我也允許他們接受信眾的供養。」】

講義：這一段好像在講那不懂佛法的妙禪吧。諸位來檢查看他有沒有符合這些條件。「清淨持戒」，他有受過佛戒嗎？我懷疑他有沒有受戒，不說菩薩戒，單說基礎的五戒就好，我看他都沒有受過。萬一有受，那他有沒有清淨受持？以前受供養的那些名車就不談，今天這報導中說的同時接受兩輛勞斯萊斯的供養，還算清淨持戒嗎？那麼「開化檀越」，究竟他開化給施主的是什麼法？所以今天電視上還看到江淑娜在那裡……，唉！只能搖頭。還有其他的人跪在那邊哭，然後他作了些動作宣稱在幫信徒吸收污穢丟掉，說這樣就可以吸收信徒的污穢丟掉；眞的可以把它甩掉嗎？根本就是愚民之行，所以愚癡人也眞的多到不可勝數、無法想像。

但這些人愚癡，跟著喇嘛的人們就不愚癡嗎？也是一樣愚癡！所以我們眞的是任重道遠，該作的事還有很多，要好好度化這些人，否則他們要是被印證說：「**你也成佛了。**」個個都成佛了，結果下一輩子都不在人間，彌勒菩薩度誰啊？那三次各度九十幾億人，是不是要變成九億或九千萬、九百萬人？這是我們要努力去作的事。所以首先要「**清淨持戒**」，接著要「**開化檀越**」，還要努力閱讀經典，這可以得到多聞的機會，這樣的比丘才可以接受供養。

那麼前面那一段說的那四種「**行者**」可以接受供養，接著說已經實證、已得三乘菩提的人可以接受供養。那今天講的是另外一種，他至少有在用功，有在努力往清淨的方向去實修，也往智慧多聞的方向去努力，這樣的人可以接受供養。如來並沒有說一定要親證才可以接受供養，畢竟末法時代親證的人不多，所以你只要有符合這些條件(前面說的四種「行者」)，現在又另外再開緣有這樣的人也可以接受供養。

今天講的這一段經文是說三種人，第一種人是「**清淨持戒**」的人，反過來解釋就表示沒有清淨持戒的出家人不許受供養。例如有所謂的禪淨密三修，又例如有人對外宣稱：「**我們是顯密雙修。**」那就表示他們沒有「**清淨**

持戒」，這是指什麼人？諸位全都明白，我不用再明講。這一些比丘、比丘尼都是不應該接受供養的，他們接受供養就是盜取 如來的家業，是盜取 如來的法食，都不應該接受佛教徒供養。所以「**清淨持戒**」才可以接受供養。

第二種是「**開化檀越**」，雖然還沒有實證三乘菩提，但是依著三乘菩提的經教為人家依文解義而解說，這也是好的；不要自己亂發揮，不懂的地方就說：「**這些法義我沒眞懂，我的想法大概是這樣，諸位姑妄聽之。**」這是可以容忍、可以接受的，並且我們還要讚揚他，畢竟末法時代，經中很多內容是實證的人才懂得的。有更多的內容其實是實證後也不一定能懂，要不然我增上班講解十幾年幹什麼？你們都悟了，自己去請《瑜伽師地論》回家讀就好了，那我又何必講解呢？可是我講了十幾年還沒講完，現在才講到卷八十二。

所以諸經中的義理，悟了都還不一定懂；那麼如果還沒有實證的人，他依文解義為人講解，大家是應該認同的；只要他不亂作發揮，那是沒有過失的，偶爾講錯也應該接受，因為他還沒有實證。所以「**開化檀越**」時有一個前提是：他如實解釋，不是亂作發揮，也不是加以曲解附和外道所說的法，那我們不但接受，還應該讚揚他；因爲他有努力在開示，在教化那些跟隨他的那一些施主們。這是第二種人。

第三種人就是多讀修多羅或是多聞法，是「修多聞」或讀誦經典。因爲前兩種人不一定很多聞，他在「開化檀越」時也許只是某一個部分——或者解脫道或者佛菩提道的某一個小部分，因爲他不是很多聞。那麼「清淨持戒」的人他是專一修行淨化其心，可是他不太懂經典，因爲書讀得不多，這也有可能，那他們也可以接受供養，所以第三種人就是「修多聞」。如果他要「修多聞」之法，第一個要務是多讀誦經典，不要只是閱讀末法時代人間的所謂大師寫的書；因爲末法時代的大師名氣大，但通常不是實證者。

以前聖嚴法師在美濃那個好地方，山水很好，在那兒閉關六年；那六年不是讀經典，只是讀日本人鈴木大拙寫的書。鈴木大拙認爲什麼是明心見性呢？他說當你打坐坐到一念不生、心很清淨時，那時心花朵朵開，那就是見性了。好不容易終於沒有妄念了，所以非常高興，說那就是明心見性了。如果中了樂透忽然間愣住在那邊心裡狂喜、一念不生，那應該也是明心見性了，因爲同樣是很歡喜、也是一念不生的啊！無怪乎喇嘛們都說雙身法修到性高潮時一念不生，心中很歡喜，說那就是明心見性，末法時代佛法可傷啊！

聖嚴法師閉關六年好好去讀　如來講的經典不行嗎？爲什麼要去讀日本凡夫寫的書呢？結果就被誤導了，因此就印證十二個出家弟子明心見性。他不肯印證在家弟子，在家弟子功夫縱使比出家弟子更好，好上很多倍，他也是瞧不在眼裡的，只看重身相的出家身分。但他的在家弟子功夫很好就只一個人，不是嗎？我能看見話頭，他還看不見；我明心前，當時功夫當然比他好很多。而他印證十二個出家弟子所謂的明心見性，明的什麼心？又是見了什麼性？明的是覺知心，見的是一念不生的境界，全都只是意識心的境界；這得要探究的，不是口頭上說了算。那他的問題就是不肯讀誦經典，才會有這麼大的誤會。

所以世間法上的大師，那些人都是落在世間法中；儘管他們剃頭著染衣，身披大紅祖衣，身上掛了一串幾百萬元的蜜蠟念珠，照樣是個凡夫。可是一般的信眾不懂啊！一般信眾不懂的事，情有可原，若是出家了當法師還不懂這個道理，眞的不可原諒。所以你看人家一個居士王雲林，那老人住在金門街，《大正藏》他讀過六遍，可是人家很安分，一點點的小妄語都不敢打；如今眼前擺著是一個凡夫自稱成佛，還一次接受人家兩輛名貴轎車的供養，兩者的差異眞是天地之別。試問全中國——海峽兩岸有幾個法師、幾個大師把《大正藏》都讀過一遍的？一個也無！可是各個都趾高氣揚，覺得自己很行！人家讀了六遍都還非常安分，都還跟我說：「**蕭老師！我讀了《大正藏》六遍，就欠腦後一槌。**」人家肯承認，比起那一些大妄語的大師們，何其可貴啊！

所以多聞並不容易，如今佛教界大師們有幾個人是多聞的？眞要講起來，我也不算多聞，因爲我經典讀得不多；就是我講解過的就讀過了，我還沒有講的就是還沒有讀，原則上是這樣。可是因爲我有實證，所以我想講什麼經，幾年前預告了就來講，只要先把錯誤的斷句改好印出來了，我就來講解。大概天下人沒有人像我這麼大膽，都沒有先衡量說：「**我到底能不能講這部經論？**」我沒有這樣想過。人家說：「**導師！您應該要講《成唯識論》，不然我們悟了以後能學什麼？**」我說：「好、好、好，講、講、講。」預定要開講了，有一天我同修說：「你下個禮拜就要開講《成唯識論》了，但你還沒有讀過欸！」我才想起來說：「**我還沒有讀過喔！**」再去把它讀一遍，還沒讀完就開講了，一面講一面讀後面的論文。那《瑜伽師地論》我也還沒讀過，我想這回要上課三個鐘頭，大概可以講多少，我就開始去斷句；我斷句到哪裡就讀到那裡，就是這樣。看來我還眞是異類，眞的像人家罵的「不是人」。罵自己不是人，就是畜生嗎？（有人回答：不是畜生！）眞的不是，因爲這不是人幹的；菩薩不是人，但菩薩不是人當的嗎？怎麼說菩薩不是人？不過說正格的，菩薩眞的不是人，因爲理上的菩薩是如來藏阿賴耶識。

這就是說，多聞並不容易，但是實證比多聞更重要。所以我實證了以後，要講什麼經我就講什麼經；想要講《瑜伽師地論》就講，很多人連讀都讀不懂，我請出來就講了。這道理是說，多聞是不容易的，但是實證更難。可是多聞這件事情，在末法時代已經是很不容易的了，試想《大正藏》讀六遍，別說讀六遍，只要讀一半就好（讀第一遍的一半就好），也沒有幾個人作到；我也只是讀過前兩巨冊四大部阿含諸經，然後《大正藏》就隨分讀一些，也就那麼十幾部而已。

我們剛開始弘法時有個男眾，他佛書讀得非常多，那時我們還在中山北路租的五十幾坪地下室上課；他讀得太多、太雜了，有時對我所說的法，他大概不認同，就來請問（我哪知道他是在質難，我當作是請問），都一一解答了；解答的內容中，有許多是我沒讀過的法義，可是我就直接解答了；我也不知道爲什麼脫口而出就答了，可是全都正確。你們未來世也會這樣，遲早都會這樣的。就是說，你沒讀過的經典中有些法義，人家不懂拿來問你時，你直接就回答了，這是證悟後一段時間修行成佛法道的過程中，一定會有的現象。

那麼多聞而未實證的人，遇到一個實證的人，雖然實證者沒讀過什麼經典，論就更別提了；那麼到底兩個人對談時—依照世俗法來講—到底誰占上風？當然是實證的人。因爲那些多聞的人，甚至有人讀過五千多冊佛書，大乘精舍書櫃中五千多冊的佛書全都讀過了，然而對所謂善知識的書我讀過大概不到三十本，可是當年爲什麼他們在我面前開不了口？這就是由於實證而得的功德。但實證畢竟很難，所以還沒有實證之前要「修多聞」。爲什麼要「修多聞」？一定有人心裡會打個問號：「我來實證就好了，爲什麼還要先『修多聞』？」眞的有必要。因爲實證之前如果沒有正確而如實的多聞，那麼悟錯了也不會知道，走上岔道去了、越走越遠都還不知道，所以多聞很重要。

那麼我剛才要求編譯組趕快編個有關成佛、入地、明心、見性等法的小冊子流通，也是爲了讓那一些人可以多聞。尤其那個多聞是一種綜合式的多聞，他們如果讀通了就會趕快尋找正法，捨離附佛外道，將來 彌勒成佛時他們就可以當阿羅漢，這是多麼好的事情。所以諸位要瞭解，救一個人就少一個人墮落三塗，這樣一出一入相差就等於二；否則的話，他們墮落了，人間菩薩就少一位，三塗那邊多一位，我們一定要想辦法去救他們。

話說「修多聞」該怎麼修？就是多閱讀經典。因爲善知識不是隨時隨地可以遇見的。諸位想想看，在臺灣就好，不要說大陸，單說臺灣有幾個人能遇見善知識？諸位也許覺得很多，因爲看我們六個講堂都坐滿了人，對不對？今天臺北六個講堂都坐滿了人，看來也沒有空位了，你看著認爲有很多人來親近善知識了，可是外面有更多學佛的人，而這裡坐滿人也才一千多人而已，都還不到二千人呢！那麼臺灣有兩千三百萬人，咱們把臺北六個講堂加上桃園、新竹、臺中、嘉義、臺南到高雄，所有講堂的同修們，你把他算一算，週二同時聽經的人不會超過一萬個人，有六千人就算不錯了，應該不會超過一萬人。可是會外還有多少人走入佛教學法而遇不到善知識的？全都是在常見法中混著，這樣想一想看，諸位！你們也都是異類，跟人家不同。

所以眞正能「修多聞」的人不多，要遇到善知識更難。沒有遇到善知識又想要「修多聞」，就只有一個辦法，就是去讀經典，因爲末法時代大師寫的書籍大多不可信，那經典一定可靠，就直接去讀誦經典。剛開始不能理解就讀誦，讀誦久了也許靈光一現，突然間瞭解某一句的意旨；就這樣繼續讀誦，越讀誦久了就瞭解越多，這也是多聞的一個方法。

那麼想要多聞就要讀誦經典，當然就有很多種的分類，所以說有十二分教。十二分教表示有十二種分類，「謂讀修多羅」，「讀修多羅」是什麼意思？修多羅就是經，是針對某一方面的法義從頭到尾把它講完，有同一種法義貫串性的講解，叫作修多羅。

接著說「祇夜」，祇夜又名應頌，就是說 如來有時希望加強弟子們對那個法的印象，所以把它用頌的方式—也就是用偈頌的方式—把它說出來，讓大家容易記住。就好像我們〈正覺總持咒〉的道理是一樣的，就是寫成使人容易記住的句偈，叫作「祇夜」。所以「祇夜」就是說，這一部經主要是用頌的方式來說法，而不是以普通的語句一句一句來說明，通常是五言一句、七言一句，用固定的格式來宣講，讓人家容易記憶，就是祇夜。

關於「**授記經**」，授記有不同的方面，有時授記某一個人將來何時成佛的事，有時是授記未來世的世間將會怎麼樣，都屬於授記。例如 如來授記說，正法五百年、像法一千年，然後一萬年是屬於末法時期，而末法時期的人們會是怎麼樣，佛弟子又會是怎麼樣，這也都是授記。又例如預記未來佛法會去到南方、也會到北方，南方是小乘解脫法，北方是大乘佛法，這也是授記。那麼對於弟子還有另外的一種授記，就是從世間法上來作授記，說某一個弟子現在如何，所以他未來世將會如何，是從世間法上來講而不是從成佛上來講；譬如有弟子一天到晚不受教，那他將來會怎麼墮落，這也是授記；有的弟子雖然受教，可是無心於道，只想修福，將來會生天享福，然後天福享盡以後下墮，這也是授記。

《授記經》還有一個層面，就是關於成佛的授記。對於弟子們的這種授記，說明大乘菩薩們在什麼時候會成佛等；對定性聲聞的授記就不一樣，是說他將來捨壽以後會入涅槃而沒有住處。所以有時某個外道死了，人家會來請示 如來說：「**他死後到哪裡去了？**」如來就會公開說他到哪裡去了，現在領受什麼樣的快樂果報或者痛苦果報，如來都是公開授記的，讓有神通的人去求證，而外道作不到授記的事，這才叫作 如來。

所以那妙禪也應該公開授記說哪些徒弟什麼時候會怎麼樣，他應該授記看看，證明他眞的是成佛了。但怎麼都沒有？這很荒唐，且不談他。那麼有時某個阿羅漢捨壽了，弟子會問說：「這阿羅漢到哪裡去了？」如來說：「他沒有去處，因爲他入無餘涅槃了。」甚至有時有一個阿羅漢死了以後，身旁都是黑氣圍繞著，弟子們都覺得奇怪：「這位是阿羅漢，爲什麼死後身體周遭都是黑氣？」如來說：「那是天魔波旬想要尋找他到哪裡去了，但他入涅槃了，波旬當然找不到，所以在那裡久久不散繼續等候著，想要看他死後到哪裡去了，但是再怎麼等也等不到阿羅漢會有去處。」這也叫作授記。

那麼菩薩們的授記就不同了，每一個人只要證悟之後，如來就可以授記某某人將來會怎麼成佛；所以你們已經到增上班的同修們，其實你們已經得到 如來的密授記，只是你們不知道。如來可能對天界或淨土世界中的某些菩薩們說：「現在正覺在大溪祖師堂又有幾個人證悟了，這些人將來會怎麼成佛，誰又會怎麼成佛。」那是密授記，不能讓你知道；若是讓你知道了，你就等著成佛而不努力修行了，所以不能讓你知道。但也有顯授記，就是當眾公開講明。密授記有時是兩種狀況，顯授記有時也有兩種狀況。密授記有時是不讓當事人知道，但別人可以知道；有時讓當事人知道，但告訴他不許講出去，這也是密授記。顯授記也有兩種，有時當眾公開講對他授記，可是有時他不在場，但 世尊公開爲他授記，他自己不知道被授記了。所以授記是有種種不同的情況，那講述這一類的事情經典就是「**授記經**」。

「**伽陀**」叫作諷頌、直頌、孤起頌。有時講過一個法義以後怕大家忘了，重新再把它用頌的方式再講一遍，讓大家有更深刻的印象。重頌是把其中比較精華的部分再誦一遍，讓大家回憶起剛才講的是什麼；這樣與前面講的「**修多羅**」——亦作「**長行**」——連結起來，那個法義就比較容易記住，不太會忘記。但「**伽陀**」則不然，它的句韻巧妙，長短有二句至六句不等，又稱偈頌、不重頌，這叫作「**伽陀**」。

那麼「**憂陀那**」，這類經典不多。「**憂陀那**」是 如來不問而說，是 如來自己決定要講的。通常經典是因爲弟子請問某一個法，所以 如來針對那些請問而講出一部經典來；經典通常是如此，所以多數經典都有一位或幾位菩薩成爲該經典緣起的主要人物。但有的經典是 如來自己講出來的，不問自說，這就叫作「憂陀那經」。

還有「尼陀那」就是講因緣的經典，譬如某某人現在爲什麼會這樣，弟子大眾不明白，就去請示 如來，如來就來解說：「這個人與某某人，他們現在會這樣是因爲往昔之間如何，所以今天變成這樣。」例如提婆達多，如來講過他的本生因緣；孫陀羅難陀以及舍利弗等人，如來也都有講過，是因爲往昔如何，所以後來到現在變成如何，將來又會怎麼樣，這是講述弟子們的往昔與現在互相關聯的因緣。又譬如說明爲什麼會有最初 威音王佛，接著還有二萬億諸佛都叫作 威音王佛，原因是什麼。又如解釋爲什麼賢劫會有千佛，是因爲往昔有轉輪聖王生了一千個兒子，大家跟隨轉輪聖王修學佛法等，當時一千位兄弟相約未來在同一劫中次第成佛，才會有今天賢劫千佛將會陸續成佛，這類經典就是「尼陀那」，就是解說某件事情的因緣爲什麼會是這樣，是因爲往世的某種因緣所致，這類經典便叫作「尼陀那」。

這些經典都是「修多聞」的人應該要修學的，不但這樣，還有《本生經》也得學。講到《本生經》，我就對釋印順有閒話，他是很奇怪的法師，人明明要三大阿僧祇劫修行，得把那些次第過完，那些次第中的內涵也都得修完才能成佛；而這三大阿僧祇劫的修行過程與內涵，是不可推翻的。既然如此，三大阿僧祇劫的過程就會有一世又一世的事情；那麼因爲往昔三大阿僧祇劫中有些什麼事情，所以成佛之後會有些什麼現象，這是很自然的事情。所以每一尊佛成佛之前都有很多的事情，是成佛時出現某些現象時應該要爲弟子說明的，那就會講到過去本生的事情。所以那些事情由 如來講了出來，還包括弟子過去世的事情也是本生的內容，那麼述說這些本生的因緣而記錄下來就叫作《本生經》，都是 如來所講的。

可是釋印順不信這個，他說這些都是後人編出來的故事，所以不肯說那是《本生經》，堅持說那些經典叫作《本生談》或《本生譚》。他心中的想法是什麼？是世人只要悟了，一世就是成佛了；他的想法是這樣，而他所謂的開悟就是證得阿羅漢果，所以一切阿羅漢都是佛——阿羅漢就是佛；他自認是阿羅漢，就是佛，可是他竟然沒有斷我見，所以他的荒唐事不只是一籮筐，而是好幾卡車。因此他不相信《本生經》，他都說那叫作《本生譚》，他的《妙雲集》中就是這樣講的。這樣的人可以被臺灣佛教界公然推崇爲導師，還眞的很奇特！那麼《本生經》記述的就是 如來所說關於 如來往世以及弟子眾往世的事情，都叫作《本生經》。

接下來是《方廣經》，「方廣」顧名思義就是說，沒有一個地方不能到達，才能叫作方廣。譬如一塊正四方形的地，也許每一個周邊都有五十公里，這樣一個四方形的範圍，以人類的腳步來走，可以叫作廣，眞的很廣；可是你有沒有到達每一個定點？每一個定點你都踏勘過了沒有？也許你只走到這邊一半的每一個地點，或是只走到另一半或三分之一、三分之二，並沒有全部具足踏勘過，就不能叫作方廣，因爲還有所不到。所以方廣的意思是說，它是方方面面都具足的。方廣不一定是四方，也許六方也許八方都不一定，也許呈現長方形或者不規則的形狀，但你在其中的每一個方面、每一個地點全都踏勘過，全都走遍而具足了知，才能叫作方廣。所以方廣的意思是說，範圍很廣大，而且每一個地方都周遍而具足，才能叫作方廣。

那麼六識論的印順派那些人對於大乘經典不信受，他們只信受《阿含經》的局部，而且接受的只是其中的小部分，那心態是錯誤的。你如果接受 佛所說的，那就得對 佛說的全部都要接受；但印順是選擇性的接受，表示他的所證或者他的所知所理解的，是違背經典的，這個本質一定逃不掉。如果在三乘菩提中的所證是沒有違背經典的，那麼三乘菩提於每一部經典的所說都可以契合；如果所知或者所證只能契合某一部經典，另一部經典就不能契合，那表示悟錯了，也是對自認爲契合的那部經典誤會了，這道理放諸四海而皆準，放諸十方三世諸佛世界而皆準。今天我講這個話好像夠狂吧？是狂！但其實不狂！因爲這是眞實的正理。所以「方廣」表示這一類的經典所說，函蓋面非常具足、非常圓滿，才能叫作方廣。

那我們從無生法忍的智慧來看三乘菩提的經典，有人主張說《楞嚴經》是僞經，應該廢棄。我偏說那不是僞經，因爲如果《楞嚴經》被廢棄或否定掉了，就我們可以看得見的道理來說，如來所說的法就不完整了。必須要有《楞嚴經》在，才能說是完整的佛法。那印順派等人或釋印順當年主張大乘經典都不是 佛講的，認定說般若諸經是後代的佛弟子們集體創造的，因爲也是佛法所以叫作佛經；我說他胡扯，他連非安立諦三品心都讀不懂，哪有智慧可以斷定《般若經》是後人創造的，所以眞的叫作胡扯。

如果大乘經典例如《楞伽經》，你把它抽掉了，顯然佛法又缺了一大塊而不完整了，因爲《楞伽經》所說的法義是不可或缺的，如果把它抽掉時佛法就非常不完整，許多的經典都有點像是這樣子。那《阿含經》倒是有一些經典可以不用再複誦或者印製流通，因爲其中有很多部前後所說內容與層次都相同，只是講的地點不同；可是大乘經典沒有一部可以抽換掉，因爲所說法義的內涵與層次互不相同，相輔相成而不可或缺。《楞嚴經》被那一些人誹謗爲僞經，可是《楞嚴經》講的五陰區宇是眞正存在的事情，是佛道歷程中必須經歷與實證而不是虛構的，五陰盡的境界也是眞正存在的境界不是虛構的；如果把它抽掉了，等於佛法這個部分就缺漏了。如果缺漏而不完整，那麼 世尊還得再來人間一趟，把這缺漏的部分經典講完，也許講個一年、兩年然後示現入滅，否則就是化緣沒有圓滿。

《楞伽經》七種性自性，哪一部經有講過？都沒有。可是那七種性自性是現實存在的，也是證悟眞如的所有人都必須進修及實證的內涵，難道成佛了還不知道有這七種性自性嗎？那七種性自性如果拿掉了，那如何能夠證實如來藏的眞實不易自性？也不能啊！而這七種性自性明明依存於第八識眞如而存在，如何能擅自否定？所以方廣系列的那些經典，每一部都是 如來所說，也都不可或缺。但他竟然敢加以否定，顯示他對其中的法義完全不懂，就別說是實證了。所以《解深密經》、《佛說解節經》、《大乘同性經》、《如來藏經》……每一部都不可或缺，可是他們竟然否定了。所以《方廣經》很重要，它們把每一部分都加以說明，菩薩們悟後可以依此而次第修證完整。特別是眞正的證悟之後，你要進修都得要靠《方廣經》，結果他們竟然否定，那是多麼荒唐的事，這顯示他們根本不懂佛法。眞懂佛法的人對於方廣諸經沒有一部敢否定的，那麼這樣就瞭解《方廣經》有多麼重要了！

正因爲大乘法有這麼多部經典，才能把佛法的內涵全部顯示在其中，否則佛法就是還沒有全部講完；若是沒有全部講完，那些妙覺菩薩們聽到如來說三月後要入涅槃，那時一定會抗議：「**世尊！您還沒有講完全部佛法，方廣諸經也沒有講完，怎麼可以入涅槃？**」一定會抗議的；可是沒有一位菩薩抗議過，表示 如來全都講完了。《方廣經》中例如《大般涅槃經》講菩薩的眼見佛性境界，有哪一部經典講了眼見佛性？並沒有啊！可是眼見佛性的境界是眞實的，每一位十住菩薩都見得分明，也才會有眼見佛性的當下所見身心世界如幻的現觀。《解深密經》講七眞如，有哪一部經典講過了？《解深密經》中 如來還印證了菩薩對三乘佛法所作的判教，有哪一部經典有作判教的？也沒有。所以《方廣經》中的每一部經都有各種不同層面的法義與證境，當然都是 如來所說，只有他們不懂的人才會橫加否定，真正證悟的人讀到《方廣經》時只有加以印證和讚歎，哪裡敢否定？所以有智慧的人不會聽人家亂說法，一定要自己去作個判斷，這證明《方廣經》的許多部經典都不可否定。

我有一個很大的心願就是把《方廣經》全部講完，然後捨壽轉入來世。可是顯然不可能，這部《佛藏經》還沒有到兩百講，上週是一百八十一講，短短的《佛藏經》講了一百八十一講，都還沒有講完；其他講不完的經典，就只能留到下一世再來講。也許下一輩子我還是籍籍無名、默默無聞，然後我講解了經典人家才會聯想說：「**搞不好是蕭平實再來。**」所以說，沒有實證的人不要輕易去否定經典，當年我實證了以後讀到密宗那些經典，什麼《金剛頂經》，什麼《大聖歡喜雙身……》的經論，那些雙身法的經典，我一開始也不敢去否定它，但我一看到經名就說：「**這是搞雙身法的。**」雖然它講得很隱晦，但我一讀就知道這是搞雙身法的，但當時我也不敢直接就否定它，因爲很多過去的智慧還沒有繼續浮現上來時，寧可謹愼一點。

是後來無生法忍已經回來了，我重新去讀時就說：「這是僞經。」你要有很充分的根據，這個根據不是說「我認爲是就是」，而是要有實證上的，也就是理上和實證上的現量，而且你還要有聖教量和比量，就是從實證的理發揮出來去判定它；要有很多的理由來判定，不能人云亦云，也不能妄自尊大就隨便指說那是僞經。所以《方廣》部的諸經沒有一部是可以推翻掉的，沒有一部應該是缺漏的。所以當人家說某一部論是僞論、某一部經是僞經，我讀了以後發覺那是眞正的論、眞正的經典，就特地拿來講解；《楞嚴經講記》就是這樣講出來的，《起信論講記》也是這樣講出來的。日本有兩派人，一派主張《起信論》是眞的，一派人主張《起信論》是外道僞造的，諍辯了幾百年，現在我把它解決掉——這是馬鳴菩薩的正論。

例如人家說《楞嚴經》是僞經，我說那是眞正的經典，並且勝妙到他們無法理解。所以你們看《楞嚴經》中講金剛三昧——就是首楞嚴三昧，其中的觀音耳根圓通法門，講的就是金剛三昧的實證過程，是眞實可證的。但以前南老師怎麼解釋？說觀音法門就是要坐到海邊，去聽聞海潮音起起落落、來來去去，左耳聽了、右耳就流掉，右耳聽了、左耳就流掉，這樣聽到後來什麼都忘記了，全都不存在了，就是「入流亡所」。我這一世剛開始學佛時讀到他那樣講，我當時想：「原來是這樣。」當年初學時還信他欸！只差沒有去海邊聽潮音，因為我沒時間。可是悟了以後重讀時就說：「不是這樣的，他那樣解釋完全錯了。」所以我用我自己的方式來解釋。這就證明方廣諸經中沒有一部經典是可以缺漏或者把它否定的。

那我在講《大法鼓經》之後，是不是要來開講《解深密經》？可是又怕你們聽不懂說：「聽得好難過。」因為也許太深而覺得沒有法樂。也許《大法鼓經》講完再講另一部好經典後再來講它。可是有很多人期待聽那一部經典，我們以前曾經開快車略講《解深密經》，是紀念郭故理事長而在他家裡的頭七開講，逢七就講一個下午大約四小時；本來預定七七講完，結果講了十個七。所以你們看他的福德大吧？我在他家裡講《解深密經》。但那時我們正覺同修會剛成立不久，大家悟後進修沒多久，智慧也還是有限，所以仍有很多人聽不懂，而且我又是開快車而不是很詳細講解。但沒關係，我們以後會再講一遍，這部經一定要講解，不留到下輩子再講。這也就是說，《方廣經》的性質，大家也應該要瞭解。

接著是「未曾有經」，未曾有就是專門演述未曾有法，如來說法有時顯示與其他的某些法是有相關性的，有時則是隱約中顯示出相關性。所以這一部經典講某一個部分，另外一部經典因爲某一個因緣而專講另一個部分；可是有時某一些法是過去從來不曾講過的，在某個時節卻必須要宣說的，叫作「未曾有經」。例如《無量義經》、《法華經》，都可以叫作「未曾有經」。「未曾有經」在十二分教有一些可以横跨著兩類或三類，在講《法華經》以前不曾講過 如來成佛以來已經多少劫了，而往昔的最初佛是什麼佛，他方的佛世界與娑婆世界的關聯……等，以前都沒講過，在宣講之前都可以叫作「未曾有經」。又例如 世尊剛講七眞如時，在當時也是未曾講過的法，也叫作「未曾有經」。如果以前有菩薩問過而 如來有講過，就不是「未曾有經」；又例如整個一大部《般若經》講了二十二年，那一大部的《般若經》在初轉法輪時期都沒講過，剛開始講時也可以是「未曾有經」，這個道理這樣大家去瞭解就知道。

那麼接著是「阿波陀那」，就是「譬喻經」。世尊有時以很多的譬喻來說明某一個法，比如我有打算要講的《大方等如來藏經》。在《如來藏經》有十種譬喻，例如萎花喻、蜂守護喻……等，使用各種譬喻來講如來藏，就叫作「譬喻經」。因爲很多人對如來藏完全不懂，是在剛開始講解時大家都不懂，如來只好施作十種譬喻，讓大家比較容易理解。凡是這一類的經典就叫「譬喻經」。

還有「論議經」。如來也有講過論議類的經典，《阿含經》中就有許多解脫道的論議，也屬於「論議經」；還有其他的大乘論議經，一時也想不起是什麼經名了。這一類都屬於 如來親自論議，因爲怕大家聽不懂，所以 如來加以發揮演說更詳細，讓大家更可以聽懂。如來說法時，通常不作詳細解釋的，如果每部經典都要詳細解釋，化緣就無法在這一世圓滿，因爲人壽很短，無法每一部都詳細加以論議，但是也有講過這樣的論議類經典。

但如果你想要「修多聞」，就不能只讀這一類的經典，必須每一種類都讀一讀，這樣才能眞的「修多聞」。那我的情況也許不同，我不是每一類都去讀，但過去世聞熏過的種子會跑出來，所以遇到很多聞的人，他們也拿我沒輒；即使在我座下悟後很多聞，而我很少聞，但他也拿我沒辦法。這就是說，同樣是實證者，但層次各不相同，因此不能說同樣是證悟了就都一樣，其實是不一樣。

所以我們早期弘法很好笑的是：有的同修悟了以後就想：「**我這一悟就跟我的親教師一樣了。**」他想的是悟後跟他的親教師一樣，沒想到完全不一樣。結果去找親教師議論時就吃了悶虧，無可奈何。同樣是證悟，有的人在七住位、有的人八住、九住、十住、十迴向不等，所以不會每一個人悟後都一樣。如果悟了都一樣，那只能是一個情況，大家都成佛了，當然都一樣，因爲十方諸佛、佛佛道同，所以全都一樣；但還沒有成佛之前，各人悟後不會是一樣的。

所以十二分教跟「**修多聞**」是緊密結合在一起的。因爲你如果沒有往世多劫不斷地聽聞正法，還沒有證悟之前就每一個種類的經典都要去讀，才能在證悟之前有多聞的功德。具有多聞功德的人有個好處，不會被假名大師誤導；具有多聞功德的人還有另一個好處，悟了以後會自己檢點說：「**顯然我還沒有成佛。**」若是沒有證悟或者說是悟錯了的凡夫，才會說他已成佛了。所以「**修多聞**」是有好處的。

那麼接著來說明，如來說過有「行者、得者」二種人可以受大眾供養，現在再加上後面這個「修多聞、讀誦經」的人，這一些人雖然還沒有證悟，因為他們有努力在修行，是求多聞的人，這樣的人也可以接受供養。如來又說明為什麼這類人可以接受供養的原因：「是人久能清淨持戒，無有瑕疵，不垢不濁自在不著，智者所讚能自具足，隨順禪定時樂坐禪，如是比丘我亦聽受供養。」說這樣「修多聞、讀誦經」的人，一定會持戒清淨的。

如果持戒不清淨的人，不會是真正「修多聞、讀誦經」的人。比如那位妙字輩的凡夫等人自稱成佛了，我剛剛說他沒有「持戒清淨」，但他也一定不是多聞的人；如果他把十二分教讀完了，還敢自稱成佛嗎？絕對不敢了！人之所以敢大妄語、人之所以敢起大貪，都是因為無知。無知就是無明。為什麼無明？因為沒有聞慧，他還沒有「修多聞、讀誦經」啊！多聞的人一定不會有妙禪那種無明。

反過來觀察我們會內的狀況，同修們來共修時或聽經前上供了，因為我們講堂沒有住人，沒有常住法師住在講堂中，上供的水果大家都要上香贖回，贖回以後大家都是互相結緣：「某某師兄，幫忙吃一顆蘋果。」有的師兄可能就接受了，等一下又有人來供養時他就說：「我這一顆蘋果供養您，而我接受您供養那顆橘子。」有的師兄、師姊卻說：「不！不！你去供養別人，我不要接受供養。」是怕什麼？怕損福德，是不是？我們會內有好多人是這樣的。那我不接受任何人錢財或有高價值的物品供養，我倒不是怕損福德，我是怕這個例子一開，正覺同修會將來就完蛋了！所以我帶頭不接受錢財字畫等一切物品的供養。

以前還有大陸同修來，給我一張提款卡，她不明說，裝在信封裡面，還在裡面寫了密碼給我；也不說那是什麼東西，叫我回家時再看。我說：「不行！這裡面好像有什麼東西，不單純是紙張，我得要看一下。」拆開看是提款卡，她才說明。我當場謝謝說：「這個絕對不行。」也有人寫給我一封信、好厚的一封信，說讓我回家再去看：「您那麼忙，在這裡沒時間看。」我就帶回家去，因為我是講經後回家才吃晚飯的；回到家中終於吃完飯了，洗過澡想起來那一封信那麼厚，我先看個一兩頁吧！才拆開一看，藍花花的鈔票，原來是千元的新臺幣一整疊。我說這個不行，而且這個馬上就要告訴對方不接受供養，不能拖到明天才講，知道的當下就要通知對方：我們不開這個例子。

這就是說，假使你有實證的功德，就會觀察到不論身口意行中的哪一種，全都不外於你的如來藏。假設起了大貪而接受兩輛勞斯萊斯供養，或者接受人家幾百萬、幾千萬、幾億元的供養，造了這業，種子不會消失的，都在自己的如來藏裡面。因爲造業是在如來藏中造的，將來承受果報也是在自己的如來藏中承受。現在受人家這兩輛車的供養，未來世怎麼還？這福德損到了，是負數的，就是損福德。人家爲了成佛福德很努力去累積，生怕一點點受損；但他是大損特損都無警覺，表示他不知道造了這些業以後，種子都在自己的如來藏中，他完全不知道，這樣會是開悟的人嗎？當然正是凡夫。

這表示說，凡是不能持戒清淨的人、貪受供養的人，而說他已經轉依如來藏了，我不相信，更何況自稱成佛。因爲連多聞的人都可以長久的清淨持戒，結果一個已經成佛的人還會那樣貪受供養，天下沒有這回事，佛門中也沒有這回事，眞正多聞的人都不敢作這種事。所以假使有人開了支票來、捧了新臺幣來供養我，我會拒絕。如果一定要我接受，那我一定附帶條件說：「不管我怎麼用這筆錢，你都不能反對。」既然他不反對，我就可以接受；

因為有的人心想：「**我供養蕭老您福德比較大，供養別人福德小，我就偏要供養您。**」有的人是這樣想的，我也是後來才知道。那也沒關係，但就不要限制我用在什麼地方，那我就用他的名字捐到同修會裡來，那他供養我也供養上了，因為我有收了他的供養，而他想要的來世大福德也得到了；然後我就把這一筆錢用他的名字捐到同修會，開收據給他，我不用怕說：「**我接受他十萬、二十萬、五百萬元供養，那我這福德損了多少？**」我不用怕，我有法在；我收了供養以後，又來供養法——用在護持正法上面，我的福德也沒有損失，那他也得到了供養我的大福德，雙方都沒有什麼不好。

所以上回也有人供養我一千萬元——一張支票一千萬元，我也收了，然後我就用他的名義來護持正法。我都不怕供養，所以人家供養一顆水果，你也不用怕到那個樣子（大眾爆笑…）。對啊！有的人就像逃命一樣，這樣不好的。人家供養你，是想要和你結下好法緣，因此下回接著遇到某乙來供養時，你就同時也供養他；那你供養他，他也供養你，你成就福德、他也成就福德。並不是你接受那個供養以後就損失了幾百萬倍、幾千萬倍，沒那回事！但你也可以藉機會供養他，互相供養，大家福德互相增長，這是好事。這個道理要懂，以後就不要害怕。

為了正法的弘揚，該受供養時就受供養，但是把那一些錢用在正法上，不用在個人身上，所以我都不怕人家供養；重要的是不要限制說我只能去喝豆漿、吃午餐……等，不要限制我，那我就直接把它護持正法就好了。假使有人因為特殊的原因，他需要作某一種供養，我可以接受；但是要看情況，原則上就是不要放在我個人口袋裡，那他要供養我一百萬億元我也接受，我就全球各地去布施，有什麼不行？那麼諸位也不要說：「哇！全球布施？那不是要累壞我們？」不用怕，你們也跟著得到大福德，有什麼不好？這是千載難求的機會。

所以你遇到人家供養時，要有正知正見，不見得是福德怎麼樣受損，只要你接受的那個供養是正當的。比方說你正好買不到食物，人家不想賣給你、只想供養你，那你就接受了。也許他聽說你是正覺的增上班同修：「哇！我供養你，這福德無量倍。所以我不想賣給你，你要到別家去買也沒有。」那就受他供養這一份食物，但是你在另一個層面來供養他，也許改天回送他一本書，這不就大家歡喜。雙方互相成就大福德，真好！關於供養的道理，諸位要懂，以後不要遇到人家供果撤下來以後，供養你一顆蘋果、橘子，你就逃之夭夭，那人家也會傷心的；要懂這個道理，但錢財供養你就避免，這是應該有的正確智慧。如果廣受供養之後是自己累積起來，自己一個人或分給家人去享受，就不是「清淨持戒」啊！

所以「清淨持戒」跟這個道理是相通的，你從一件事情可以看到另一件事情，佛法應當這樣學。如果「久能清淨持戒」，他就不會有瑕疵啊！而他求多聞就必然會附帶一個現象，就是會「開化檀越」，有因緣時他就會爲眾生開示教化，這都有互相關聯。像這樣的人「無有瑕疵」，心中不會藏著種種污垢，那他的身口意行不會污濁；不會污濁的人很好修定，煩惱少，所以「不垢不濁」。「不垢不濁」的人一定是對信眾無所求，對信眾無所求的人就可以得到自在；如果對信眾有所求，那件笑話又要拿來講一講了：「坐，請坐、請上座。茶，泡茶，泡好茶。」這裡要說他一句難聽的話「坐、茶」就是狗眼看人低。不是這樣嗎？爲什麼別人來時「泡好茶、請上座」，他來時只是「茶、坐」？在背後眞的要罵住持狗眼看人低。

所以得自在的人爲什麼能得自在？因爲無所求於信徒。就像我們親教師們從來不會開口跟你們說：「你們要捐錢呀！現在會裡都沒錢。」又說一堆道理要大家捐錢。我們親教師們不會幹這種事情，也不會說：「我們現在這本書多麼好，你可以兩倍價、三倍價來買，就是你種了大福田。」也不會這樣講。你要兩倍價來買也不賣你，就是照訂價來，因爲無所求。那麼無所求心中自然就得自在，假使有所求，一定不得自在，那就要很小心應對了：「這個人是大官，我要很小心應對他；這個人很有錢，我要很小心應對，否則他以後不捐錢了。」那心裡就不自在了。你們看禪師們很自在，是因爲什麼？因爲無所求！

「不濁」，就是對世間法沒有貪著，沒有貪著時就會得自在，有貪著時就要辛苦到不成人形。所以有的法師爲了成就一個大山頭，結果累到眞的不成人形，百病叢生；其實不需要這麼辛苦，有多少錢就爲眾生作多少事，不需要去求那一些錢財，這樣的人才是眞正長久時間都能「清淨持戒」的人。如果末法之世，有這樣「修多聞」的比丘，一切智者都會讚歎他；但是在末法時代這樣的比丘其實不多，是該讚歎的。（平實導師此時突然咳嗽起來⋯⋯）古時我這樣是要挨罵的，師父會罵說：「你這個人破格。」大概因爲我過去世少讚歎人，都在評論大師們的錯誤（大眾笑…），以後要多講好話，未來世喉嚨才會好一點。當然這是說笑啦！

凡是能如實求多聞的人，他一定有很勝妙的聞慧，就會懂三乘菩提的道理；雖不能證，心嚮往之，那他就會想：「這一世不能證，期之於未來世。」那麼想要實證三乘菩提所應該有的心性、條件、福德等，他自然就會懂得自己應該怎麼作，像這樣的人一定「無有瑕疵」。凡是已經實證的人看見他都會讚歎他，這種人在修行上就不需要全部依靠別人，他一定自己就會有進展；如此一世一世自修，遲早都要實證三乘菩提的，所以說這種人「能自具足」。這種人的心性也不愛攀緣，他假使不求多聞時就會「隨順禪定」，當然時常上座打坐制心一處，這叫「隨順禪定時樂坐禪」。

所以剛開始修行的人都是學打坐，像我這樣是個異類。我這一世才接觸佛法、接觸到人家教打坐，不到半年我就把六妙門學好了，這其實是往世帶來的。但是當時還沒有實證，也都是在打坐。在家裡也是一天到晚打坐，所以每天下午坐三個小時是正常事。到功夫上手時能看見話頭了，這才想：「那麼開悟到底悟個什麼？」以前被人家教導的就是求一念不生，說要一直都保持一念不生才叫作開悟。可問題是開悟叫作明心跟見性，因此由那個定的基礎去探討，才把往世的證量又找回來。

所以我此世剛開始學佛時也跟人家一樣學打坐，人家沒有辦法修成一念不生，我倒是自己半年就一念不生了；所以聖嚴法師教人家看話頭時，原來他自己也不會看話頭，他是在看話尾；其實也不該稱他是看話尾，那要叫作唸話尾。因爲我自己會看話頭，所以如實修行清淨自持，結果就會自己成就，不必依靠別人。而我這一世弘揚的所有法，沒有哪一個法是誰教我或送給我的，都是自己從往世帶來的，而我這一世剛開始時也是「隨順禪定」。

如果末法時代有比丘是這樣「修多聞、讀誦經」的人，單看這「修多聞」就有這麼多的條件，如來說：「**如是比丘我亦聽受供養。**」換句話說，末法時代 世尊允許接受供養的比丘並不多，符合這些條件的出家人眞的不多。雖然 如來說的這些條件有很多種，但其實能作到的人現在並不多。眞能作到的出家人，遲早都要進入同修會來；如果作不到，他便進不了同修會，因爲他對法沒有愛樂，心裡想的就是世間的名聞利養和信眾眷屬等。所以今天這麼一小段的經文，我還是得囉嗦一堆，但是想來這些囉嗦對未來的佛教界應該會有作用，對未來世的咱們也會有利益。接著 如來又繼續開示說：

經文：【「舍利弗！身證法者無有疑悔，我聽是人高座說法。雖是凡夫，清淨持戒，心不貪著外道經義，一心勤求沙門上果，不貪利養；善巧定說，多聞廣喻猶如大海，乃至失命猶不妄語；不樂諍訟，自利利他，唯說清淨第一實義；所說如是，亦如是行，舍利弗！如是說者，我聽說法。如來所說能使諸法不相違逆，謂說戒、定、慧、解脫、解脫知見。舍利弗！求利比丘，為佛出家而破戒品，何用說法？何以故？舍利弗！我經中說：『若人自不善寂，自不能護，能令他人善寂自護，無有是處；如人自沒污泥，欲出他人，無有是處。若人能自善寂，能自護，能出污泥；欲出他人，則有是處。』是故舍利弗！我今明瞭告汝，誹謗如來其罪不輕。」】

語譯：【如來又說：「舍利弗！親身證得佛法的人，心中沒有懷疑和懊悔，我聽任這樣的人可以高座說法。雖然是凡夫，但若清淨地受持戒法，心中不貪著外道經的道理，專精一心殷勤求證沙門的上上果位，而不貪求利養；有善巧而作各種決定說，他有多聞的智慧廣作各種譬喻猶如大海一樣，乃至於喪失生命也還不作任何的妄語；也不愛樂跟人家諍論或者訴訟，對自己有利和利益他人，而他純粹的只解說清淨的第一眞實正義；所說是這樣子，也是如說而行的人，舍利弗！像這樣說法的人，我就聽從他可以爲別人說法。」

今天時間又到了，只能講到這裡。

講義：今天開講前先請問諸位一個問題：那福智團體說，他們策動了一個聖胎計畫，要把宗喀巴生回來，可不可能？（大眾答：不可能。）有智慧。宗喀巴大概到十九層地獄去了，還能再把他生回來？將來隨便生一個娃兒就指認爲宗喀巴，會不會有人信？（大眾回答：會！）會！這叫作異口同聲。不論怎樣荒唐的事、怎麼不合理的說法都會有人信，因爲天下眾生在這方面就是有無明。想想一個否定正法那麼嚴重的凡夫宗喀巴，還能在他死後幾百年讓他們福智團體再生回來，除非太陽打西邊升上來。

但是我們正正經經、老老實實、本本分分來弘法，看起來好像遠遠不如他們，因爲他們動不動就是幾十億、上百億元的錢財，可以買下電視臺也可以作什麼事情，全都沒問題；好像我們就很難，不如我來轉行爲人治病算了，我如果想要爲人治病，一定比他更有能力。所以我們有些重要的幹部遇到重病，醫生查不出問題來，都已經宣布放棄了，當我去看過並且祝福以後都好了，沒有不好的，這個例子不是一起、兩起。

但是凡夫沒有任何佛法上的功德，爲人治因果病一樣可以成功，那叫作機遇率的問題，是因爲本來醫師醫治快好了。總有那麼幾個已經快好了的病人，本來被醫師宣布是無藥可救的，但他已經快好了，加上他們暗地裡爲他治一下，病就好了，這叫作瞎貓撞上死老鼠，只是機遇率的問題。但這種事情，那些愚癡人還是會相信的；不論我們怎樣爲他們說明都沒有用，因爲那已經成爲一種集體意識了，就是哲學家講的集體意識。世間人無明，十個病人中只要撞見一個剛好被他們治好了，就大肆宣傳，大家就信受了；但其餘那九個死掉的病人已經不會開口了，死人的家屬也不會出來講。所以學佛眞的要有智慧，別被那些外道搞到好像佛門很亂的樣子，其實根本就不是佛門的事，眞正的佛門沒有亂過，都是那些外道在敗壞佛門的風氣。

福智團體本來還算是佛門中人，可是被達賴喇嘛滲透了以後就不算是佛門了。聽說金夢蓉在美國或加拿大買了十幾棟大別墅，她不太想把錢交給達賴，所以對達賴死忠的那一派比丘們就希望回復到以前那樣，錢都交到達賴那裡去，然後不接受那個女人領導。但是福智團體聲稱說：「**有一個女人來率領比丘們修行，在佛經中是有典故的。**」但問題是他們把朽木當作栴檀木來作比喻，荒誕不經。

《阿含經》中講的那位童女迦葉，她是地上的菩薩，而且她傳的是如來藏第八識的妙法；她是地上的菩薩，證量已經可以出離三界了，那她來率領比丘們遊行人間，又是修童子行的人，若是童貞菩薩而率領比丘們，這是沒有過失的，也是 佛所允許的。可金夢蓉那個女人是個凡夫，而且她不是修童貞行的女人，她是離過婚一次或兩次的人，並且三乘菩提的修證俱無其分，這樣來率領比丘修行達賴所傳的密法，完全不如法。

當這個聖胎計畫的風聲傳出來以後，我終於懂了！她爲什麼要在外國買那麼多別墅，因爲要進行聖胎計畫時得要選幾個比丘跟她共修雙身法才行，不然如何能生下一個假宗喀巴來呢？原來那別墅背後的計畫是這樣的。那麼金夢蓉既然是個凡夫，傳的又是《菩提道次第廣論》後面的止觀——就是雙身法，那她怎麼可以拿來跟迦葉童女作比較？他們還講得振振有辭，臉不紅氣不喘，就算被名嘴們罵到一塌糊塗，他們也都不會動心。我說怎麼有人臉上這層皮可以那麼厚？這要再讓我好好修練三大阿僧祇劫以後，我也辦不到，眞是沒辦法！那麼佛門就是被他們弄到烏煙瘴氣，他們弄了也就罷了，還加上兩個妙字輩的附佛外道再來攪和，卻又推到佛門裡來，都說是佛教的事，佛教眞是冤枉啊！也眞是沒辦法。

所以我們一定要很努力、很努力來救那一些學人，要讓大家建立正知正見，然後漸漸的大家才會明白什麼是眞正的佛法，才不會被那些外道或者佛門外道騙得團團轉。這是個題外話，就不再談它，但將來還是要整理在書中世諦流布出去。雖然說是題外話，其實也不是題外話，這正是《佛藏經》這一品講的末法時代出家人的現象，不正是那一些破戒比丘嗎？末法眾生眞是可憐，老是被天魔帶著團團轉。如來捨壽時早就講過末法時代會這樣子，天魔也當著　如來的面說：「**末法時代，我就派人到佛門出家，穿著如來家的衣服，吃如來家的飯，說如來家的法來破你如來的法。**」果然末法時代眞的是這樣。

所以我們對抗的邪法團體的背後其實是天魔，只是他們自己也不曉得。當年我剛發起初禪時是遍身善根發，那天魔連著三天派了三個女兒來，我沒理她們，他知道搞不倒我。但是那些凡夫眾生很容易下手，他就從那邊下手。今天我們佛教還眞倒楣，無可奈何，但是就像 如來說的「其罪不輕」；可是他們一點知覺都沒有，因爲他們是從一開始就被教錯了。所以喇嘛們現在很難過是因爲我從正理上去證明：他們的無上瑜伽大樂光明是錯誤的，是外道法，根本不是佛法，所以他們心裡很痛苦。那他們的本意也不是要騙人，是因爲一代一代都這樣教下來，他們也是被上一代誤導的，但我們現在應該要努力去作，才能救他們。

他們學的是外道法，對佛法完全不懂，所以就說 如來說的法前後不同、互相違背；這是陳履安成立的眾生出版社所出版的一本達賴的書，達賴在書中就這麼講，他公開指控說：「如來說法前後三轉法輪的法義互相違逆。」依我們實證者所見，對我們來講，完全沒有違逆，只有淺深廣狹的差別；可是陳履安與達賴都不懂，就指控 如來說法前後互相違逆。今天經文中說的也是這樣，世尊開示的……啊？我們這一段是語譯還是？上週語譯到「我聽說法」？（張正圓老師提示：……），所以今天我得從「我聽說法」接著語譯？好的。但今天接下來要語譯的經文比對現代佛教，也正好驗證了 如來的預記完全正確。今天要從八十三頁第二段的第四行下面「我聽說法」那一句之後開始繼續再作語譯：

語譯：【「如來所說的意涵能使三界一切諸法，包括出世間法都不會互相有所違逆，也就是爲大眾演說戒、定、慧、解脫、解脫知見。舍利弗！求世間利益的比丘，他們是爲了佛法、爲了歸依於佛而出家，結果竟然毀破了諸品的戒法，像這樣的破戒比丘何必再出來爲人說法？爲何這麼說呢？舍利弗！我在別的經中有說過：『如果有人自己不能善於寂滅，自己不能守護道業，而能使別人善於寂滅、使別人善於守護自己，沒有這個道理；就好比有人自己始終沉沒在污泥中上不了岸，想要救出別人到達岸上，沒有這個道理。如果有的人能自己善於寂滅，也能自己守護得很好，能自己出離污泥；那麼他想要出離別人於生死大海污泥大潭，就有這個道理。』由於這個緣故，舍利弗！我如今明白清楚地告訴你，誹謗如來的人，他的罪業不輕啊！」】

講義：這一段經文中 世尊開示說：「如果親身證得佛法的人，他心中不會懷疑也不會悔恨，」你們有許多人以前在別的道場被印證開悟，但是回家以後請出了禪宗的公案來，一則也看不懂，除了那些悟錯的祖師公案，那麼心中當然就會生起懷疑：「我被師父印證開悟了，可是禪宗祖師開悟的公案我為何依然看不懂？」我們剛開始弘法時有幾位師兄就是這樣的，其中有一位連著打了兩個七七四十九天的禪七，被印證開悟了，可是回到家裡把《景德傳燈錄》請了出來看，依舊不懂，就懷疑了！好在後來看到我們當時在《慈雲雜誌》連載了幾期的公案拈提，才知道說：「唉！原來人間還是有開悟的菩薩在。」所以他從臺南趕上臺北來，等到在正覺實證以後不疑也不悔，因為腳踏實地。

以前被印證開悟了，可是腳底下虛虛的，因為腳跟沒有著地，所以既疑又悔，懊悔說：「學佛快二十年，遇到的所謂善知識，沒有一個人能幫他弄懂公案，真的很懊悔。」可是來到正覺實證以後，心安了，完全沒有懷疑，更不需要悔恨。到實證以後包括以前走過的錯路，也不疑不悔了，就當作一個過程吧！以前曾經有師兄師姊向我抱怨：「老師啊！我要是早遇見您就好了。」我說：「你早遇見我，可能會跟我一樣沒命。想想看早年還是警備總部那個年代，我如果那時出來弘法，保不定哪一天夜裡被滴溜走了，屍骨無存。」因為那時國民黨中常會裡有幾個大法師，隨便哪一個向調查局或警備總部講一下，半夜裡到我家把我滴溜走了，我都沒命了，還能把法傳給你們？因爲我沒命時你們今天就學不到法了。

所以因緣就是這樣，我就告訴他們說：「你們不用抱怨，因爲我就是得這麼晚才出來弘法；得等到民主化的時代，可以百花齊放、百鳥齊鳴都沒問題時。那麼你走過那一些過程，護持過那一些凡夫的大師們，你不要後悔，反而要歡喜說：『我在表相佛法裡種過福田了！』不要後悔，這樣也還是有歡喜種福田的福德。」我這麼一講，他們心開意解說：「啊！這樣也好。」我說：「眞要說是不好，那你能怎麼辦？不好也得好，難道你整天在那裡疑悔嗎？」所以後來也就放下來說：「就當作是一個必經的過程吧。」

那麼來到正覺實證了以後不疑不悔，實證後會有疑悔的人，那是私心作祟，沒有私心的人都不會疑悔的。所以實證以後是腳踏實地，心裡可以很篤定地說：「我到正覺的所證，是絕對正確的。」那你們現在更沒有必要疑悔，因爲我們經過內部三次法難的檢驗了。最能殺掉國王的人是誰？是他的親身侍衛；那親身侍衛殺不掉國王，那就表示這個國王眞的武功高強。同樣的道理，最能推翻正覺這個法的人，就是正覺裡面實證的人，可是實證的人如果他證得眞如又轉依成功了，其實根本不會想要推翻我，他只會認同。可是當他跳出來否定時，一定是他轉依沒有成功，他的知見開始偏差了，就沒有能力推翻我；所以我們歷經三次的檢驗，我說這不是壞事。

當年玄奘大師西行天竺之前，他在少年時期聽凡夫大師講解《攝大乘論》和講解《大般涅槃經》，聽人家演述《俱舍論》，他就明心見性了，慧解脫果也回復了。這還是在少年時代，才十五、六歲就可以上座講經說法給大師們聽，大師們還聽得很歡喜；提出疑問來時，玄奘也都可以解答；可是時隔千餘年的現在，有很多人剛開始都不信，心想：「**我少小出家，現在八十幾歲了，你蕭平實說我悟錯了；而你才學佛五年，就說你開悟了，天下沒這個道理。**」他們就不信，但他們不信最後就會倒楣。所以眞實證法的人腳踏實地根本不懷疑，即使過往—不論是過去世、過去劫—走過什麼冤枉路，今天也絕對不會悔恨，就當作是一個過程。

其實大多數人都不可能有無師智，因此被那一些假名善知識誤導，那些過程都是正常的；既然是這樣，就當作是以前在凡夫福田上植福，至少也護持了表相的正法，不要疑悔而要隨喜。所以遇到正法以後對以前經歷過的那些，不論你去作了多少義工、護持多少錢財，都要隨喜，不要悔恨，這樣使你護持表相正法的福德與功德可以繼續存在。但是要更歡喜說：「**我終於遇到正法了！**」對吧？既然遇到正法了就改姓賴，賴著不走，總有一天、總有一月、總有一年或者總有一世一定證悟。那麼自己要作的就是把應該有的基礎打好，如果要打造成皇冠、項鍊、臂釧、手環，你要先把礦金鍛鍊成純金，不要夾雜著石頭細砂，所以要作的就是這一些工作，先把它作好。那麼只要這一些作好了，遲早會有人把你拿去打造皇冠，再不濟也可以作個戒指吧，人家一定不會把眞金丟到糞坑裡去。至於提煉過程產生的那些渣滓，人家會棄如敝屣，我們也不需要寶愛那些煩惱，就把它丟了，這樣就可以證法。

我要附帶說明一下，禪三又快到了，可是這一回遺珠之憾非常巨大，三個梯次錄取了一百五十名，遺珠之憾有一百四十人，並且我在遴選的過程中，數目有許多的巧合，很難想像爲什麼有這樣的巧合，但這也是無可奈何。我現在很想說：「**如果現在讓我回到二十歲該有多好！**」我一年舉辦六回禪三，每回三梯次都沒有問題。可是現在七十幾了，大概最多就每半年一回，每回各三個梯次，所以遺珠之憾難免。因此有一些同修的報名表上我都註記說：「容下回錄取。」因爲實在擠不上來。但是記得你的身分證上不用改姓，心裡改姓賴就行，因爲你遲早會上去的。但因爲人數多，所以這回一百四十位遺珠之憾，這是另回事，就不談它了。

也就是說你遇到了正法時不要猶豫，一定要努力去作、努力去學、努力去修，設法實證，因爲這一實證就跳過一個階段了。這個階段是非常多的人—可以說無量無邊的學佛人—最難突破的；這一關如果突破了，未來修行之道就會走得更順利。但未來走得順不順利，就看現在這六住位之內該修的、該學的有沒有作好，因爲這是一個基礎，這樣的人悟後才不會有疑悔，因此如來說：「**身證法者無有疑悔，我聽是人高座說法。**」

所以我們買了講堂之後，我設計這個法座椅子。這椅子是我設計的，這桌子、佛龕都是我設計的；這椅子夠高了吧？眞的夠高，坐在第一排的同修也能看見我，這才是高座說法。因爲我很清楚 如來允許「**身證法者無有疑悔**」可以「**高座說法**」。我設計時爲什麼要這麼寬？因爲剛好可以盤腿。爲什麼不要更寬？因爲那太自慢，所以就這樣剛剛好。這個法座一點都不俏麗、不華麗，很簡單但夠莊嚴吧？那我們開班時，親教師們在九樓上課的人都會來請問我：「我上課時要站在地上說法吧？那個法座我不能坐呀！」我說：「不對！你們要坐上去。」可有的老師一開始不能接受，他說：「那是法主的法座，我怎麼可以坐。」我說：「我們正覺沒有那個規矩。」

在其他道場，法主這個座位沒有人敢上來坐的，有時有的法師會偷偷去坐一下，因爲聽師兄弟們說：「你不是法主，坐上去會頭暈的。」有一天他看看都沒人在，便坐上來看看，也沒頭暈；結果不巧有人進來看見了，就被舉報。但我們沒這回事，我就規定：即使是在九樓上課，親教師仍然要坐上這個法座來。我們沒有規定、沒有施設這個法座只有我蕭平實能坐。那爲什麼我這樣來要求老師們要坐上來？因爲 如來講過了，容許實證而心中無悔的人高座說法，那當然就可以坐上來啊！那麼講經得要具足這個威儀，所以一定要搭衣，然後要盤腿坐上來；如果解說菩薩的論，我就不用搭衣盤腿而說，但講經是應該這樣的。如來允許證法之後心中無疑悔的人「高座說法」，這是對法的尊重。從 如來這個開示反過來判斷一下：身未證法者可不可以高座說法？當然不可以。但可以上座說法，依文解義的人都可以。

所謂高座，若依天竺古時的定義，其實我這個法座不算高，因爲這講堂天花板只有這麼低，我的法座就不能再高了，但我覺得這樣就恰恰好。高座是指什麼樣的高度呢？例如菩薩戒有一條說「菩薩不可以坐臥高廣大床」，那個床其實就是座位，不是睡覺的床。所以你身價好幾十億元，住在大別墅裡，你的床是四公尺乘四公尺，這夠大了，而且大概有一公尺半高，那也不算高廣大床，你儘管睡，無罪。高廣大床是指接待訪客時所坐的座位，那個座位若是既高又廣，就是瞧不起來客，菩薩不許如此。所以那個床，不是指睡覺時的床。

印度現在可能都還有高廣大床。我們以前去朝禮聖地時，遊覽車司機開到半路野店才吃飯，因爲他吃不起飯店的餐飲，就在路邊吃。那路邊攤在郊外，四根木棍釘在地上，然後有四根橫的木棍綁好，接著四根橫木棍的框框裡用網子繫起來，那叫作繩床；熱天氣睡就不會覺得床墊熱呼呼的，這是熱帶地方的一種生活上的好方法，但不是高廣大床。若是國王接待臣下，他的座位高度往往等於一個人高。例如以前我去朝禮聖地時，去看阿格拉堡被廢黜的國王王宮，有時臣下去找他，他坐的那個床我還看不到床座的平面，還得墊腳上去、要往上跳一下才看得見；而臣下就坐在下面，那他坐在上面很寬廣，也可以橫躺下來跟臣下講話，那才叫作高廣大床。大臣或有錢人家就沒那麼高，但總是比一般人家的座位高。眞正「高座說法」時，其實應該比我坐的這個法座再高一尺，我這個法座還不夠高。但因爲大家聽經時都坐在蒲團上，我就顯得夠高了，對了義法的尊崇應該也足夠了，所以我設計時說：「不用再高，這樣就行了。」

如來的意思是說：如果沒有親身證得佛法的人，不應該「高座說法」；若是實證以後心中「無有疑悔」者，他可以「高座說法」；言外之意是悟後心中有疑悔者，就不許「高座說法」。假使是還沒有實證的諸大法師們，只能坐比較普通的法座，不可以廣大，也不可以高座，意謂「高座說法」的凡夫是有罪的。例如哪一天在某個地方做一個很高的法座而坐在那邊對大眾說法，如果他是沒有證法者，或是實證者而心中對眞實法仍有所「疑悔」，那就有罪了；如果他是證法者而且「無有疑悔」，說法時坐得再高都無所謂。這意謂著說，沒有證法者也可以上座說法，只是法座不要高廣，也就沒事。這個原則，我們也應該要學一學。這是說第一種人，是證法的人。

第二種人，如來說：「雖然他還是一個凡夫，三乘菩提都還沒有實證，但他很清淨地持戒，持菩薩戒都不犯，或者持比丘、比丘尼戒都不犯，而他們完全向著正法，心中沒有貪著外道經論中的義理；外道經論中所講的內容他一點都不想要，這是講經者該有的心態，那他這樣的心態目的是「一心勤求沙門上果。」沙門果就是出家果，沙門不一定是剃頭著染衣，菩薩的果位全都是沙門果；可是菩薩五十二個階位中，從第七住不退位開始，所證就是出三界的法，全都是沙門果。因為最究竟的菩薩果才是沙門果，二乘菩提的證果只是 世尊的方便施設，所以菩薩果才是眞正的沙門果。但是 如來說「一心勤求沙門上果」，那麼請問三乘菩提全都是沙門果，哪一種果是「上果」？當然是佛菩提果。所以「一心勤求」佛菩提道的實證，所證的才是「沙門上果」。緣覺果或者聲聞果都不是上果，因為菩薩們不是急求解脫，而是急求實證佛法，不急求出離三界。

他們雖然位在凡夫，但是「一心勤求沙門上果」時，心中對於世間的名聞利養就沒有興趣了；這一點很重要，如果是貪著利養的人，你說他有沙門果的實證，打死我也不信。依這樣來判斷，假使哪一天我收人家勞斯萊斯供養，不說勞斯萊斯，一輛頂級的 Benz 或者一輛頂級的 BMW，我告訴你：你那時就有足夠的理由可以合理懷疑說：「正覺這個法到底對不對？」因爲我如果哪天眞的貪利養，那表示我的解脫德是假的，般若德、法身德也會是假的；由此來作爲判斷的標準，百發百中。所以如果你們看見哪個道場大師廣受供養，或者偷偷接受人家法拉利或名貴的物品，只要知道了就馬上把它爆料，然後就走人，不要再跟了，一定會跟錯人。

「不貪利養」是另一個條件。一個「一心勤求沙門上果」的人，都不會貪求利養；更何況是自稱成佛的人，連習氣種子都斷了還會要人家那樣供養他？一輛勞斯萊斯不夠，還同時接受兩輛，這要是有個實證的師父在，一定會去罵他，逼他去還掉。只有愚癡人才會這樣作，他下一輩子保不住人身的，因爲那等於是騙財。如果他有明心見性的本質而接受了供養，我還要指責他，何況他完全沒有那個本質，連三縛結都具足存在，從實證的佛法來看，這就是騙財。所以不貪利養是第一個條件。

除此而外，得要「善巧定說，多聞廣喻猶如大海」。他有方便善巧爲大眾說法，也許只解說聲聞菩提，也許他接著再爲人講解緣覺菩提，或者他能講解佛菩提來函蓋二乘菩提，這都可以。除了「善巧」之外一定得是「定說」，不可以今天講這樣，明天改口講那樣。有不少大師常常改口，改口最多的就是釋印順，他第一頁講這樣，下一頁講另一樣，有時這一段講這樣，下一段就換另一樣，一直在改口。有的大師自稱見性成佛，結果人家上來一問，他又改口了；他所悟的標的，二十年前是那個，十年後是這個，再十年後又換另外一種，那他到底悟個什麼？所悟的內涵是實相，實相會變動嗎？所以十年前、二十年前與現在說的不一樣時，便叫作「不定說」。

如來從來沒有不定說，而我們正覺出來弘法二十幾年，打從剛開始證悟時就是這個如來藏心阿賴耶識，從剛開始看見的佛性還是同樣現在這個佛性；不管人家怎麼質疑、怎麼否定，我們還是這樣，永遠不改其悟，永遠不改其見，所以始終如一，這叫作「定說」。所以我們說的法永遠都是前後一貫，只有越來越深妙，只有越來越廣大，但都是同一個法，叫作眞如與佛性，就是證如來藏與眼見佛性，那我們說的解脫道法義也一直沒改變。所以說法的人一定要有「善巧」和「定說」，否則人家有可能都聽不懂。如果說法講得天花亂墜，但是大眾都聽不懂，那他說了等於沒說；而且「善說」之外還得要「定說」，不可以今年講這樣，明年講那樣，後年又改了另一種，只有

「定說」才是眞實的佛法，不管別人怎麼質疑都不改變，而且無法駁倒。

不但要「善巧定說」，而且還要「多聞廣喻猶如大海」；沒有實證而上座說法時一定要有許多「善巧」，而且一定要如實理解以後而作「定說」，可是這「善巧定說」的根據是什麼？是多聞。如果沒有「多聞」，就好像世間人講的：「你肚子裡沒有那個料。」臺灣鄉下也這麼說：「肚子裡沒有膏，怎麼能吐絲？」道理是一樣的，蜘蛛肚子裡空空如也，牠怎麼吐出絲來？又好像有一句話指責從來都沒有讀書的人：「你肚子裡沒有墨水，怎麼能寫詩？」道理是一樣的。所以要善於爲人說法前，首先得要「多聞」，你至少經論要讀很多。經論讀很多的人雖然還沒有悟入，只要不自創佛法，依文解義仍然可以接引很多人進入佛法中，而且還是在正道中來修行，那是很好的；畢竟人間善知識不可能時時出現，所以這類依文解義的老師、師父就很重要，而如來允許這樣的人可以上座說法。

「多聞」的人最後開始貫通法義了，就差沒有實證而已，那他可以作很多種譬喻讓人聽懂佛法，稱爲「廣喻」。譬喻說得最好的就是如來，所以有時弟子們聽不懂，如來就用譬喻說到大家都能理解，然後依著那樣的理解就知道自己應該怎麼修，應該如何證，這叫作「廣喻」。那麼「多聞」也要猶如大海，廣喻也要猶如大海，這樣大家都可以聽懂；大眾聽了雖然不能實證，至少有正確理解了，這樣的法師或居士們都是應該讚歎的。雖然他們還沒有實證，但是在末法時代這樣的人也就算是善知識，已經是很難得了。像這樣的善知識 如來說他們的特性就是「乃至失命猶不妄語」，所以他們是精誠懇到、絕對不妄語的。因爲他們「一心勤求沙門上果」，如果心中夾雜著很多的雜念，遲早會搞名聞利養，這是不可避免的；但他們若沒有攀緣名聞利養，就是這一類善知識，如來允許他們出世說法。

而這樣的比丘，如來說他們「不樂諍訟，自利利他，唯說清淨第一實義；」當人家在諍論時他不參與諍論，更不會四處去訴訟給別人聽。有時佛教界紛紛擾擾，以前我還沒開始弘法時，有的人問說：「佛教界應該清淨無爲，爲什麼這件事情大家要這樣互相爭執呢？你懂很多，爲什麼不出來寫個文章講一講？」我說：「我幹嘛要寫？都已經夠亂了，我再加上去不是更亂嗎？」後來我出來弘法，有人就這樣說我：「佛教界已經夠亂了，你蕭平實出來弘法就更亂了。」（大眾笑…）有一天我就說：「我出來說法不只是會更亂，而是天翻地覆。」

但是也無可奈何，不是我愛諍訟，而是因為他們不斷在背後毀謗我們。正法的命脈已經危險到如絲如縷，他們還毀謗正法，這當然不行！如果私下講正覺的法義錯了，是私下講的，我也就算了，他們竟然還對著大眾講；就像一句世俗話講的：「是可忍，孰不可忍？」那我們為了維護正法的久遠流傳，當然得要辨正了。所以實證的人「不樂諍訟」，但是被人家無根毀謗而會危及正法時，就必須站出來辨正法義；但這個法義辨正不是諍論，因為沒有人能來諍論。而你辨正法義流通出去時他們只好閉嘴，哪裡會有諍論和訴說轉訟？所以不要樂於諍訟。

像這樣的清淨比丘，他們不但能自利，還能利益很多人，而這樣的比丘們所演說的法義，只跟大眾演說清淨的第一眞實的正義。二乘菩提所說的法是不是都清淨、都是眞實的「第一實義」？啊？不太敢答喔？關於二乘菩提，我請問四聖諦裡的苦聖諦：「苦聖諦講的那一些苦，有哪一件是眞實法？有哪一件是清淨法？又哪一件是至高無上的？」就算是道聖諦，也還是在蘊處界的範圍中修。可是「清淨第一實義」的字義本身，一定代表那個法是清淨的，不涉及世間的染污。例如如來藏或者眞如，從來不涉入三界法，當然不會是染污的，一定是清淨的。

二乘菩提乃至大乘菩提莫不從「**此經**」出，全部都由此如來藏妙眞如性而出生，表示祂是萬法的根源，當然是「**第一**」；先於一切法存在，縱使諸法壞滅了，祂也是後於諸法而繼續存在著，不生亦不滅，所以祂是第一。一切諸法都是生住異滅，全都是在三界所函蓋的範圍中；可是這個「**無名相法**」第八識不在三界諸法之中，祂出生三界諸法。而且祂是可以體驗的，可以師徒互傳而後再三檢驗的，所以祂是眞實的，這個眞實法才是佛法的正義，所以名爲「**第一實義**」。

外於這個眞實法來談佛法，全都叫作「**心外求法**」，心外求法者名爲外道。可是末法時代外道很猖狂，咱們身爲菩薩，別跟他們計較，我們修我們的、不必理會他們，要去供養勞斯萊斯也好，供養法拉利也行，要去供養蓮花也行，還有什麼牌子的名車？保時捷？那已經算是不入流的了。對！還有藍寶堅尼。但那些全都是生滅法。如果依於這個眞實之法，面對那一些世間法時也就不貪求了；有則用之，無亦不惱，所以也不會悟了以後看見以前買的藍寶堅尼就討厭，就拿棍子把它捶壞或放火燒掉。不需要！你還是繼續開，因為你的身價幾十億臺幣，本來就請司機幫你開勞斯萊斯的，那你就繼續開，不需要把司機辭退，然後拿了榔頭把那輛勞斯萊斯捶掉。

因為你依於所證的眞實法，你看到世間的一切，都不外於成住壞空的過程，生不帶來，死也不帶去，繼續努力勤修福德，讓未來世更有行道的資糧而可以進道迅速，這就夠了。但也不需要再追求那些世俗法，因為那些法都不眞實。當你證得眞實法時，從這個法來看待一切，就不需要說：「**我就把公司關了，不賺錢了**。」也不需要，錢可以繼續賺，賺得錢就利樂有情護持正法，但是絕對不會有過去不好的經營手法，而是正正當當去賺錢，因此依於這個眞實義時就不忮不求。

賺錢好比什麼？我打個比方，如來藏出生了你這個五陰，擁有這個五陰，但如來藏會不會說「**我證悟了，所以就不要這個五陰了**」？不會的，有就有，將來這個五陰該換時就把他捨了，也不會說：「**我此世這個五陰，對我如來藏非常疼惜，很尊重我，所以我不應該把他捨了**。」如來藏不會這樣，時間到了，該轉入來世時就會捨身而去。

所以菩薩們悟後還是一樣，但是作爲容許不同；因爲以前在凡夫的境界下思惟很多事情，所作的決定就與現在有所不同。但現在證悟了來思惟很多事情，所作的決定就會跟以前不一樣，但還是同一個人，所以禪師說：「還是舊時人，不是舊行履。」因爲他的行事作爲改變了，但是他不會說：「我現在證悟了，我不應該再當人。」人還是繼續當。道理是這樣的，因爲這才是眞實證眞如的菩薩，這才是眞實的正義。佛法的眞實義是這個道理，因此當他證悟之後的行爲就應該是這樣。

可是如果一個人爲利樂眾生而出世弘法，他還沒有證悟之前依著　如來的聖教不斷爲大家解說，解說久了他自己就會跟著改變；如果一天到晚在教眾生布施、持戒、忍辱，結果他自己都不布施、不持戒也不修忍，那他上座說法時又在教大家布施等，豈不是自我矛盾嗎？一定會。他自己都沒有去受戒，卻不斷地叫人家：「要去受戒喔！」鼓動人家去受戒時自己耳根都燙起來了，道理一定是這樣的。所以當他不斷依著　如來的聖教爲人家解說時，他其實就是在進行一個說服自己轉依聖教的過程，他自己也會跟著改變的。所以　如來說這樣的比丘「所說如是，亦如是行」。

如來說完這樣的一個比丘之後就說：「舍利弗！如是說者，我聽說法。」他雖然是凡夫，假使「如是說者」，如果他是依照 如來聖教在修行，眞的「如說而行」，也不貪利養等，「我聽說法」，如來也允許他可以爲大眾說法。但他不可以反過來想說：「我還沒有證法，所以不能高座說法，因此我講經時就站在地上講。」這也不可以！講經時一定要在座位上坐著，聽經的人可以坐著也可以站著，但是講經的人一定要坐著，不可以站在地上講經。誦戒時，誦戒者就必須要高座了，何況是講經呢？所以講經時絕對不許站在地上，這個道理是永遠都要遵守的，十方諸佛世界都一樣。

那麼依據這一段 如來的開示，說有兩種人可以爲人說法，第一種人是證法的人可以「高座說法」，第二種人是有許多的條件：清淨持戒、不貪著外道經義、不貪利養、多聞廣喻；乃至失命都不妄語，不管是小妄語、未悟言悟的大妄語。像這樣的人一定對第一義很有興趣，不求二乘果，如來允許這樣的人可以上座說法。雖然這段經文中 如來沒有說「我聽上座說法」，但一定是要上座說法，不可以站在地上講；因爲你講的這個法是世間最珍貴的，就不能站在地上講；爲重法故，得要上座說法；但不許高座，因爲還沒有證法。

那麼 如來所謂的上座說法或者「高座說法」，說的到底是什麼法？法一定要弄清楚，總不能上座時講外道法也叫作說法。上座後如果講常見或斷見外道法，那叫作戲論，不是說法。如來所說的一切都能使諸法不會互相違逆，所以 如來從世界悉檀、爲人悉檀、對治悉檀、第一義悉檀講了四十九年，十二分教沒有一處互相違逆；只有凡夫才會指責誹謗 如來，妄稱 如來說法前後矛盾，那種人叫作外道。可是十幾年前臺灣佛教界有許多人，就聽從那些凡夫以及外道的胡說八道，所以他們也跟著破法者提出來，還大聲地講出「大乘非佛說」的邪論，但今天他們都不講了。以前還指責說：「《起信論》是僞論，《楞嚴經》是僞經。」結果密宗那一些搞雙身法的僞經，他們卻都不說是僞經，那就是居心叵測！可是佛門卻有許多法師們跟著胡扯，釋印順就是最典型的例子。

但是 如來所說的那麼多法義，不論是什麼法、十二分教，絕對不會互相違逆；因爲 如來是依於實相來說諸法，而諸法是由實相來生住異滅，所以依於實相來看待諸法、來說諸法的生住異滅、來說明諸法之間的互相關聯時，那都是現量境界。既是現量境界，當然不會錯誤；所以十幾年前曾經有個很有名的教授，宣稱他要寫一本書破斥蕭平實；當年我是滿心歡喜等待，因爲如果他能破我，表示他的證量不可思議，那我可是遇到更高層次的勝義僧寶了。結果一年過去、兩年過去、五年過去，如今十年了，也沒看見一個字兒。

但爲什麼會這樣呢？這是因爲我們是實證的，依著實證的現量來爲大家說法，依著實證的現量來比對聖教量，就能如實理解聖教量所說的內涵，這樣來爲大家說法，這是依法界實相現量的現觀而說的法；既然是法界的現量，一定是定量，而定量是不可改變的——永遠都不會改變，無量劫前到現在，未來再去到無量劫後還是不會改變。依著這樣的現量所證而得到現觀，來爲大眾所說的就是定量。既然是依現量說出來的定量，那麼二十年前講的跟二十年後的今天講的，法理還是一樣不會有所變化，只會越說越深廣，但所說諸法一定「**不相違逆**」。

當你悟後努力進修有了無生法忍，就會懂得爲什麼經中常常要說「**諸法法住法位法爾如是**」。以前常常會想：「**法爾如是就夠了，爲什麼要講法住法**

位？」可是當你有無生法忍時就會知道，這個法是在這個位子，另一個法是在那個位子，每一個法都各有其位，互相不會混亂的。既然是這樣，就不會妄說二乘菩提比佛菩提更勝妙。六識論的印順派法師中，就有一個比丘尼這麼講：「**解脫道比佛菩提道更勝妙。**」顯然她完全不懂法住法位的妙理，就證明她只是一個凡夫而無知毀謗第一義諦。因爲只要悟後就知道佛菩提遠遠勝妙於二乘菩提，雖然對於「**法住法位**」還不太明白，但這一點認識還是有的。所以「**如來所說能使諸法不相違逆**」是鐵定的、鋼定的或鑽石定的，是永遠都不會改變的事實，因爲是依於法界中的現量親證來講的。

那麼 如來所說有關成佛的諸法歸納起來，不外乎五個部分：「**戒、定、慧、解脫、解脫知見。**」也就是說，因爲持戒而生起定心所，有了定心所繼續努力修行才能有智慧出現；有戒、定、慧時由於智慧出現了，就能分證解脫或者雖未能證，但也懂得什麼叫作解脫；證得解脫了就有解脫知見，可以爲別人說明爲什麼叫作解脫，表示他對於解脫的境界已知已見。如果有的人不肯持菩薩戒，而說他想證悟佛菩提，我就告訴他：「**沒門兒。**」有的人說：「**那我想要證悟佛菩提。**」可是他一點點菩薩性都沒有，雖然他也來正覺三歸、受了菩薩戒，可是他六度完全不修，一看就是沒有菩薩性的人，這樣的人要求我錄取他上山打禪三，沒這個道理。我如果錄取了他就對不起大眾，因為大眾很努力在修六度，他都不修。

也許有人懷疑說：「**你怎麼知道人家沒有努力在修六度？**」對喔？我怎麼知道？很容易啊！他從來都不作義工，單說他來共修兩年半畢業，又進了進階班學過一年，這樣是共修三年半了，這三年半中沒有護持過一毛錢。依世俗人的想法：「**我來到這裡，每次搭個電梯要電費，坐在那裡吹冷氣、電燈也要電費，我上個廁所也要水費，好歹每年交個五百塊錢也罷。**」對吧？世俗人，假使來盜法的人也會這樣想，免得對不住人。所以會想：「**我交個水電費，至於親教師教我的什麼恩情我就不管，最少不要欠人家水電費。**」結果他是三年半共修完了連一毛錢都沒有護持過，義工就別提了；我如果錄取了他，一定有很多人會氣死；我不能對不起你們，當然就把他刷掉了！這表示他沒有發起菩薩性，心不在正法上。

不是菩薩卻想要得菩薩法，天下或佛門中都沒這道理，那我當然不幫他證悟。他如果沒有辦法上禪三，可能背後嘰嘰咕咕抱怨，說些不實的話來毀謗正覺；甚至可能學著附佛外道的說法，誹謗 如來說法前後矛盾，這都有可能。菩薩性可以有很多的層面來表現出來，如果眞的很窮，水電費無法幫忙繳，至少努力作義工也可以；但他義工從來都不作，邀請他來作義工時都是推辭：「我家裡有事，我沒時間。」一堆的理由，這當然不是菩薩。遇到了了義的、究竟的正法，可以實證的妙法，但他都無心於此，顯然這不是菩薩，我當然不可能錄取他去打禪三。可是有時我會故意錄取這樣的人去，但就只給他去一次；就像臺灣南部的俗語說的：「讓他上去聞一聞香味。」那只是爲了建立他對正法的信，然後就不再錄取他了，等待未來世。

所以我這個人很奇怪，大家都想不到說我怎麼會錄取這樣的一個人，但我就是錄取他上山去，因爲這是爲他種下未來世得度的因緣；但如果都沒有錄取他，可能這一世以後他就下墮，因爲他會謗法，所以不得不錄取他。但給他上山去體會過一次了：「欸！眞的禪師還在人間啊！」他就不敢誹謗正法，但他畢竟不是菩薩，所以終其一生都不會再錄取他了。所以我審核標準很奇怪，有時很多人都說：「這個人一定不會錄取。」他偏偏錄取了。人家看這人錄取上山去就說：「他一定悟不了的。」偏偏他證悟了。有的人看好某人：「這個人上去一定連過兩關。」結果上山去七趟才過第一關。所以因緣很難說，總而言之就是要看他的菩薩性。菩薩性好的人，再怎麼樣我都要幫他爬上去；菩薩性不夠的人，他縱然很會爬，我還把他踹下去。

我這個人從來討厭聲聞性，聲聞人想要得這個法，門都沒有。我如果都度聲聞人悟了，那些老老實實可是笨笨而努力護法的菩薩都悟不了，我若不幫他們，我要等什麼時候成佛？聲聞人一個一個悟後努力去進修，斷五上分結後入涅槃了，我將來成佛時難道是一個人成嗎？佛菩提弘法的道理一定是這樣。若是聲聞人，讓他去閱讀《阿含正義》就夠了，不用來正覺。但菩薩要是進正覺來，那聰明伶俐而菩薩性不夠的人就多磨一磨，磨到他菩薩性出來時我就幫他證悟，這就是我一向的態度和想法。那麼如果還沒有磨夠，表示他還沒有學夠；如果把他磨夠了，就表示他該學的學好了；若是該學的學好了，他就懂得戒、定、慧、解脫、解脫知見眞實不虛，悟後絕對不會誹謗如來。

如果他心中想：「你老是坐在上面給我拜，你還不跟我一樣也是一個人；如今你入涅槃了，我還要拜你嗎？我才不拜。」那就表示他沒有菩薩性。所以外面的人也許第一次來到九樓聽我講經、看見我上座要跟佛像問訊，下座還恭敬地跟佛像禮拜，也許想說：「你這個人這麼迷信，那佛像不過是木雕石刻的，你拜什麼？」可我不是這樣想，我認爲既然有佛像就代表佛在住持，那我爲什麼不禮拜？如果我們講堂都沒有佛像、沒有菩薩像，只貼著一張蕭平實的像（大眾爆笑…），諸位都應該要走了，因爲那不是佛法；佛法一定是佛傳下來的，那當然要供佛；所以說，末法時代寺院或道場中，凡是沒有供著佛像的都叫作外道。

如來所說的種種法一定依著「**法住法位**」來說，這個法是屬於某一種法，那個法屬於某一種法，在整個法界中各住於不同的位置，都要很清楚；在某一類法中有一些什麼法，它的位次也都要很清楚，不可以混淆。你如果有現觀，講出來時就不會混淆，就符合「**法住法位**」的聖教。爲什麼諸法都要這樣**法住法位**？沒有道理可說，因爲實相法界中本來就是這樣，所以叫作「**法爾如是**」，如果你問我說：「**爲什麼如來藏是眞實如如的法性？**」這沒有道理，法爾如是；因爲無始劫以來祂就是這樣，沒有道理可說。如果不是如此，三界就全都亂了套。

如果你說：「爲什麼一定要斷我見，才可能明心不會退轉？」這就是法住法位的問題。如果有人又問：「爲什麼開悟明心一定比斷三縛結層次高？」因爲法住法位啊！眞要解釋當然也可以，因爲斷三縛結是現象界裡的事，你所證的如來藏則是實相法界，實相法界含攝了現象法界，層次本來就比較高，這叫「法住法位」。那法住法位的道理無可解釋，因爲法爾如是，祂本來就是這樣的。

那麼 如來依著現量的觀察而說出來的「戒、定、慧、解脫、解脫知見」絕對不會改易，絕對不會前後矛盾，因爲那是定量。所以如果有人說 如來說法前後衝突、前後矛盾，就表示他是凡夫，只從經文字義表面而想理解眞實義。如果有所實證，證悟如來藏的人，他悟後去讀三乘菩提的經典時一定會說：「沒有矛盾。」那麼這就是說，這五分諸法是「法住法位法爾如是」。

那麼提到五分諸法，有沒有聽過五分法身？對！那不懂的人就說：「啊！原來法身分成五分。」不是那個道理，而是說「一切有情的法身都具足這五分法」。如果你成佛了，這五分法就具足圓滿，不是只有理上的，還包括實修上的都具足圓滿，這叫五分法身圓滿了。不是說法身分成五分，現在先證這一分，然後再證第二分；佛法中沒這回事，那是外道的臆測胡說。

所以五分法身表示，當你證得法身時，你一定有這五個法。譬如你證得如來藏時轉依了如來藏，你在戒法上的受持就不同了，就有了另一種「戒」——道共戒。那你證得如來藏之後現觀祂的眞如法性，可以證實祂的眞實性與如如性，這時一定心得決定，再也不猶豫、不懷疑，再也不想退回凡夫知見中，這就是「定」。你有了這個戒與定，一定是有智慧去觀察的人，那你一定有增上「慧」；而這不是屬於二乘菩提的智慧，所以大乘法中的「戒、定、慧」三學都一定有了。當你有「戒、定、慧」時，有一天突然想到，或者聽善知識講過什麼叫作解脫，又說：「阿羅漢入了無餘涅槃其實沒有解脫，他只是滅掉自我，可是他的如來藏就是涅槃，剩下如來藏獨存就是無餘涅槃。」這就是如實現觀解脫，就是有「解脫」的人。接著我現觀到一個事實：「如來藏現前就存在了，那麼如來藏的涅槃其實現在就有，所以現在就有解脫。」那你就知道，原來解脫不是死後解脫，而是人還活著時，實證如來藏時就知道什麼叫作解脫；那你就可以爲人家宣講解脫，這就是你有「解脫知見」了。所以你悟得法身之後，你有這五分的功德在，因此叫作五分法身。

以前有的法師說：「**法身要分分去求證。**」很多大師都說法身要分分去求證。但你若是去買牛時有沒有說：「**我先買尾巴，然後再買牠的後腿、前腿，最後再買到牛角。**」並沒有，你是一整條牛買回來。所以五分法身不是說先要證得第一分法身，再證第二分法身，不是這個道理；而是你證得法身時就有這五分的功德存在了。但這五分的功德有沒有圓滿，可就是悟後進修的事了，所以證得法身的人一定有「**戒、定、慧、解脫、解脫知見**」。也許一時間他還沒有體會到自己的解脫，可是如果善知識告訴他什麼叫作本來自性清淨涅槃，他就會突然警覺到：「**喔！原來我已經有證得涅槃，這個涅槃叫作本來自性清淨涅槃。**」既然證得這個涅槃，你就不能說沒有證「**解脫**」。

可惜的是佛教界對這些道理都不懂，所以當年我講了《邪見與佛法》，那是在桃園講的，後來整理成文字再交給打字行打字，打好了我還不敢出版，怕出版了會害人造口業，所以我就擺放了一年。那時我還不會電腦和打字，都請打字行打好列印出來，我放著不出版，就開始寫《宗通與說通》，我想一定要這本書先出版，假使這本書沒先出版就出版《邪見與佛法》，我挨罵不打緊，會害人家造口業。所以我把《宗通與說通》出版後一個月，才出版《邪見與佛法》，所以臺灣罵我的人就少了。可是還有很多人不信。

那本書的內容是十一、二年前或十二、三年前在桃園講的，結果印出來流通時大家看到我說：「**阿羅漢沒有證得涅槃**。」那時還是有很多人私下在罵我，只是沒有落實到文字上。在大陸更麻煩，因爲有的同修接到這本書時想：「**這內容講得太好了！**」趕快去複印兩千本，往大陸各寺院寄。但那時好多寺院法師或住持，下令信徒們去收集起來當眾焚燒說：「**這本書是邪魔外道寫的書**。」當眾焚燒。包括很有名的趙州祖庭柏林禪寺，同樣收集起來當眾焚燒。不過後來好在淨慧法師漸漸懂了，他死前有懺悔，算是好的。

這表示當時他們都不懂「**解脫**」，當然更沒有「**解脫知見**」。因此他們以前講入涅槃時說是怎麼入的？說意識心一念不生，將來死時繼續一念不生，就是無餘涅槃，就這樣入涅槃中，離念的覺知心就這樣不起妄念而繼續存在。結果無餘涅槃就被他們變成人間的境界了，因爲不離五塵的離念靈知，這一念不生的境界就是人間、就是欲界境界。這表示他們沒有證得「**解脫**」，也沒有「**解脫知見**」。但你證得法身第八識的人一定會有這五法，差別只是這五法有沒有圓滿而已。所以眞實證悟的人當然有五分法身，只是他的法身如來藏所生起這五分的功德還沒有具足圓滿而已。那麼這「戒、定、慧、解脫、解脫知見」，既然是 如來依於現量、定量而說的，一定是「法住法位，法爾如是」，當然不會有所違逆。

那麼針對說法的事情 如來有另一面的宣示：「舍利弗！求利比丘，爲佛出家而破戒品，何用說法？」本來是爲了求得自己的利益、眾生的利益，所以在 佛陀座下或者 佛陀遺下的法中出家；本來是爲法出家，而法從 佛來，所以也是「爲佛出家」；但是「爲佛出家」後卻是屢破戒品，世尊說：「這樣的人出家後何必爲眾生說法？」由於他出來爲眾生說法時會使眾生崇拜，會跟著他一樣破戒；因爲大家都會學師父，師父一天到晚破戒，眾生就跟著破戒。師父說：「這個沒關係！」大家就跟著認爲沒關係，但 世尊說：「像這樣的人何必出來說法？」所以這種破戒比丘 如來是不許他說法的。

那麼 如來也解釋這個原因，說明爲什麼不許他出來說法：「何以故？舍利弗！我經中說：『若人自不善寂，自不能護，能令他人善寂自護，無有是處；如人自沒污泥，欲出他人，無有是處。』」這道理眞是如此。先不解釋這段經文的道理，我這一世剛學佛時，常常聽到一位大法師這麼講：「你們不要問我有沒有開悟，只要我能幫你們開悟就可以了。」那時我才剛歸依開始學法，去參加他們的般若禪座會時聽大師講禪，我聽到時心裡覺得怪怪的，但也講不出怪在哪裡，因爲那時過去世的證量都還沒有發起，完全不懂。但人家是大師，著作那麼多，也不敢懷疑人家，但就是覺得怪怪的，卻說不上什麼地方怪，那麼現在諸位看 如來這一段開示時就知道不怪了。

可是那位大法師怕犯了大妄語業，又想要大家恭敬供養他，那就得這麼說。「眼前已經有人出世說開悟了，正在弘揚開悟的法，可是我沒有辦法講證悟的境界與內容，那我怎麼辦？我就告訴大家說：『凡是講自己開悟的人，他就是沒有開悟，而師父我，從來不說我有開悟。』」聽懂了吧？懂了！這就是話術。但我們從來沒有話術，一向實話實說，那麼 如來說的這段話，我們就留到下週來解釋。

說是秋天，中秋月餅也吃過了，可是秋老虎還眞發威。開講前先聊一下事情，如果今天有人開口稱呼我說：「平實如來！」（大眾爆笑…）諸位認爲怎麼樣？只有搖頭？應該說：一棒就把他打殺。彌勒尊佛還沒下生人間成佛之前，有誰自稱成佛的全都是外道；不管他們叫作什麼如來、或是什麼佛教，全都一樣，都叫作外道。彌勒佛都還沒有來到人間成佛，怎麼他們就已經成佛了？所以說那些人都是外道。這先要說明一下。

再請問大家一個問題：「**如果已經證悟了，還需不需要上山打禪三？**」需要？悟了就不需要啦！見性是另一回事，但我現在說的是明心。還需要嗎？不需要了！好！大家有共識了。但是每一回報名禪三時都有人已經在外宣稱他證悟了，但還是來報名要上山打禪三，我到底該不該錄取他？他已經宣稱證悟了，既然證悟了就不需要上山去啊！上山去打三是白白浪費四天三夜。所以一定是覺得還沒有證悟，或是認爲自己的悟可能還有問題，才需要上山去打禪三；或者說有所觸證，但是不敢自認這是不是眞的悟了，才需要上去考驗看看。如果自己很篤定說：「**我就是證悟了。**」那他就不需要上山去了。

所以說，常常在網路上說他悟了，或者已經在跟人家解釋公案，顯示他已經證悟了的人；或者常常在跟人家講證悟的事，顯然他就是自認爲證悟了；既然悟了就不用上山去，我就把他的名額留給別人，他就不用上去了。對吧？對啊！應該是這樣。因爲悟了的人再上去就浪費名額了，所以留給還沒有悟的人上去，這才有道理。今天大家有共識，我們以後還依著這個前提來作事，禪三選擇時我們就這樣子選人。

但是我也要再說明一下，向人家宣示已經證悟，不管是直接地聲明證悟，或者間接地顯示自己證悟了，這都有因果的，也是菩薩十重戒中的大妄語戒。犯這個戒眞的不好玩，因爲這個戒罪很重，是妄語罪中最重的罪業。但也許他們會認爲自己就是眞的證悟了，所以不認爲自己是大妄語。可是我要說明的一個事實，就是我們同修會成立以來一直都有人自認爲證悟了，上山去只是拿個印證；但是九成九的這類人上去之後總是鎩羽而歸，通常都是再上去四次、五次，也有人再上去七次、八次才眞證悟的。但他們第一次上山之前就認爲自己證悟了，好在他們並沒有對任何人宣稱證悟的事，這事情是每一個梯次都發生過的事情。所以是不是證悟了，這事情需要很謹愼來看待；不需因爲想要得到人家的恭敬讚歎，就去擔上特大號的大妄語業，實在不値得。

即使是我個人，當年我把往世的證量找回來了，然後把報告送出去給那個凡夫大法師時，我都還不敢在文字上明寫著說我這個叫作證悟。但因爲他沒有實證也沒資格印證，他不敢印證、也不敢勘驗，也是因爲他連看話頭的功夫都沒有。雖然悟後第七天 世尊有召見印證，及說明事情，我還是很保守安住，沒有對外宣稱證悟；後來我是從經教以及論典中一一去檢驗，多方面檢驗後才認定說：「**這沒有錯。**」所以我才敢這麼講。那我們往常禪三遇到所謂的證悟者，通常都還不離五陰，都還在五陰的範疇中，這是很常遇見的現象；所以學佛時千萬要小心，別學著外道說：「**人家妙什麼、妙什麼二人都自認爲是如來了，我只是說開悟而已，有那麼大的罪嗎？**」但我說那個罪很大。那些稱爲妙什麼的人，他們是不懂佛法的；不懂的人膽子可以大，但那叫作愚癡，懂的人可千萬要小心。

接著我要說明的，是我講過很多遍的道理：佛法最後在人間滅失、不傳了，不是因爲般若密意的失傳，而是因爲般若密意的洩漏；廣爲洩漏之後般若就無人信受，然後就失傳了。我們想要復興佛教就得培養很多很多人，所以法得要廣傳，讓更多的人證悟才有力量來作事，憑我一個人跟親教師們不過幾十個人，加上助教也不過百多個人，力量太單薄，所以需要更多的人證悟才有能力來作；顯然就必須要幫助更多的人證悟，可是如果萬一不小心有個人把密意上傳在網路上或者寫文章洩漏出去，那麼可能日本曹洞宗封山關門最後失傳的故事就得重演，因此已經證悟的人要特別小心。

那麼在進階班中自己覺得觸證到時也要很小心，因爲所觸證到的可能是正確的、也可能是錯誤的。萬一是正確的觸證了，然後說了出去，那時要怎麼辦？那是虧損法事、虧損如來，那個罪比大妄語業更重，因爲那是違犯了法毗奈耶啊！所以密意的守護比佛法的廣傳更重要，這一點大家都要很小心，放在心上不要疏忽了。

那麼另外我要談到的一點是，不論是在會中當學員，或者當幹部了，都不應該有機會就聚集一群人來說法。譬如在某一個活動之後招集一群義工就爲他們說法，這是不可以的，不管是幹部或是誰都一樣，因爲這事情是侵犯親教師的職權，說法者是親教師，連助教都不許幹；助教如果班上有人請問他，他就爲人家解答，那他是違犯規矩的，我們就會處理他。連助教老師都不許作的事情，如果幹部作了，我們就會認定這個人好爲人師急著出頭。我要說的是，出頭不是不好，但應該在該出頭的地方才出頭，因爲頭應該出來時就應該出來，不能縮在脖子裡面，手應該出來時就應該出來。可是如果肚子再長一隻手，那要怎麼樣？就要把它割掉，一定要手術。如果屁股多長一隻腳，也要把它割掉；如果胸前多長一顆頭，也要手術掉。

這就是說，一個道場一定要有規矩與準繩，若沒有規矩準繩，大家都是自己行事，一人一把號，各吹各的調，不久就會亂掉，所以這些規矩是一定要的。就好像園藝師，一棵樹該怎麼造型很明確的；當這一棵樹的枝葉一直生長，全都長在該長的地方，園藝師很喜歡的說：「長得好。」但如果不該長的地方突出一枝，馬上就要把它剪掉，不然那棵樹賣不了好價錢。這道理是一樣的，所以不能抱怨說：「唉呀！只要一出頭就會被人剪掉。」問題是很多人出頭了，爲什麼都沒被剪掉，而他才一出頭就被剪掉？這一點我一定要先說明。好爲人師是某些人的通病，因爲不是只有一、兩個人，但有的人特別嚴重，這一點在會裡也是禁忌，因爲上有親教師在，說法是親教師的事情，爲什麼他要去侵犯親教師的職權？人家助教老師都不敢作，他倒是一天到晚想要強出頭，有本事就拼著未來當親教師，這個道理也要順便說明一下。

那麼最後我要說的是，隨著時空環境的變化，我們也要隨時因應。以前我們在臺灣這島上來弘法，是要爭立足之地，所以得要作法義辨正。我們本來弘法很平順，與世無爭，但老是被人家指責說我們是外道、我們是邪魔，所以針對那些指責我們的道場提出法義上的辨正，這是爭立足之地，也是爭千秋，因為正法只剩下這一根獨苗，沒有第二根苗了；當這根獨苗立足之地人家都要把你挖掉時，那我們就要爭，所以我們開始摧邪顯正。可是如今在臺灣立足而且生根茁壯了，但這棵大樹不應該只對臺灣的有情給予遮蔭，抵擋那無賴的外道太陽；不單要在臺灣作，還要到大陸去。可是大陸的情況很特殊，土地廣人、同胞非常多，有十幾億人，但那裡沒有正法。

而我們往世從那邊過來是避難，現在難已經避過了，可是以前的那些師兄弟們都還在大陸，我們還是應該回去找他們，讓他們再回復到正法中來。可是那裡情況很特殊，因為那裡是由各省的佛協掌權的，然後他們組成一個中國佛協來，然而各省佛協與中國佛協都被密宗滲透了，然後他們都歸統戰部的宗教局管著；而他們的宗教法規就要求各宗教間互相和諧，但我們在臺灣的形象讓他們覺得不和諧，那是因為我們在臺灣是爭立足之地，必須破邪顯正這樣走上來的；那麼大陸有很多同修沒考慮到兩岸的環境不同，他們看到我們這些書在臺灣破邪顯正，他們也效法而勇猛直前，拿著書到各寺院去向住持法師辨正法義，這使他們很受不了，閩南話叫作侵門踏戶，對方當然很反感。

後來我們知道時也制止了，但是各省佛協的大法師們……其實這不是最重要的原因，他們看到的是正覺走到哪裡，那裡的法師們名聞利養就受損，他們看到的是這一點，所以我們都還沒有正式過去大陸，他們都已經在反對正覺了。因此我們的形象很重要，因爲他們不斷地向中央舉報說我們是到處惹是非的團體，說我們在臺灣跟各大山頭不相往來，而且不和諧，他們中央官員對我們印象是這樣，所以我們在大陸必須跟在臺灣有所不同。現在臺灣已經立足成功了，也沒有人敢再跟我們論辯什麼，所以我們要改變形象，就是純粹說法。因爲該破的都已經破了，沒有被我們破的道場，請大家比照法義正訛就好，就不用去指稱他們的不對，這是我們現在這個階段應該要作的事。

所以不要老是一天到晚在網路上找哪個大師來說他不對，不管說誰不對，現在都不需要了，我們現在只要說明正法就好，因爲現在沒有人敢說我們不對了。至於密宗永遠都會說我們不對，那是外道，我們不用再理它，讓它自生自滅，或者看它是不是要轉化就行了。因此網路形象一定要改變，如果有人閒著無聊上網去論辯，不如寫寫文章，看你想要寫什麼法，投稿到《正覺電子報》來，電子報很需要稿件，就不要跟眾生去結惡緣。反而要跟眾生結善緣，因爲摧邪顯正的時代過去了，我們目標已經完成了。這個階段完成就夠了，不必一天到晚去破斥別人，所以我要告訴大家的是：面對階段性的環境狀態，要有階段性的作法。而現在是改變時，我希望大家瞭解這個變化的狀況。

那我們什麼時候回大陸去呢？那就看大家怎麼作了。如果能改變成功，就好像四大山頭的轉型一般，我們也得轉型；現在就是純粹說正法，讓大家瞭解到法這麼勝妙就夠了，因爲沒有人能與我們匹敵，這是已經顯示出來的事實，所以不需要再去破斥什麼人，不管他是大師或者籍籍無名的小人物，全都一樣。我們以前在臺灣的奮鬥過程，在大陸被那些大法師們放大，醜化我們成爲一個人人討厭的團體，不像菩薩僧團。那麼在這個年代，我們在佛教界的身分地位已經確立了，那我們就要開始攝受各類眾生的過程。

大陸很多大妄語者，現在大多也銷聲匿跡了，所以我們現在要作的就是攝受他們，讓他們對正法有信受力，讓他們覺得正法對他們而言是有親和力的，這才是我們眼前這個階段應該要作的事。所以不要有空閒就上網去破斥別人、破斥邪說。現在用不著了，現在是要攝受眾生時。這是今天我特別多話，跟大家講的幾件事情。

回到《佛藏經》來，上回講到八十三頁第二段倒數第五行，世尊說：「求利比丘，爲佛出家而破戒品，何用說法？」接下來要說的是，如來解釋那種破戒比丘不需要爲人家說法的理由，所以 如來說：「舍利弗！我在經中有這麼說：『如果有人自己不善於寂靜，自心不善於領會空寂的境界，對於空寂的境界不善於修行，他自己是不可能守護自心的，因此他是不斷地攀緣的；而這樣不斷地攀緣的人，竟說他能教導別人善於空寂的境界，善於守護自心，沒有這個道理。』」

這段期間也有人來跟我說，他們看到妙某與妙某總是眼神不定，飄來飄去，而且不斷地眨眼皮，說他們一點定力都沒有。我說那是正常的狀況，因爲現在沒有哪個道場眞的有好好修未到地定的，何況是附佛外道。能好好修未到地定的道場，就只有咱們正覺；如果要講禪定，如今哪個道場有初禪、二禪、三禪的？全都沒有！所以他們在那邊講一堆所謂的禪定，說得天花亂墜，都無實質；說起佛法來也是頭頭是道，可都是言不及義的言語。他們開講時心花朵朵開，不斷地攀緣，那都是正常的，因爲他們根本不知道怎麼修定，更別說是佛法了。你若是想要跟他們道場所謂的「如來」談未到地定，他們也聽不懂，那些人根本是外道。所以那些人就是世間法講的欺騙世間的人，只此而已，沒什麼證量可言。

就像我們常常說的，假使有人成佛了，座下一定有一生補處的妙覺菩薩，也一定有好幾位等覺菩薩，至於十地以下乃至初果人就多得不得了；可是那些外道們自稱成佛了，卻是全無這類聖弟子，因爲連他自己都不是初果人，何況是菩薩乃至成佛。所以我們不用再去討論他們有沒有禪定、有沒有智慧等，給他們四個字，叫作「無足論哉」就好了。那麼因爲他們對於表相佛法都還不懂，就不必談禪定或者解脫道或者所謂的佛菩提道。密宗雖然是外道，至少他們也講一講什麼佛菩提等，至少還有一點佛法名相，可是那些外道是連這些佛法名相都不存在的，卻公然在上面寫著明心見性兩行字拿來作幌子，只此而已。

所以說：「什麼叫作寂滅？」這是個大題目，且不說那些外道，你說咱們正覺弘法之前有哪個道場懂得寂滅呢？他們所謂的寂滅不過是打坐到心中一念不生時，就說那是究竟寂滅的境界，就說那是無餘涅槃，但那也不是寂滅的境界。所以眞實的空、畢竟空——眞正的寂滅，佛教中的大師們也不懂！直到我們正覺出來說法，我們公開主張說：「就是證得現前已經存在的如來藏，這如來藏離見聞覺知，不了別六塵，這樣才是眞實的寂滅，這才是眞正的空寂。」所以外道們當然更不懂了，因爲連佛教裡的大師都不懂了。

那現在如來說：「我在經中說了，如果有的人不善於寂滅，自己也不能善於護心，讓心老是向外攀緣，而說他能教導別人善於空寂、善於寂滅，能教導別人如何守護自心，沒這個道理的。」就像我上週也提過，有一位大法師跟徒眾說：「講自己開悟的人就是沒有開悟。」然後把話帶開，講別的，過一會兒又告訴大家說：「師父我從來都沒有說我開悟。」這樣諸位聽懂了？大家當然會認定他是開悟的人。就好像一個人不會游泳，他落水後鐵定滅頂，但他卻說：「你們不用問我會不會游泳，只要我會教你們游泳就行了。」那你跟他學嗎？當然要搖頭了；若是眞的下水聽他站在岸上教你，鐵定會溺死的，這道理是一樣的。所以一定是自己有所實證，知道證悟是要證什麼，見性是要看見什麼，然後這十住位的如幻觀、十行位的陽焰觀、十迴向位的如夢觀到底是證什麼，都得要自己實證後，你已經走過來了，清楚知道這條路該怎麼走，都知道是要證什麼，然後你才能教導人家。

總不能夠說：「我沒有開悟沒有關係，你們只要跟著我努力修行，悟了再來找我勘驗。」這到底是什麼心態？「我懂了，就是某甲來了我就勘驗一下，他的所悟我若是覺得這個可能不是，就說他悟錯了。某乙又來，我覺得這個也可能不是，就否定他。那麼一百個、一千個人來找我勘驗，搞不好我遇到一個眞悟的人，我就跟著悟了。」是不是如此？有可能是如此。但這是很不負責任的人。假使人家眞的證悟了，但是他自己的知見不夠，竟認爲：這個哪有可能叫作證悟？就把對方否定，那個罪業可也不小。所以一定是要自己會游泳，才能教人游泳；一定是你親自走過這一條路，人家還沒有走過，而你可以告訴他該怎麼走，這才有道理啊！因此 如來提出這個說法絕對正確，這個比喻太好了！

可是怕大家沒有眞的信受，於是 如來又講一個譬喻：「如人自沒污泥，欲出他人，無有是處。」就好像一個大泥坑，那泥坑的邊緣都是泥，都很滑溜，大家同樣在裡面載沉載浮，始終都爬不上岸；那他同樣是爬不上岸的人，卻教導旁邊的人要怎麼爬，說這樣爬就可以上岸。那旁邊已在岸上的人是不是要笑他：「你先爬上來給我看。」一定是這樣的。所以菩薩是已經上岸了，讓大家看見眞的上岸去了，然後再回來教大家怎麼樣上岸，這才有道理。假使他自己都爬不上去，然後宣稱他能教大家怎麼爬上岸，有智慧的人才不會聽他的。所以 世尊說：「如人自己沈沒在污泥中，而想要使別人出於泥潭之外，無有是處。」

接著 如來回頭從正面來說：「假使有人自己就能善於空寂，對於寂滅的境界也善於親證，他自己實證了，那他當然就可以自己守護自心，就不會讓自心繼續攀緣名聞利養等，像這樣的人當然可以出於泥潭，這樣的人想要教導別人、拉拔別人出離泥潭，這就有道理了！」因爲這個原因，所以 如來作了一個結論說：「是故舍利弗！我今明瞭告汝，誹謗如來其罪不輕。」

至於爲什麼這裡要提到誹謗 如來呢？因爲那些「自不善寂，自不能護」的人，爲人家說法時都說：「這就是佛法。」表示他是向人宣示：我講的就

是 佛講的。問題是 佛不是那樣講的，而他說那就是 佛講的，這就是誹謗如來。《阿含經》也有講到這件事情，說這樣就是誹謗 如來。而 世尊說這個罪不輕。如來是三界一切有情中的至尊，誹謗天主的罪就很重了，誹謗阿羅漢的罪更重，誹謗菩薩罪又更重，那麼如果誹謗 如來，其罪之重可想而知，眞的「**其罪不輕**」！所以如果不能確定所說的法就是 佛講的，就不可以說那叫作佛法。

所以密宗那些人全都是謗佛，宗喀巴之前的那一些密宗祖師，直到宗喀巴以及歷代的達賴全都是謗 如來者，「**其罪不輕**」，還能繼續投生到人間來喔？懂這個道理了，就知道所謂的達賴一世跟達賴二世不會是同一個人，傳到達賴十四世，那就是十四個人；已經下去十三個人，而現在這一位眼看不久……，不曉得他能不能得救？要看他自己。所以「廣論團體」還想要把宗喀巴再生回來，講一句難聽的話就是：「**生個鬼咧！**」（大眾笑…）絕對是鬼，不可能是人，因爲就算生個凡夫俗子的人，被他們弄成所謂的宗喀巴二世，最後死了也會變成餓鬼或地獄有情。那個被生的人可眞是可憐的人，眞是無妄之災啊！他可能一時迷惑於明妃的美貌，看起來還算是美美的，然後中陰境界中去投入她的胎中，十個月後生爲一個男子，結果被弄成宗喀巴二世，好端端的只是一時對美色起貪，被吸引去入胎，結果變成宗喀巴二世；養大以後變成宗喀巴二世，死後落入餓鬼道或地獄中，那眞是很倒楣的事情。

所以投胎時還眞要小心，千千萬萬先看一下：這對未來世的父母他們在世時幹了什麼事情，別看這個女的還蠻漂亮的，被吸引過去投胎就完了，變成某個明妃的兒子可就倒楣了！可是世間人不懂的。好在「廣論團體」現在否認有這個計畫，但也許未來會在暗地裡實施也不一定。但最好是不要搞那一套了，因爲現在臺灣佛教界智慧有所增長，他們騙不了的；而大陸佛教界也在進步中，連索達吉都懂得要講如何斷我見，連達賴都得要講講如來藏，你想現在佛教界的水平水準提高了，他們再搞這一招就騙不了人了！

所以說，把他們所講的非佛法當作佛法來告訴人家，說那就是 佛所說的法，就是誹謗 如來。因爲那並不是 佛講的，他們硬說那是 佛講的，就是誹謗 如來。所以爲人家講佛法時千萬要小心，寧可乖乖地依文解義，不要妄自發揮，除非有實證、有現觀，當然可以演繹出來廣說；而且爲利樂眾生時就廣作譬喻以及說明，讓人家可以瞭解這樣才是正確的。如果沒有實證就不要發揮，乖乖地依文解義就好，寧可三世魔怨也不要自己亂發揮，因爲那樣發揮而說是佛法，就是誹謗 如來。接下來再聽 世尊的開示：

經文：【「實語比丘應聽說法，非妄語者；持戒比丘則能法施，舍利弗！高座說法決定斷疑，最是上事。若持戒不淨，著外道義，我則不聽。及妄語者，貴世樂者，求利養者，樂諍訟者，我則不聽。我聽淨持戒者，質直心者，通達諸法實相者，高座說法。舍利弗！破戒比丘寧當捨戒，不著聖人相袈裟，覆藏罪垢，密作眾惡，受人信施。舍利弗！云何以小因緣，而於久遠受地獄身。」】

語譯：【世尊又開示說：「講眞實語的比丘應該允許他們出來爲大眾說法，而不是允許那一些妄語的人；受持清淨戒的比丘就能爲大眾作法布施，舍利弗！高座爲人說法而能爲大眾決定斷疑，這是最上妙的事情。如果持戒不清淨，執著於外道的法義，我就不允許他說法。以及說不誠實語的人，看重世間樂受的人，追求世間利養的人，樂於和大眾諍訟的人，我就不允許他們說法。我允許清淨持戒的人，心地質樸而直心的人，通達於諸法的眞實相的人，可以出來爲大眾高座而說法。舍利弗！破戒的比丘寧可捨棄他的戒法，不要再穿著聖人相的那件袈裟，來覆藏他私下所犯的種種罪以及污垢，暗地裡作了種種惡事，而接受信受者的布施。舍利弗！爲什麼要以小小的因緣，而於很久遠的時間去領受地獄之身呢。」】

講義：如來的開示在這一段經文中很單純地提示出來：如果是說眞實語的比丘，應該容許他出世弘法。這是說不管他有沒有證悟，只要他說的是眞實語，不是想像臆測而作的妄語，就應該容許他出世說法。說眞實語的比丘一定不會大妄語，他也不會強不知以爲知，一定是知道的爲大眾說，不知道的就說我不知道；他說誠實語，不會說一些特別的話來籠罩眾生，所以這樣的比丘至少可以把 如來所說的法義從表面上讓大家去瞭解，因此這樣的人不妄語，應該要容許他上座說法。如果是妄語的人天馬行空亂扯一堆，那是不應該容受他出世說法的。

就像世俗人有一句話叫作「瞎扯淡」，譬如瞎子明明沒有看過某些東西，他硬要跟人家說某某東西是長成什麼樣子，絕對沒錯。人家是親眼看過，回到故鄉爲大家說明：「我在城市裡看見汽車，我曾看見飛機停在地面，很大呀！」他一個瞎子從來沒看過，然後在那邊瞎掰，講來講去其實都跟所謂的飛機、汽車不相干。意謂他對佛法不太懂，總是在外圍繞著講不進去；人家聽起來根本什麼滋味都沒有，不曉得他在講什麼，叫作不知所云，所以叫作「扯淡」。那妄語者就是這樣，明明沒有證悟，不懂證悟的內涵，卻硬要為人廣說證悟的內容，就像瞎子沒有看過汽車硬要說勞斯萊斯長什麼模樣，那不就是扯淡了嗎？意思是一樣的。

如來說，如果是一個持戒的比丘，他們就能作法布施。因為持戒比丘不會妄語，所以依文解義去發揮時不敢離開他們所理解的範圍，這樣子至少可以作表相佛法的布施，不會戕害眾生的法身慧命。眾生最多只是無法實證，但不會變成大妄語等，也就不會下墮，所以 世尊允許他們出來為大眾說法，因為他們可以作表相佛法的法布施。反過來說，假使有人出世「高座說法」，像我這樣就坐得高高的，這叫高座說法了，比起諸位至少多出個上半身高度了。但是這「高座說法」時勝妙不勝妙，要看他如何為人斷疑。眾生修學佛法為什麼要來追隨善知識呢？是因為對某一些法的實證有疑，應該怎麼證、過程如何、方法如何，應該先具備些什麼條件，大眾不知道時心中有疑，就得來追隨善知識，而善知識說法就爲大眾把疑斷除了。

但是這個斷疑有決定不決定的問題，「**決定斷疑**」是說他爲大眾所斷的疑是不會改變的，是究竟的斷疑。如果沒有實證時也可以爲大眾斷疑，但是只在表相上，無法眞正的斷疑，所以那個斷疑是不決定的。如來說：「**高座說法的人能爲大眾決定斷疑，這是最好的也是最勝妙的。**」所以說「**最是上事**」。如果持戒不清淨的人，他說法就一定不如實，因爲他必須對大眾遮掩，他需要覆藏；會覆藏的人對於佛法的內涵通常不能如實知，不如實知的緣故他又想要讓人家覺得他說法很勝妙，所以就會拉拉雜雜引用一些外道的法義進來，讓大家覺得：「**嗯！他懂很多欸！**」所以那些對佛法沒有實證的人，如果爲了要大眾很崇拜他，就會講一些奇奇怪怪的內容，把密宗外道的邪法也拿進來，把氣功的內容也拿進來，或者其他世間法都拿出來講，讓人家覺得他很行。

以前有個在家大師南懷瑾，說他可以一個月不吃飯，反過來可以一次吃三天量的飯，那外國人就很崇拜：「**這個人好厲害！**」誤認爲他佛法修行很好。有時說今天這一餐吃三頓飯，然後一個月不吃飯，這個人厲害厲害。但他說了什麼佛法？他說的所謂佛法外國人就信了。可是一個月不吃飯不餓死，那是佛法嗎？那跟佛法無關啊！所以爲了要讓人家覺得他很行，就會扯一些外道法進來；他又把道家的世間法也扯進來，氣功也扯進來講，讓人家覺得這個人好厲害，然後大家就認爲他的證量很高。

沒想到後來出了正覺同修會弘揚正法，人家讀了正覺的書，讀多了知見就提升了，有人讀後去問他，這位大師就談不上來了。當人家問到如來藏：「如來藏是什麼？」他不懂。「人家說開悟是證如來藏，永嘉大師、大慧宗杲、天童宏智正覺、六祖都是講如來藏，那你說的開悟不是證如來藏，那你到底悟什麼？」這一下終於清醒了，所以捨報之前發了一個聲明：「我說的那一些法，你們要認爲那是佛法，那是你們的事情；我也沒說我開悟了，你們要認爲我有開悟，那也是你們的事情。事實上我從來沒有說有開悟，我也從來沒有說我講的是佛法。」聲明完他走了。聰明，聰明，把眾生攪亂了幾十年，然後一紙聲明貼上網之後走了。眾生被亂了幾十年，但這還算是好的，有許多出家的大師直到死都不承認他悟錯了，那些被他印證開悟的人豈不是被他陷害了嗎？

所以這個「決定斷疑」眞的很重要，斷疑要眞的斷，而且是決定性的，也就是這一斷以後使人永遠不會再起疑了，這才是「決定斷疑」。我們說法總是容許人家有問題時可以提出來問，這是我們一貫的作法，到什麼時候才停止的？是在《楞嚴經》講快完時我們才停掉的。以前我們講經說法之前先讓人家寫紙條上來提問，當場答覆。剛開始解答十分鐘，後來二十分鐘，後來增爲半個小時，好像有一次破紀錄，答了將近四十分鐘。當晚有什麼人要問什麼問題我都不知道，我們不是像那一些大師採訪錄影先安排好某甲問什麼、某乙誰問什麼，都是臨時寫上來的，有時也有會外的人士當場寫上來，可是我們回答的那些疑問都是決定性的斷疑。

我們這樣作了將近十年，一直到第三次的法難事件前，那時他們一直提出問題來，我就一直回答；我們那時《楞嚴經》正好講到十習因，說的是造了某種業死後會下墮什麼地獄，從地獄出來以後會變成什麼鬼，鬼有很多種，地獄也有很多種，然後畜生也有很多種；所以某一種鬼身受報完後來到人間當畜生時，將會成爲某一種畜生。那時他們每週不斷地提出問題，我也都是當場解答；可是十習因講了兩、三個月吧？每一次講經完畢，那一批即將退轉的人離開講堂時臉上都是漲紅的，我當時不知道是什麼原因，後來他們退轉時我想了想才知道原來如此。

然後我回想，他們可能覺得說：「**這蕭老師好像已經知道我們背後在幹什麼，才會那樣答覆我們。**」其實不是，我是依著經文來講而已，我沒有多所發揮，一點點發揮都沒有，只是依照經文講解。後來才知道那時他們已經在私下亂搞了，而十習因的內容與後果剛好講到他們心裡面去。等到法難發生，我們檢討說：像這樣開放給他們發問釋疑也沒有意義，因爲花了很多時間爲他們解釋疑惑，法難發生之後也證明我爲他們的斷疑是正確的，可是不能攝受的人依舊不能攝受。因此那時才討論說要不要繼續接受大家在講經之前提出問疑，那時大家決定把它取消掉；是因爲發覺開放給大家提問釋疑並沒有用，會退轉的還是會退轉，所以我們是從那時候停止讓大家發問。

停止發問有好有壞，壞處就是大家失去了當場請教的機會，好處就是講經說法開始變快了，那諸位可以聽得更多，我出的書也跟著增多，所以現在也是著作等身了！印順法師四十二冊不算等身，只能說是著作等腰。這就是說，其實開放給大家問疑當然很好，但應該是說法之後如果有時間再來開放，或者像我們現在《正覺電子報》就接受大家寫信來請問；我們照著來信的先後順序來公開作答，這樣大家也是可以得到解答，但是我們講經說法的速度可以快一點，至少說的法可以講多一點。

但是「高座說法」要能「決定斷疑」，佛說這樣「最是上事」。這一句的語法可能有的人讀不太習慣，為什麼叫作「最是」？這是古來的語法，古人就是這樣講的。有一句話說「最是無情帝王家」，有沒聽過？不可以把它改成「帝王家最是無情」，那就不對了，人家會說你這個人不懂語法。那你若是很怕熱，也可以換來用說「最是無奈秋老虎」。這個「最是」兩個字要懂得用，這不是翻譯時翻錯了，而是最正確的語法。

如果反過來說，他持戒不清淨，又生貪而「著外道義」，老是帶進外道法來講，讓人家覺得他很行、很厲害，那麼這個人不應該說法，更別說是高座而說。我也教過諸位，假使有人來誇耀說：「你在正覺學法喔？那我問你：我練到三花聚頂，你作得到嗎？」練氣功的人說三花聚頂是人間的極高修為，就是練精化氣而聚在頭頂；三花聚頂之後接著是練神還虛，可是你只要問他一句「請問你這個是不是意識境界」就夠了。如果聽到你這樣問，他還不知道你這句話的厲害，就表示他完全不懂佛法；懂佛法的人聽你這麼一問，就會知道自省：「我這個果然是意識境界。」

如果不是意識境界，怎麼知道三花聚頂？那他如果炫耀說：「我這個氣功多麼厲害，我這一發功就能如何。」你就問他：「你這個是不是五陰的境界？」如果他還聽不懂，就問他：「你這個是不是人間的境界？」這樣總聽懂了吧？他一聽當然知道：「我果然是人間的境界。」當他承認後，你撂下一句話就可以走了。哪句話呢？你說：「我不在人間，我也不在三界內。」就走了，他聽了搔破頭腦也想不通：「為什麼他明明在人間，竟然又說不在人間？明明在三界中，竟然說不在三界中？」他全然不懂，不服輸也得服輸。所以管他那些境界說得多玄多妙，你都不用提。

如果有人告訴你：「我神足通多厲害！」你說：「你神足通是人間的境界還是欲界天的境界？你曾經飛上忉利天去嗎？你有飛上四王天去嗎？」「沒有。」「那就是人間的境界。」你就告訴他：「咱家不在三界中。」他也只好服你，不然怎麼辦？這就是說外道的法義很龐雜，種類非常多也很雜。但很雜亂、很龐雜的那些外道法，其實都不外乎五陰境界，不外乎人間的境界，最多是忉利天的境界就不得了了，卻也還是欲界的境界。但是不懂的人就會被他們籠罩，就說：「哇！我這個師父多厲害。」可是很厲害的師父遇到一個完全都不厲害的實證者，他也無可奈何。

所以有一個佛教故事說有一個道士會七十二變，每天晚上各作一種變化；那法師不理他，每天晚上把寺門緊閉，道士變了老虎進不來，變了什麼怪物都進不來，七十二天過完了來到第七十三天，法師看到怎麼沒動靜了？開門去拜訪道士說：「欸！你昨天晚上怎麼沒有動靜？」道士說：「我都變完了，你都不開寺門來跟我鬥，我還能怎麼樣？」法師說：「你都變完了，那我就開寺門了。」道士也沒轍，因爲那些都是境界法，法師閉門不應，就好像眞如不理會一切世間煩惱一樣。境界法有窮盡時，可是要談到實相法界，也別談實相法界，只談解脫果就好，他們就什麼都不懂了。所以只有在法上沒有實證的人，才需要去貪著外道的法義，因爲他要炫耀自己，想要降伏別人，讓別人覺得他很厲害，否則誰信他？但是貪著外道法義的人，如來開示說，那種人是不懂佛法的人，所以「不聽從他出世爲人說法」，這是第一種人，「持戒不淨，著外道義」。

第二種人是「妄語者」，也不應該爲人說法，因爲他說法不如實，會戕害眾生的法身慧命。接著第三種「貴世樂者」，怎麼樣貴世樂？例如每年都帶著徒眾出國觀光，他覺得這樣很快樂。奇怪了！身爲法師應該以說法爲樂呀！我這個在家人都以說法爲樂，他們法師卻不以說法爲樂，這眞的很奇怪！每年都規劃出國去觀光，徒弟們互相爭寵說：「師父帶了某甲等人出國，今年爲什麼不帶我出去？」這樣爭寵。然後大家就比看誰出的旅費最多，然後出國玩完了，剩下來幾百萬旅費，總不能跟師父要回來吧？那麼捐得多的人就被師父帶上去，捐少的人就跟不上，自怨自艾。這表示他們看重世間的快樂。

可是從我來看，不管到哪裡去觀光，一般人看來看去都說：「山光水色多麼美，某某國的什麼料理多麼好吃。」但他們有眞正看見山光水色嗎？不過看見如來藏變現給他們的內相分山光水色，哪有眞的看到？那麼好的料理味道他們眞的嚐到了嗎？也沒有，那是如來藏變現給他們的好味道。實際上如此現觀以後，再有誰邀我去哪裡度假或幹什麼，我都沒興趣了。所以這兩年女兒女婿都不邀我過年時出國玩，因爲每一年邀請，我都拒絕，因爲明明知道看到的只是自己如來藏變現的相分，我還去看什麼？無始劫以來看到那麼多的山光水色，又不是沒見過更漂亮的。而這一世重新再去看一次也不過爾爾，所以我都沒興趣。

因此，所謂的世間樂，看穿了就是自己如來藏中的快樂，哪有外面的世間樂眞實存在？這樣看穿了，就省了吧！還是好好在佛菩提道上繼續走，將來到四地、五地、七地、八地了，你要看什麼會沒有？意生身出去，不說看這個地球，別的世界美得都夠你瞧的；他們不過到了日本、到了美國、到了歐洲那些小小的地方，有多少眞正美景可以看的？十方虛空無窮無盡的世界，由著你去看，那不是更棒嗎？其實也沒有更棒！因爲到了那個時候你也沒興趣看。你會覺得這稀鬆平常，就只這樣子啊！所以「**貴世樂者**」都在貪求人間世間的快樂，那其實沒什麼好貪求的，貴世樂的人不會在法上用心，所以這種人不應該讓他出世說法。

再一種是「**求利養者**」。這第四種人開口閉口就是錢，別墅或者名牌包、名車。出家人要名牌包幹什麼？背著僧袋看起來很自然、格調很高，可是出家人拎著名牌包眞的不像話，怎麼看都不像個出家人了。所以求利養就讓人家看輕了，一天到晚開口閉口就說：「你喜歡布施，拿一百萬元來供養我。」「你也很喜歡布施，聽說你正在修布施行，明天送兩百萬元來給我吧。」人家聽了說：「師父這麼愛錢，那還有什麼僧格？」僧寶要有格，僧寶的格是很珍貴的，結果他開口閉口都要錢，人家就把他看低了，辱沒了僧格，這種人也不應該讓他出世說法。

第五種人是「樂諍訟者」，諍與訟是兩件事，諍是一直要跟人家諍論，明明自己的理不正確，偏要對別人講到贏。不對的就應該認輸，他偏要講到贏，這就是「諍」；如果講到雙方不愉快時，他連三字經都出口了，這已經是侮辱了。這種愛「諍」的出家人時常會把人家告到法院去，甚至人家沒有罵她，單純辨正法義，她也要告到法院去，誣說人家罵她，這叫作「訟」，而且這是嚴重的訟。如果是輕微的「訟」，就是到處去跟人家投訴、爭辯是非，說某某人說我怎麼樣，某某人又說我怎麼樣，那就是「訟」，訟就是四處投訴。

這種「樂於諍訟」的人不可能攝受眾生，因爲理性的人一聽就說：「這個人強詞奪理。」強詞奪理就是她講的沒有道理。人家學佛是爲了求解脫、求智慧，結果她老是強詞奪理，人家聽不進耳，這樣的人如何高座說法呢？連出世說法都不應該，因爲佛教的令名會被她搞壞了，人家會說：「原來佛教是這樣說法的喔？」就把佛教看輕了。看輕佛教不打緊，那一些聽她說法的人與佛法就絕緣了，所以這種人不應該出世說法，因此 如來說「我則不聽」。

那麼 如來就說什麼樣的人可以說法，舉出三種人來。第一種人是「淨持戒者」，當他持戒清淨時就不會亂說法，因爲他知道小妄語、大妄語都不可以作；所以懂的他就講，不懂的就說：「這部分我不太懂，我再研究看看。」或者如果好像懂又好像不懂時試著爲大家解說，但他會附帶說明：「我是這樣認爲的，但不知道對或不對，大家參考看看。」他沒有講成決定說，那麼大家心中就參考，也有一個存疑在，這樣也可以的，這叫作「淨持戒者」，他是如實的爲大眾說法。

那第二種人是「質直心者」，他的素質是質樸的，不會耍花槍。耍花槍就是運用許多的語法去堆砌起來，講出一堆話，聽起來詞藻富麗，聽起來很舒服，格調好像很高，可是內容空洞。如果他直心，心地質樸時就不會崇尚那些花言巧語，有一說一，有二說二，就老實講法；這種人不會妄自發揮，他也不會把外道法帶進來講，純粹爲大眾解說自己所知道的佛法，這種人也可以出世說法。

第三種人是「**通達諸法實相者**」，當然是可以「**高座說法**」，因爲他對「**諸法實相**」所指的「**實相**」已經通達了。關於「**通達**」有兩個層面，第一個層面是說他有所實證了，因此由實相也可以瞭解二乘菩提，這樣也算是通達。第二個層面是佛菩提道中對於通達的定義，就是說眞見道之後又經過相見道位的修行，完成了非安立諦的三品心，也把安立諦的十六品心、九品心完成了，他已經入地而成爲初地的入地心，這叫作通達位。這樣的人對「**實相**」的見地已通達了，當然也可以「**高座說法**」。但是到了五濁惡世的末法時代，這樣的人難求，所以如果有第一個層面的通達，也可以「**高座說法**」，這是說他已經有實證了，因此也瞭解什麼叫作斷三縛結、什麼是聲聞法、緣覺法。像這樣的人是眞的善知識，也可以高座說法。如來說這三種人都可以「**高座說法**」。

然後 如來告誡那一些虛妄說法的破戒比丘，如來說：「**舍利弗！破戒比**

丘寧當捨戒，不著聖人相袈裟，覆藏罪垢，密作眾惡，受人信施。」袈裟代表著聖人的法式，也就是說穿起袈裟來就應該是離欲的修行人，不墮於世間欲之中，這就是袈裟所代表的含意。如果穿著袈裟住在寺院中，一天到晚跟人家拿著手機也在抓寶可夢；在寺院裡面抓也就算了，還抓到寺院外來，那算什麼聖人相？或是穿著袈裟的人，晚上寺院的門關起來搞雙身法，那算什麼聖人相？或是穿著袈裟跟人家一般玩股票，在家人買股票是正正當當的商業行爲，沒事的，但出家人買什麼股票？如果他是投資的，買了以後是每年領股息，這個就無可非議，算是理財的一種；當然，嚴格來講也是不許的，因爲出家人不許捉持金銀生像。但是因爲信徒的供養錢多了，放著貶值怎麼辦？那不然就當作投資，買了股票後每年去領股息，在末法五濁惡世我們也接受。但不要今天早上進了股票，還不到中午又賣出了，這像是搶帽子一樣，眞的不應當，因爲那沒有聖人的法式了。

穿著袈裟開店作生意，客人來了就說：「請坐，請坐，今天中午要吃什麼？」這算個出家人喔？出家人怎麼會爲了錢財而去服侍眾生吃飯？眞是不應當啊！再有一種出家人開公司營業賺錢，像這樣子，乾脆脫下僧服吧，要賺錢就好好去賺錢，不要穿著僧服來賺錢。出家人是應該讓眾生來禮拜供養的，不是來服侍眾生的，不是來人間賺錢幹世俗營生的。所以他們穿著聖人相的袈裟暗地裡作生意，現在還是公開作的，這一些出家人都叫作「**覆藏罪垢**」。那如果像「廣論團體」開里仁商店又開另一種店，好像是慈心的名稱賣認證的有機農產品。里仁與慈心有機商店大概只是店長有付薪水吧？其他的店員可能都是義工；這樣不平等的跟人家競爭生意，唉！出家後是應該受人家禮拜供養的，爲什麼去作生意呢？就把僧格拉下來了，身爲表相三寶之一，不應該作這一些事情！

出家人作了這一些事情就違犯了 佛的告誡，也是犯戒的惡行。四種邪命食我們已經講過了，出家落在四種邪命食中，就辱沒了僧格。明明是 如來的出家弟子，結果作的事情跟世間人一樣；這好像是在 如來臉上羅織一樣，眞不應該！他們不如就乾脆脫下袈裟去賺錢吧。所以 如來說：「**破戒比丘寧可把戒捨了，脫下僧服要幹什麼就幹什麼去。**」免得人家誹謗佛教；但他們不這樣，這些破戒比丘還繼續幹他們破戒的事，繼續穿著聖人相的袈裟，如來說：這就是「**覆藏罪垢，密作眾惡**」。

可是他們又繼續受人信施，人家爲什麼來對僧寶布施？因爲信受他們是清淨修行的人，如果不信受他們是清淨修行的人就不會來布施；結果他們穿著「聖人相袈裟」來接受別人的信施，卻暗地裡作了不應該作的事。那他們不肯脫卸袈裟繼續作那些事情是爲了什麼？爲了名聞或爲了利養，最多加上一個爲了法眷屬。可是這三個因緣在佛法中看來都不是大事因緣，比起道業和弘法來，這些都是很小的事情。由這三個因緣，譬如爲了錢財，讓他們這一世搞上一千億元好了，但一千億元他們帶得走嗎？帶不走的。就算是爲了法眷屬，讓他們座下的出家眾有一萬個人好了，那一萬個人死後也帶不走啊！總不能叫人家陪葬吧？這也是「小因緣」。就算他是世界上最大的大法師好了，下一世到了三惡道時還能當大法師喔？所以這些都是「小因緣」；而他們爲了這些「小因緣」，結果來世要去受地獄身或餓鬼身，多麼划不來！

而且地獄身很廣大，受苦時總是希望身體越小越好，苦受就比較少；如果是同樣的遍身苦受，而身體變成很大來領受，一定很痛苦的。打個比方，痛時只有一個地方痛，就覺得很不舒服了；如果是全身都痛，哪一個比較好？當然，不能不痛時，只要一個地方痛就好，千萬不要全身痛。那麼受苦時也是希望身體越小越好，偏偏地獄身是很廣大的，越往深處的地獄，他們的地獄身越大；地獄身越大就表示領受的痛苦苦觸越廣大，那就越不好。並且地獄的壽命都很長，越往下面的地獄壽命越長，地獄身也越廣大，所以去地獄受苦時，例如等活地獄一天相當於四大王天五百歲壽量，換算成我們這裡是九百萬年，壽命是五百歲，那到底要受多久的罪？如果到了阿鼻地獄，又不曉得什麼時候才能夠回來？更何況要回到人間之前還得要先經過餓鬼道，再經過畜生道才能回到人間。

而地獄的壽命非常長壽，地獄的時間又比人間長，苦受又是廣大身來受，把那種苦受比起人間短短一世的名聞利養眷屬等，想想看：這些世俗利益眞的是「小因緣」。當上一千億、一萬億人的道場住持，只不過能擁有幾十年，相對於地獄久遠的時間去受廣大身的苦受，還眞是「小因緣」。可是那些大法師們、喇嘛或法王們就是想不通，如來說的眞實道理他們都聽不進去，表示他們十信位還沒有修好，對三寶沒有具足信，才會爲了那些「小因緣」而導致來世在地獄中受廣大身的長久苦觸，眞叫作沒智慧啊！

所以 如來怕大家沒有想到這一點，就把這個事情點了出來。可是 如來點了出來以後，有誰知道其中的利害關係呢？我們只好把這個道理講給大家知道，希望將來書籍流通出去以後，他們讀了會想一想：「地獄的時間跟人間不一樣，色身也跟人間不一樣，然而實際上是怎麼不一樣的？」趕快來請出經典查一查：「喔！嚇死人！原來是差這麼多倍，而地獄的苦受身又是廣大身，又是很長壽，那更不好玩。」當他們讀過了，查清楚以後，管保他們腳底一定都涼了。如果懂得醒悟，改往修來，就不枉 如來告誡，我們詳加說明也就覺得有一絲安慰了。所以說聰明人要看久遠的未來，都要考慮自利與他利，也要考慮今世利與他世利是否具足。

再從另一個層面來講，聰明人看到的是按部就班修行之後，三大阿僧祇劫成佛，最多一大阿僧祇劫就可以入地而有無生法忍了，也能解脫三界生死苦；可是那些人爲了「小因緣」下墮地獄之後，即使經歷了九十九億如來，那是經過多少劫了，遇到正法時都還得不到順忍；以前同樣修學的師兄弟們有很多人都已經成佛了，他還在凡夫位混著；搞不好都還沒回到人間來，因爲地獄中都是長劫。這樣看來：一世的名聞利養又算什麼？眞是「小因緣」啊！爲了「小因緣」而久遠領受地獄身，眞的划不來啊！聰明人絕對不幹這種事，如果有機會，應該把這個道理告訴他們。那麼 如來苦口婆心說到這裡，已經是講了很勝妙的法義，也告誡了大家，苦口婆心說完了，但這一部經典到底要不要流通？是應該要流通的，所以得要囑累大家，因此接著要來講〈囑累品〉。

經文：【爾時阿難白佛言：「世尊！當爾世時諸比丘等，於善法中云何精進？」佛告阿難：「且置莫問，所以者何？佛無量智所說經典，爾時比丘尚不能信，況能勤行？阿難！如來於有爲法中所有智慧，一切辟支佛、阿羅漢等不能得解知。阿難！如來所知法，若爲汝說，汝則迷悶，何況是人當能信之？如來於今說如是經，爾時癡人猶尚不信，何況能信所說罪報？阿難！法應當爾：『自身是惡，謂餘亦惡。』如今第一懈怠比丘，爾時第一精進比丘所不能及；若所持戒威儀智慧，不得相比。如來若說此人所行一切過惡，轉身所受，是人不信，更起重罪。汝等若聞亦得憂怖，不能量其所受罪惡。」】

講義：現在要囑累大家了，往昔我受過囑累，現在也要轉而囑累大家，讓你們一起跟我來累，因爲住持正法眞的也很累。人家說「獨樂樂不如眾樂樂」，那我獨自一個人累，也不如諸位跟我一起來累，因爲要這樣才有力量！我一個人作不了多少事，就像親教師會議中，老師們要求我，說我這一世一定要把《八識規矩頌》註解出來，因爲由我註解的意義就不同，可問題是時間撥不出來，那《八識規矩頌》我註解了前面幾段就沒時間了，一直擺著；《成唯識論》的略註，也是前面一卷、兩卷註解完了就擺著，一直無法再寫，沒有時間了。（編案：此時仍未改寫爲《成唯識論釋》。）

後來想一想，自我安慰說：「**不然就留到下一世我再來註解吧！讓人家知道這傢伙也能註解《八識規矩頌》，也許也是一種因緣。**」讓人家認知到這傢伙也能註解《成唯識論》，也許是另外一種承認身分的因緣，這也未嘗不是好事。只好這樣安慰，不然能怎麼辦？都不睡覺一直寫嗎？一年不睡覺把它註解起來，但一年後就死翹翹（大眾爆笑…），想想也不行，細水長流還是好一點。就這樣擺著，現在都還沒有時間繼續寫下去，一下子被那個事情分了時間，一下子又被這件事情分了時間；現在又每天處理《山法——了義海論》最後的校閱，每天剩不到一個小時可以作自己想作的事，都在忙，但沒辦法，就是這樣子。我希望在一個月後繼續寫，但是禪三又到了，看來要搞到十一月底去，才有辦法把《山法》校閱完畢，眞的沒辦法了。所以只能希望大家一同來跟我累，有更多人來分擔工作，那我會比較輕鬆一點，就可以多作一點，也可以讓更多的人證悟；所以大家就跟著累一點吧，有大家幫著我累，這樣大家的利益也可以多一點，我是這樣想的。

所以 如來這一部經，諸位從頭聽到這裡，知道這部經的勝妙了；要是不勝妙，我們也不會講這麼久。既然是勝妙的經典，而且又可以救護一些末法時代的比丘、比丘尼回歸正道，當然應該要讓它流通，所以 如來囑累大家。那麼祂囑累的對象是阿難，我在這裡就把大家拖下水一起來累，這樣對正法有好處，對佛教大眾也都有好處。

語譯：【這時阿難向如來稟白說：「世尊！到了末法時代諸比丘等人，他們在善法中應該要怎麼樣精進？」沒想到如來告訴阿難說：「阿難啊！你把這個事情擺著不要再問了，爲什麼呢？如來的無量智慧所說的經典，到那個時節的比丘們尚且都不可能信受，何況是殷勤地修行？阿難！如來在有爲法中所有的智慧，一切辟支佛、阿羅漢們都不能得到理解或者了知。阿難！如來所知道的法，如果爲你們演說，你們聽了會覺得迷惘、心中很苦悶，何況是末法時代那樣的人，他們將來怎麼可能相信這一些法呢？如來於現在演說這樣的經典，到那個時候愚癡人尚且都不能信受，何況能信受如來最後所說的那些罪報？阿難！法應當是這樣的：『當他自己本身是惡人時，他也會說別人跟他同樣是惡人。』如同現在最懈怠的第一比丘，末法時代第一精進的比丘都還趕不上；如果要談到兩者之間的持戒威儀和智慧，那是沒有辦法相提並論的。如來如果說明這樣的人所行的一切過失與罪惡，轉過一世之身以後所應當受到的果報，末法時代這一類人都不會信受，反而會再生起更多的重罪。你們如果聽聞我把他們的重罪果報說出來，也會得到憂愁與恐怖，你們無法衡量他們將來所受的罪惡。」】

講義：阿難總是慈悲，弟子眾中就屬他最慈悲；不論十大弟子或五百大弟子中，都是他最慈悲；他總是爲大眾設想，所以他聽完了就請問 如來說：「到了末法時代時，諸比丘們在善法中是應當或者將會怎麼樣精進？」沒想到 如來說：「你根本就不用問。」確實是不用問的。至於爲什麼不用問？請聽下回分解。

《佛藏經》〈囑累品〉第十，上週說到「佛告阿難：『且置莫問。』」如來說「莫問」，當然是不用再問的。但阿難尊者到底知不知道這個事情不應該問、或者不用問？在楞嚴會上，《楞嚴經》進行到一半時，他就已經是入地的人了，難道他不知道這該不該問嗎？結果他還是問了出來，讓如來告訴他說「且置莫問」，就是「暫時放著吧，這個事情不要問。」阿難一世又一世跟著如來，他的願就是要當受持法藏的人；那麼前面奉侍的諸佛——這個賢劫千佛，前面已經有四尊佛了，他一定是聽過此經的，可是他仍然要問；有時看來是不應該問的問題，可是仍然是要問；這好像說打球，例如打排球時得要作球給另外一個人，他才能攻擊，這是一樣的道理。阿難也明知到了末法時代，那些不持戒的比丘……等人，一定不可能依照如來的告誡好好修行的，可是他就故意要問。如來也知道他會故意請問，但如來也不會阻止他，就讓他問了出來。法就是這樣子，師徒之間有一個默契在；就因爲有阿難尊者這一問，然後如來才會有囑累的語言吩咐，來爲大眾說明。

雖然末法時代的比丘們，絕大多數人聽見人家讀誦《佛藏經》或者看見人家讀誦《佛藏經》時，心中都不喜悅，那他們怎麼可能會努力精進受持，而且進一步把此經好好發揚呢。所以當阿難尊者問了以後，如來說「且置莫問」。因爲末法時代的比丘不可能精進地依照《佛藏經》的內容來修行，例如以前北部（所謂北部是指臺中以北，我不要講得太白），有個專門弘揚念佛法門的道場，徒弟們去請問師父說：「《佛藏經》可不可以讀？」結果堂頭和尚指示下來說：「可以讀，但是只讀前半部就好，後半部不要讀。」我才剛聽到時就覺得好笑。

爲什麼好笑，諸位有沒有想過？我是笑說他爲什麼不把自己比類作前半部經文所說的比丘，卻要把自己評比爲後半部經文所說的比丘呢？對吧？不然他爲什麼勸人家不要讀後半部呢？他如果把自己比類爲前半部經文所說的那一些修行的比丘，就不必要勸人家不讀後半部；一定是自己覺得說：「我穿著這件僧服，但我跟後半部講的比丘好像有點類似，所以人家讀了以後會怎麼想？可能會想我是不是那類比丘？乾脆叫他們不要讀好了。」

所以我們講堂裡的比丘、比丘尼們，聽我解說這一部經時都是聽得很歡喜啊！沒有人聽到起煩惱的。但那個道場，爲什麼他們都還沒聽我講解，只是讀過經文就勸人家不要讀後半部，這不是很怪嗎？就好像鳳山寺那些法師們教人家讀宗喀巴的《菩提道次第廣論》時，永遠都只教前半部，不教後半部的雙身法止觀；前半部講完了又從頭開始，這樣一直輪迴著只讀前半部，原來《菩提道次第廣論》的前半部就夠他們輪迴了，永遠斷不了我見，就一直輪迴，永遠都不講後半部的止與觀。

但一些學《廣論》的居士們也夠癡呆的，聽到鳳山寺師父這麼講，他們就信了，於是讀完前半部以後又從頭開始讀前半部，後半部的止觀部分永遠都不讀，竟然沒有人起一念疑說：「為什麼師父不叫我們讀後半部？」（有人答話，聽不清楚。）諸位都很有智慧。如果哪一天我告訴你說，這《佛藏經》什麼部分不要讀，你們一定會起疑：「為什麼不讓我們讀？我偏要讀一遍看看。」至少也要讀它一遍吧？可是他們都不讀，都完全信受而不起疑，永遠只讀前半部《廣論》，這表示他們的腦袋是有問題的，怪不得他們沒有因緣走入三乘菩提的實證之道來。

有智慧的人一定會去探討：「堂頭和尚叫我們不要讀，裡面一定有什麼祕密，這個祕密我再怎麼忍，最後終究要把它探索一下；為什麼師父自己讀了卻不讓我們讀？」哪一天還眞的把經典請出來，不讀前半部，專讀後半部，看看是怎麼回事。等他讀過可就壞了，他一定想：「原來我師父是後半部經文講的那種比丘。」一定是這樣想的，所以我說他們不聰明。假使聰明的師父就說：「不但要讀，而且後半部特別要再讀一遍。」大家讀後就想：「原來師父不是那一種比丘。」這不是更好嗎？有的法師就是把自己評比為後半部講的破戒比丘，想來他們的智慧還真不夠。所以鳳山寺的法師們智慧也是不夠的，所以才會叫徒眾們不讀《廣論》後半部的止觀內容。

阿難明明知道末法時代的比丘們，不可能努力去求證《佛藏經》前半部講的那一些法，就故意提出來問：「到了末法時代的比丘們，在善法中會如何的精進？」明知不該問的他還是問了，佛陀當然要表示意見，就說「且置莫問」，意謂先把這個事情放著，你不要問了。如來當然會隨即解釋：「這是什麼原因呢？如來無量智慧所說的經典，到了末法時代的比丘們尚且不可能信受，何況能精勤地修行。」眞的如此啊！以臺灣最有名的大師來講好了，釋印順最有名，他的書中就等於把《佛藏經》前半部講的正理都推翻了。跟著下來所謂四大山頭、五大山頭、八大山頭，不管幾個大山頭都一樣，所以我們剛出來弘法時，好多大山頭不敢形之於文字，私下都是口頭說：正覺是如來藏外道。

也有說：「正覺是自性見外道，講的是如來藏的神我。」所以我們以前有時講經時不得不說明如來藏不是神我的道理：「那些外道神我都不離識陰六識的境界，然而六識都是從第八識如來藏所生的；當你們在罵如來藏神我時，支持你們出來罵的也是第八識如來藏，所以如來藏不是外道神我。」不斷說明以後，這些年來他們終於閉嘴，不再罵如來藏是外道神我了。所以你看，正法要讓他們信受是多麼難啊！他們連信受都不可能了，怎麼可能殷勤地、精進地修行如來藏正法——**無名相法**？所以他們就一天到晚搞學術研討會、佛學討論，就是不談佛法的實證。

不過話說回來，印順弟子們每年舉辦印順思想研討會也是沒辦法中的辦法，因爲如果不辦這個活動，那她們能辦什麼？她們沒什麼佛法的活兒可動了，難道叫她們封山嗎？也不可能啊！所以 如來依無量智而說出來的經典，她們是不會信受的，她們寧可信受外道六識論的世間法，寧可信受意識只要離念就變成眞心，始終不肯接受 如來在四阿含廣說的「意識是生滅法」的正理，所以對「**無名相法**」如來藏正義，連信都不可能了，那要她們努力參禪去探究如來藏在哪兒，根本就不可能！

所以印順他自己只是用意識思惟，就來判定說禪宗祖師所悟的就是直覺。問題是禪宗祖師從來不落在直覺中，問題是 如來說的第一義從來寂滅、永遠都不了知六塵，怎會落入直覺中？那他的直覺時時刻刻處在六塵中，沒有六塵時哪來的直覺？所以第八識如來藏的妙義他們信都不信，更何況要殷勤地精進修行？所以叫他們鍛鍊看話頭的功夫，好好去參禪，門兒都沒有，因爲他們根本就不信。因此釋印順有個女徒弟說：「**禪宗那些東西都是自由心證，無頭公案。**」可我說了：禪宗祖師每一句話，就短短的一句話都是有頭有尾，並且還身體具足圓滿。如來三十二大人相的臚直之相，禪宗祖師任何一句話都是具足圓滿的，豈止頭尾而已。

所以當他們不信第八識妙眞如法時，正好墮入《佛藏經》中 佛陀所指斥、所呵斥的那些末法時代破戒比丘、貪著利養比丘、貪著外道法比丘的行列中。今天明明 佛陀講得這麼清楚、這麼明白，可是他們信不過。而末法之所以稱之爲末，不是法已經失傳了，而是不信的人越來越多——對佛法的善根越來越少；所以當你一走出正覺講堂，放眼望去就是末法時代的佛教；你們走到哪裡，哪裡就是正法，因爲你就代表正法。可是把你們散開在一千兩百萬佛教徒中，就稀釋到幾乎看不見了；除非一個不小心剛好撞到你，否則隨處都是末法。這眞讓人覺得很悲哀，但也是無可奈何的事。

那麼如來藏正法在蓬萊仙島復興的大業幾近完成，所以開始西進——內地同修們講的正法回歸祖國，眞的要把正法回歸祖國。我們去大陸不是要斂財，不是要搞名聞利養，我們是眞要把正法送給他們。有許多人想要，可是佔據大陸佛教界要津的各省佛協的法師們大力排擠，他們都不想說：如果努力支持，將來有一天他們也可以實證。他們都不作此想，只想著名聞與利養，所以我們還有得忙。那麼這些事情得要諸位在背後支持著，我們在前面才有力量出去衝。初期就是我們兩會的首長帶人先去衝，有沒有看見他們的座位空著沒人？當然不只兩位，很多位老師與幹部們都要出去，將來有一天假使我也過去了，大概就是要驗收一半成果時。但現在還不到我去的時候，我只在背後幫忙推動；但是我的背後要你們來推著，不然我這腰桿受傷了就沒那麼大力氣，就這樣子大家一起努力來作，中國佛教復興大業就是我們的共業。

也許有人第一次來聽我講經聽到這時，心想：「**什麼？我來正覺還得跟你負共業喔？**」那我就要問了：「**這復興佛教的共業到底好不好？**」（大眾回答：好！）你看大家都說好，所以只要是善業淨業，多多與共，不要自己一個人來得。那麼在末法時代就像我們現在這個情境一般，要把 如來說的眞實妙法送回到大陸去，絕對不是一件容易的事。因爲我們不論去到哪裡，都不免擋了人家的名聞利養；擋了名聞利養還算是小事一件，還有更大的事就是他們背地裡都學密，這一來又擋了人家的女色之路，所以我們到哪兒都不受歡迎。有時感嘆說我這人爲何這麼遭人厭、惹人煩？可是想來也不得不然；如果我不是這樣遭人厭、惹人煩，而是和他們成爲一丘之貉，那我們過去大陸有什麼意義？沒有辦法利益他們啊！如果我們去了跟他們沆瀣一氣，不如不去。

所以末法時代當菩薩要有個自覺，就是遭人厭、惹人煩。但是一定也會有一批有智慧的人緊緊追隨，這就是末法時代的菩薩有可喜之處，也有可悲之處；憂喜兼半，就是末法時代當菩薩的心境；隨著人壽越來越增長，這狀況就會越來越少。好比人壽八萬四千歲　彌勒菩薩下生人間成佛時，沒有所謂憂喜兼半這回事了，滿懷都是喜悅，什麼憂心憂愁全部都不在了，因爲那時的人性很好。

這就是說，由於　如來的法太深奧、太勝妙，不是末法時代的凡夫比丘、比丘尼們所能想像，所以他們連信受都難，就不用說到精進修行。如來就把這個原因點出來說：「阿難！如來於有爲法中所有智慧，一切辟支佛、阿羅漢等不能得解知。」確實如此。我們剛弘法那幾年，有時我會說：「南洋縱使有阿羅漢，當他們來到正覺講堂時也一樣開口不得。」當時有好些法師聽了憤恨不平，他們私底下很氣憤說：「南洋的阿羅漢來到你面前，沒辦法開口？你說的是什麼話？」很氣憤。私下裡可能不只是說，搞不好就是開罵。但我說的是事實，有兩個原因可以證明我說的不可以改變：第一、南洋沒有阿羅漢，哪裡能有阿羅漢到正覺講堂來？都不可能的，因爲他們所謂的阿羅漢阿迦曼或三果人阿姜查，那些人全都是凡夫。再把西元五世紀寫《清淨道論》的覺音論師給搬出來檢查，也還是凡夫，眞的沒有阿羅漢可以來到正覺講堂。

就算有吧，來到這裡時，親教師們只要問他一句：「如何是佛？」他就答不得了。如果講了一堆言語，我一定答說：「那不是佛。」他們當然得要問：「如何是佛？」我給他一巴掌，我就走了。哪一天他又追過來，在正覺講堂堵住我：「你還沒有告訴我，如何是佛？」我就換左手掌再給他一掌，叫他疑三十年去；等三十年後會了，正好進正覺來當我的徒弟。假使今天有人第一次來聽我講經，心裡一定說：「喔！你這個蕭平實這麼狂。」但我說我眞的不狂，因爲我說的是眞實語。要不信的話，你趕快努力去修，把《阿含正義》讀透，然後精進付諸於實行，證得阿羅漢果了再來聽我講一講，等到我幫你證悟了以後，你來看我說的實不實？所以我這樣講經說法習慣了以後，出去到外面都不敢開口，因爲我一開口講了，人家會說我是個瘋子。可是諸位知道我在講什麼，不拿我當瘋子，外面的人聽我這樣講，大概都會當作我是瘋子。

這就是說，如來所知道的法是非常勝妙的，殊勝微妙深奧廣大。且不說如來講的實相法界妙法，單說有爲法界好了，什麼是有爲法界？世界悉檀講的就是。凡是世界悉檀、爲人悉檀、對治悉檀，都屬於有爲法界。那什麼是有爲法？最切身的就是我們五陰、十二處、十八界等功能，就是最基本的有爲法，如來看得非常透徹；這樣的有爲法中的所有智慧，一切辟支佛、阿羅漢都不能理解。即使他們證得阿羅漢、辟支佛了，也無法完全理解；就譬如人爲什麼成其爲人的五陰，這個由來就有很多計較：前世是怎麼樣，這一世才會成爲這樣的人。有句俗話說「人心不同各如其面」，但爲什麼會這樣？

這也是有爲法呀！可是阿羅漢、辟支佛都不懂。

那麼有情在三界六道中，在四生、二十五有之中，怎麼樣輪迴轉變的，這阿羅漢、辟支佛也不懂，這也是有爲法呀！至於十方諸佛世界，也是有爲法；那十方諸佛世界是怎麼回事，阿羅漢、辟支佛也不能知，大多數都只能信受佛語。所以講《法華經》時，我也舉出例子告訴諸位目犍連尊者的事：他爲什麼要先承侍八千佛，然後再承侍二百萬億佛才能成佛？因爲他以前藉著大神通，曾經入定看見八千個佛剎，出定後覺得自己很厲害，於是以師子步行走而去見 如來，認爲 如來的所見不如他，正因爲這個緣故，他成佛的過程得要先供養奉侍那八千位如來。還有一次，目犍連爲了想要試驗 如來的清淨音域有多大，承佛神力加持，運用神足通往外飛，一個世界又一個世界而跑很遠，過了九十九江河沙等諸佛國土，到達光明幡世界，看是否還能聽聞如來的說法音聲，猶如面對面所聽到的一樣清楚，但是他以爲自己很行，卻因爲去得太遠而不知道娑婆世界的所在而回不了了；後來是那世界中的佛指導他念本師釋迦牟尼佛，終於在 世尊加持下回來了，從此以後他的慢心才算滅掉。正因爲這個緣故，他要先供養奉侍先前所見的八千諸佛。大家想想，目犍連的神通多麼厲害，還得要憑藉 釋迦如來之力才能回來見佛。你想他的神通那麼廣大都還會如此，如果是一般慧解脫的阿羅漢呢？阿羅漢如此，辟支佛亦復如是，所以 如來在有爲法中的所有智慧，不管哪一個辟支佛、哪一位阿羅漢都沒有辦法透過努力精進修行而具足了知。

這還是有爲法，可是如果要講到實相法界就別提了，他們聲聞法中的所有大小阿羅漢完全不懂。所以我們增上班的同修也許有人悟了以後想：「證悟了才只有這樣喔？我又沒有多長一隻手臂出來，我又不會飛，也沒有天眼。」可是我告訴你：「這個智慧是那一些定性聲聞所羨慕而不可得的，有天眼、有他心通的大阿羅漢們也不懂。」所以古時黃檗禪師跟一個天竺來的僧人行腳，有一天走到一個地方，因爲上游下大雨，河水暴漲，河就過不去了；那個僧人是個俱解脫的阿羅漢，他一飛就飛到水上去凌波而行，以笠當舟，又轉身招手：「來！來！一起過河來！」沒想到黃檗希運開口就罵他：「早知道是個自了漢，就把你腳後跟給剁了。」那個僧人被罵了卻不生氣。如果有人被罵就生氣，表示他不是阿羅漢，如果名聞利養被徒弟給竊佔了就生氣，就表示他根本不是阿羅漢。所以那個俱解脫阿羅漢聽到黃檗這麼罵就讚歎起來說：「啊！果然是個大乘法器！」讚歎黃檗希運。

原來這屈辱還眞的有人願挨，他讚歎並認爲自己作不到：菩薩要陪著眾生在世間輪轉生死，不能離開胎昧也無所謂。他認爲自己作不到，所以佩服黃檗希運。可是你們悟後進了增上班，學上十年以後你來看黃檗希運所講的那個法，都會覺得：「那個太淺了吧？」你覺得他太淺，因爲那只是總相智而已，頂多就是夾雜著一些少少的別相智，其中的後得智並不多，大部分是根本智。所以你悟後在增上班學了十年，也許覺得看來黃檗禪師也沒什麼，這也是勢所必然。又因爲你左鄰右舍可能都學得比你久，你當然覺得自己沒什麼，可是隨便哪一個定性聲聞、定性辟支佛見了你，都覺得你的智慧深不可測，他們是打心眼裡羨慕得不得了的，因爲他們想要學也學不來。

你覺得他們三明六通可以這樣飛來飛去很行，其實你只要遇到一個好的老師、修行三世、五世也可以成就他的功德，但要得到這佛菩提的智慧，不是精進三世、五世能成就的，而是必須一大阿僧祇劫的三十分之七才能成就。所以說：「**如來於有爲法中所有智慧，一切辟支佛、阿羅漢等不能得解知。**」這是事實。單說這有爲法，譬如十習因的內涵，二乘聖人有誰懂十習因？生前幹了什麼事就會下墮什麼地獄，回來餓鬼道時只能當什麼鬼，當鬼之後受報完回到畜生道來時，一定會當什麼畜生，有誰知道？阿羅漢、辟支佛能知道嗎？饒他三明六通大解脫亦復無知，而這都還是有爲法，不涉及實相法，所以單單是有爲法，二乘聖人就確實難知難解了。不但難知難解，連信受都難，所以如來藏妙法，我們出來弘揚十幾年時都還有很多人不信，直到現在二十幾年了才成爲臺灣佛教的顯學，這是多麼不容易的事！

那麼　如來又說：「**阿難！如來所知法，若爲汝說，汝則迷悶，何況是人當能信之？**」阿難已是入地的菩薩了，如來所有弟子之中最先成佛的就是他，他的智慧當然是非常好的，不然哪能最先成佛？可是　如來竟然說：「**把我所知道的法，如果爲你宣說，你聽了以後一定會迷惑，而且心中覺得很悶。**」因爲難以理解，連他都如此，何況是末法時代那些破戒的比丘、比丘尼們。他們破戒又貪著名聞利養、貪著外道的義理，所以他們根本不可能信受。想想如來地的十種境界，釋迦如來具足宣說了大家也聽不懂，得要靠　如來威神之力加持大家，才能看見說：「**原來世尊的第一種境界是這樣！**」可是看見了也只是看個表相，眞能知道它的境界與原因是什麼嗎？這還是得靠　如來威神之力加持才能少分而知，如果單單是解說，根本就聽不懂。

諸佛的第一種境界就已如此，如果說明第二種、第三種乃至第十種境界，那根本就不用提了。所以 如來說的是誠實語：「**如來所知法，若爲汝說，汝則迷悶，何況是人當能信之？**」所以當你們在會外，不說行腳，說走路去到哪裡逛一逛，遇到了法師，不論比丘或比丘尼，你跟他們說什麼叫作證眞如，他們聽了根本就不信；想要向你問清楚來弄懂一點概念的人根本不存在，那是少數中的極少數。所以他們連信都難的。

如來接著說：「**如來於今說如是經，爾時癡人猶尚不信，何況能信所說罪報？**」也就是說 如來現今在《佛藏經》中所說的這一些法，到了末法時代的那些破戒比丘、比丘尼們，他們都是愚癡的人，仍然不能信受，是說他們連勝妙的法義聽了都不可能信受。那麼 如來說由於誹謗這個勝妙法義，將來會受什麼罪報，他們更不可能相信的。一定先要信受說，這是眞正究竟的勝妙的法，才會信受「**誹謗這個勝妙法將來會得到什麼果報**」。就好像世間法中得罪鄰居，跟得罪古時的縣令，果報一定不一樣的；得罪了縣令再來相較於得罪了知府時，果報又不同；如果一天到晚大庭廣眾斥罵國王、斥罵皇帝，那罪當然更重了。

這道理是說，如果幹的是誹謗一般的法，例如誹謗人天善法，那也得罪，死後也會受果報；就像有時戲曲中總是說：「**你干犯天條，該當何罪！**」請問天條是哪一天的事？只是忉利天而已。干犯忉利天所規定的律法，那罪可不輕了；如果誹謗了魔天的天主、他化自在天的天主，或者誹謗初禪天的天主，那罪又更重。可是這些罪比起誹謗初果人來講又算輕了，若是誹謗證初果的法義，這罪就更重了，因爲不是只謗人天善法。如果他誹謗的是證阿羅漢的法、進而誹謗證緣覺的法，最後還誹謗菩薩所修成佛之法，其罪可想而知。可是他們對於諸不同層次的法是如何的勝妙，都不能理解，也不相信佛法是那麼勝妙，所以誹謗那麼勝妙的法以後，轉身捨報下一輩子要得到什麼樣的罪報，他們當然也不信受；因爲他們認爲這個成佛之法沒什麼，誤認是外道的說法、是外道的神我，只相信說：「**一切法都苦空無常，還說什麼有眞實我？那如來藏常住，不正是外道神我嗎？**」他們認爲是這樣，所以他們認爲誹謗無罪。

可是如來藏不是外道神我，外道神我只是第六意識，而如來藏阿賴耶識是出生意識的第八識心，正是 世尊所說成佛之道的根本，所以誹謗了以後其罪無量無邊，因此捨壽後要受到的罪報非常嚴重。可是他們並不信，因爲他們對於了義經中說的究竟之法並不信受。所以你告訴他們說：「誹謗這了義法之後罪報如何深重。」他們不相信，因此人間還沒有到法滅之時就已經有現成的例子，釋印順不就是這樣的人嗎？他不信受如來藏的法是如何勝妙，認爲那是外道神我，所以恣意誹謗；他對於謗正法的事一點都不擔心，就公開誹謗。那你告訴他說誹謗如來藏會有重罪，他也不信，所以終其一生沒有看見他作出任何補救的行爲，因爲他不信會有罪報。

如來又說：「**阿難！法應當爾：『自身是惡，謂餘亦惡。』**」所以現在有一句大家常常講的詞句「群聚」，是說同類的人會結成一群而聚在一起；中國也有一句話說「物以類聚」，道理是一樣的。這就是說，當他覺得自己有許多犯戒的事情，這是正常的事，就會覺得別人應該也跟自己一樣常常犯戒。所以他自認犯戒、貪著外道義、貪名聞利養，心裡也會覺得說：「**我出家了是這樣，也沒有人來指責過我，想來其他的出家人也都跟我一樣。**」他就認爲大家跟他一樣犯戒、貪著外道義、貪名聞利養。但事實上不一定會這樣，有時人家只是不開口講他，並不代表都跟他一樣犯戒……等。可是破戒比丘們都會這樣想：「**都沒人來指責我，沒有來制止我，那他們應該是跟我一樣的。**」這就是 如來講的：「**自身是惡，謂餘亦惡。**」認爲別人跟他一樣，也是落在惡法之中。

那麼 如來把這個道理說完了，回到阿難的所問，阿難是問：「**當爾世時諸比丘等，於善法中云何精進？**」如來這時就正式回答這一句話：「**如今第一懈怠比丘，爾時第一精進比丘所不能及；若所持戒威儀智慧，不得相比。**」諸位這樣也許不好理解，我來作個說明好了。例如末法時代（不能說我們正覺之中，因爲我們是異類），一般道場中假使有比丘、比丘尼，他們一切隨和，跟任何人都不吵架而很隨和，如果有人來供養時，他們也是一切隨緣，都不跟人家計較多寡。平常行住坐臥也都與同修們共事，也是一切隨緣都不跟人家計較，如果閒下來沒事時他們也唸唸經、讀讀論，那麼這樣的比丘、比丘尼，在現代一般佛教道場中就是第一精進的比丘、比丘尼。

不要懷疑，這是眞的。現在一般道場中的出家人大多數不太讀經典論典，他們只是照著日課、晚課來作，有休息的時間就看看電視，現在還多了一樣——玩玩手機；如果再有時間就是出坡作點事情，接著就討論這個：「午餐要煮什麼？晚餐要煮什麼？」不然就是討論僧服：「今年冬天快到了，該再做件什麼料子的僧服。」不然就是討論：那庭院該怎麼樣再把它整理更幽雅。就談這一些，很少談佛法。所以如果有空閒時，能獨自一個人好好閱讀經典論典，想要去探索法義，那就算是第一精進比丘。這是眞的啊！當然經過正覺弘法二十幾年以後來到現在，一般佛教道場讀經論的人有多了一點，也只是多一點，是比以前好一些；以前是沒有多少出家人在讀經論的，但這是眞正的現象。

你想想以前那麼精進的聖嚴法師，在美濃閉關六年也沒有讀經論，只讀日本鈴木大拙寫的書籍而已，有誰眞的在讀經論？所以 如來二千多年前的預記是誠實語，這已經算是末法時代精進比丘或者精進比丘尼；還有哪個出家人說要好好參禪的？沒有啦！至於有的道場每年辦禪七，說他們有好好在參禪，然而他們參個什麼禪？參個野狐禪而已，都是把意識境界當作開悟之標的，哪裡是眞精進；他們是努力在外道法上用功，不能叫作精進。精進這兩個字的定義，是往正確的方向前進才叫精進，往錯誤的方向就不能說是精進。

那麼佛世第一懈怠比丘到底是指什麼樣的比丘？第一懈怠，大概諸位都沒想到過，第一懈怠比丘就是出家以後隨著日課而行，僧團裡怎麼規定他就怎麼作，如何修行他就如何修行，他也沒有企圖說：「我要證阿羅漢果。」乃至沒有企圖要證初果，只是因為僧團中，當大家時間到了都在打坐修定，他就跟著打坐修定；修久了以後他就有禪定的功夫，至少有個未到地定。很懈怠的比丘們總是能修到一念不生，有未到地定境界；然後一個不巧聽到 如來演說苦、空、無我、無常、四聖諦、八正道，就這麼一會兒他就斷了三縛結。他不是故意要去追求而證初果，就只是正好聽到了；是因為大眾都在聽法他就跟去聽，聽完了他就現觀：「果然是如此！」於是就斷了三縛結。

斷三縛結以後他有努力想要證二果嗎？也沒有，他就這樣一天到晚隨眾而已；當 如來講《般若經》時他只是聽一聽也不用心，遇到教外別傳時也不懂，直到他捨壽時就一直都是個聲聞初果；後來聽了許多大乘經典，終於迴小向大，就只是個通教初果，叫作初果菩薩。然後捨壽了生欲界天享福去，他是七次人天往返才會出三界的人，所以說他至少要七次人天往返才可能證得阿羅漢果，成爲阿羅漢菩薩；若要談到佛菩提道的十住位、十行位乃至十迴向位，他是無分的，這是佛世第一懈怠比丘。

可是到末法時代，第一精進比丘連初果都證不到；他非常非常精進，人家都已經安板了，他還奮發努力在讀經典、在作觀行，也是證不得初果。大家不要懷疑　如來這個開示，在我們正覺弘法之前，全球佛教界有誰斷了三縛結？一個也無。所以　如來說的是誠實語，末法時代第一精進比丘，眞的及不上佛世的第一懈怠比丘。

那麼如果要從所持戒或者威儀或者智慧三個方面來談，更都不得相比了。如來在世時僧眾持戒只要有一點點不合乎規矩，就會有別的僧眾依循戒法的規定而作舉發；末法時代的比丘們都沒有人在舉發了，因爲連布薩都沒有了，要怎麼舉發？聽說近幾年有些道場開始在作布薩了，這是好事，眞的好！但是幾年以前有嗎？我沒聽過哪個道場說：「**我們哪一天要布薩，這一天要留下來。**」都沒有！但現在聽說有一、二個道場有在作布薩，這眞是好事。以前卻不是這樣的，所以持戒的部分「**不得相比**」。

如來在世時，雖然你們看到《摩訶僧祇律》或《四分律》中，有的比丘犯戒犯得一場糊塗，可是也就他們幾個人在犯，不是多數比丘犯戒，這個觀念要先建立。就像優陀夷比丘犯戒犯上一大堆、非常嚴重，可以說邪淫戒的大戒、小戒多數是爲他制定的；但是由於 如來的威德，他最後被一一限制了，什麼淫事都不能作了，只能好好修道，最後還是得阿羅漢。在當時僧團犯戒的情況是不多的，往往是很少的幾個人，所以那時的比丘們持戒比起末法時代比丘們的持戒，不可同日而語。末法時代就算很精進嚴謹的守戒比丘，也常常有不小心就犯戒的事，這很平常；可是在古時那個環境，沒什麼機會可以犯戒，因此相差很多。

再來說威儀，如來在世時，大家看著 如來的威儀，不知不覺潛移默化都會跟著改變；可是末法時代的比丘們，尤其是有名的比丘或者比丘尼，他們的威儀你都會覺得不能信服。有的比丘還公開宣稱禪淨密三修，這算是什麼威儀？諸位再想想看，有個千某山的老和尚，他有一次在電視上說法，我覺得奇怪：他怎麼會戴個五方佛帽？後來才知道他們也是禪淨密三修的。至於一般的比丘、比丘尼們，營生的營生，趕經懺的趕經懺，或是作其他的種種事情，還有幫人家證婚的；他們不是在家人，而是現出家相的出家人，還來搞什麼佛化婚禮，由他自己當證婚人。這其實是違犯出家律的，招集信徒也不必作到這個地步吧？卻是這樣作了，你說這有什麼威儀？穿著僧服時，這僧服是代表解脫相；具足解脫相的出家人，老跟結婚生兒育女輪迴生死的在家人牽扯在一起，這不是很奇怪的事嗎？所以這威儀眞的不得相比。如果再說到其他的方面，那就更不堪了，不提也罷！

再說智慧，佛世第一懈怠的比丘，若不是惡比丘，至少都還證得初果。但是末法時代第一精進的比丘有誰得初果的？且不說得初果，單說未到地定的功夫就好，他們連看個話頭都還看不到。你們有沒有讀過黃老師那一本《見性與看話頭》？書中明舉現代專門教禪、主持禪七的大師，竟然連話頭都看不見，落到話尾中還以爲是話頭，這表示他沒有未到地定，但這還是末法時代名聞四海、走過五大洲，以教禪聞名的大法師，他竟然連佛世第一懈怠的比丘都及不上，因爲他還沒斷我見，又沒有未到地定，如何能相提並論？所以如來才會向阿難尊者說：「**且置莫問。**」是說：「**這個問題你把它放著，不要問了！**」是因爲末法時代的比丘們，在善法中沒有所謂精進的事。

有時看來現代比丘們好像很精進，其實不然。例如有的道場會規定每天早上或者每天下午要坐幾支香，正當在那幾支香時，大家都坐在那裡一動也不動，可是心裡在幹什麼？心裡不是在數息或者觀修不淨觀等，他們不是在五停心觀上面用心的，都是在打妄想；有時想著東家長西家短，有時是想著名聞利養、道場如何擴大規模等，想的大約是這一類，連次法都沒學好，所以他們的智慧自然就談不上了。有一些道場法師跟信徒們說：「你們想要去正覺喔？聽說去那裡學法很辛苦的。」然後大家或信或不信，腳步就先停下來了。那有的人不死心啊，有時有人來問：「師父啊！您那天說去正覺學法很辛苦，是怎麼個辛苦法？」師父就講上一堆辛苦事：「去那裡學法每天要拜佛，每天作定課，不但要去上課還要聽經，然後還要去作義工，每天回到家裡不是沒事幹，還是要拜佛作功夫；然後你還要好好去讀他們的書，你學到連睡覺的時間都不夠。」

有的人一聽，心想：「喔！這麼辛苦！我還是不要去吧。」於是師徒全部就退縮了。眞的如此啊！當他們那樣想時智慧如何能增長？所以智慧永遠起不來，連擇法覺分都沒有，何況證法？所以談到證法是不可能的，永遠沒有實證的機會。因爲不聽經、不讀書，擇法覺分就起不來；七覺支中很重要的擇法覺分一定要有，否則號稱是學佛、學智慧，到底是學個什麼？所以你們看：佛世第一懈怠的比丘都還證得初果，如來說的般若他也聽，如來第三轉法輪講的唯識增上慧學他也聽，就算不能實證，至少還可以依文解義。

可是末法時代第一精進的比丘連二乘解脫道的經典都沒讀過，第一義諦的大乘經就別提了，根本讀不懂；你看我們正覺弘法之前，有哪一個道場在講二乘菩提的五陰十八界？至少我所親近的那個寺院，那是我這一世剛歸依學佛時，在那個寺院學法五年，從來沒聽過什麼五陰十八界，是我出來弘法時才開始講的，以前他們連這基本的佛法都沒有教過。從來沒有人講過「識陰就是眼、耳、鼻、舌、身、意六個識」，所以當年教的就是：只要靜坐到離念時就是開悟、就是明心見性了。大家也都信受，沒有人知道那還是意識或識陰的境界。你們看專門教禪的大法師都如此，那一般所謂的學佛人就可想而知了。所以末法時代鼎鼎有名、每年主持兩次禪七的大法師，都不如佛世第一懈怠的比丘。如來說的眞是誠實語。

接著又說：「如來若說此人所行一切過惡，轉身所受，是人不信，更起重罪。」果然如此！末法時代破戒比丘所行的一切過失罪惡，我們有時爲他們想一想，腳底都會發冷。可是我們苦口婆心不斷地講，也整理在書中一本又一本流通出去，但他們都不覺得怎麼樣。有很多人對因果的道理是不相信的，釋印順就是其一；所以他的不信有三：不信有第七識與第八識，不信有地獄，不信有餓鬼道。因爲他敢否定地獄，就表示他認爲：凡是看不見的就不必相信；他看不見鬼，就不會相信有鬼道眾生。他們的認知就是，如果造了惡事，就有人夢裡來甩他巴掌或者用棍子打他而嚇醒了。得要連續三天重複這樣，他才會相信，否則他會認爲：「**你看我作了這些也沒怎麼樣啊！我不是還好好的嗎？**」還振振有辭。

所以如果你告訴她們：「**妳們這幾個比丘尼幹了這個事情，未來世會怎麼樣。**」她們根本不信。假使哪天我把四禪八定、五神通、四無量心都修回來時，我就眞的晚上不睡覺，每晚去她們夢裡打她們幾棍。因爲我覺得那一墮落是很不得了的事情，於心不忍；眼看著將來一定會那樣，因爲於心不忍，有能力時就得要去救人。可是有時想回來說，好在我現在沒有神通，不然連覺都沒得睡了。眞的啊！我這個年紀若不好好睡覺，血壓一直往上竄；想到這裡時，眞是一則以喜一則以憂。雖然不應該喜，可是有時想說：「**好家在。**」

等將來我們親教師們可以像我這樣時，那我白天睡覺，晚上就去救她們。」

（大眾爆笑…）。

這就是說，她們沒看見因果，也沒有智慧從現象界去分析她們身後未來世的因果；如果有智慧，不必親眼看見就會信因果的。例如同樣一對父母所生的三個兄弟，爲什麼智慧不同、健康不同、壽命不同？由這裡就可以推斷出背後的因果了。如果你有如夢觀，當然更會信因果了；因爲無量劫前曾經幹了什麼，所以後來變成什麼情況。好不容易今天才當人，而你有如夢觀，看見了往世和現在的因果關係，當然絕對信受，一點兒都不懷疑。但是有智慧的人，不必親眼看見，也不用如夢觀來證實；只要證悟後去觀察一下自己五陰十八界從來都活在如來藏中，作善事、幹惡業都在如來藏中；包括睡覺也在如來藏裡面睡，那你有哪一種業造了以後種子會落在如來藏外面？絕對不會的，當然都是未來世自己去領受的。

可是末法時代的比丘、比丘尼們沒有智慧，你跟他們說：「當你造了這些過惡，轉身所受，」也就是轉變一個色身，當這個色身壞了換下一世的色身，「轉變一個色身以後應該會受什麼果報。」他們根本不信。你如果跟他們講多了，越是苦口婆心，他們越是生氣、越發要幹，你救不了他們的，所以 世尊說「更起重罪」。

也許你持戒清淨，身為比丘，看見有的師兄弟跟著走入密宗搞起雙身法來，你勸說：「你們這樣作，將來會下墮三惡道的。」你苦口婆心跟他們講，他們也許反而生氣而反過來嘲笑你說：「你搞不到女人是你笨，不要來說我們。」就是這樣的，所以毀謗清淨比丘而變本加厲，就是「更起重罪」。因為當他們這麼講時，就是毀謗修行清淨的比丘，也是毀謗僧寶；而他們已經不屬於僧寶了，因為他犯了重戒，戒體已經不在了就不屬於僧寶。成為世俗人中的凡夫了，卻毀謗一位清淨持戒的比丘，他就犯了違逆僧寶、毀謗僧寶的重罪，眞的是「更起重罪」。所以末法時代可憂、可悲、可嘆的事情還眞多。

如來又說：「汝等若聞亦得憂怖，不能量其所受罪惡。」如來當年沒說的，留著我今天來說了。阿難忒慈悲，如來假使眞的為他講明今天的破法比丘、破戒比丘所幹的惡事，他聽了會難過到晚上都無法入眠。阿難是非常慈悲的一個人，不論誰跟他要求什麼，只要他作得到的都會答應你，他從來都不拒絕人家。世尊當年如果眞的爲他講明了，他聽了一定是憂愁恐怖。至於末法時代破戒破法的比丘、比丘尼們轉身捨報了，轉換一個色身之後到底要受怎麼樣的罪報，眞要細說的話得從阿鼻地獄說起，他們死後不會生起中陰身，如來藏在這裡捨身一分，地獄身就會現起一分；如來藏捨身五分時，地獄身就現起五分；猶如天平一樣，如來說「低昂時等」，當這裡捨身完畢，地獄身具足圓滿就開始受苦了。阿鼻地獄的重苦受完了，再一個又一個地獄慢慢次第受生痛苦回來，才能去餓鬼道給人家糟蹋，搶一口濃痰而不可得，多劫報盡之後才能當畜生。所以那個過程是極其慘痛淒苦的，可是他們心中不信，我們只能努力作，救幾個算幾個。

因此 如來說：「汝等若聞亦得憂怖，不能量其所受罪惡。」這個道理我們完全不疑，可是末法時代有很多的破戒、破法的比丘、比丘尼們是完全不信的，他們認爲說：「這只是如來的勸善之言。」釋印順在書上也說：「地獄是如來爲了教導弟子們而作的一個方便施設。」他是這麼講的，表示他不信因果也不信眞的有地獄；六法界他已經去掉一個了，只剩下五個法界，想來只要他看不見的就不信，所以餓鬼道的法界他也不相信，可見他只相信有四個法界。這是講到這裡說他相信有四個法界，可是從他不信受初禪天等境界，這樣看來他只信受人間以及畜生道。那修羅道他也看不見，他應該也還是不信的，但人間確實也有惡人常行惡事，就是人間的修羅，所以他心中可能只信世間有三道。

因此他就無所忌憚，明明大乘經說了那麼多法他都不信，《阿含經》明明也講了那麼多法，但他只選擇他願意信受的部分，其他都否定掉。所以《增一阿含》、《雜阿含》他都不信，認為那是第二結集才結集的，不是 佛說。由於這些邪見，所以這些人敢無所忌憚否定正法，可是他們將來「**轉身所受**」那個罪惡所得的果報，咱們眞的「**不能量其所受罪惡**」，可是我們能奈何他們嗎？也不能啊！所以我們只能盡量用書籍發行，試著看有沒有更多人願意轉介給他們去讀；如果他們讀了以後在捨壽之前，願意對眾懺悔，也許罪報可以減輕而不至於下阿鼻地獄，或者不至於入無間地獄，乃至不至於生在邊地獄，那也算救了他們。至少不必受長劫尤重之苦，也許有的人原來謗法破戒的罪不重，那他們讀了以後對眾至誠懺悔，來世不墮畜生，無妨繼續出家修道，那有多好！這就是我們所希望的。

深信因果的人不會像他們那樣的。你們知道嗎？以前慈航法師謹守分際，根本不敢謗法；他座下有一位法師，出家前是將軍；你們知道將軍要帶兵打仗的，那位將軍沒有戰死，生在戰亂時代當將軍而能夠活著退伍，表示他打了很多勝戰，但背後是什麼意思呢？諸位想一想就知道了。所以他後來一心求生極樂，聽說每天到了初夜讓大家離開了，他一個人在念佛堂念佛時，不是像大家這樣「阿彌陀佛！阿彌陀佛！」輕聲唸著。他念佛是聲嘶力竭喊著：「阿彌陀佛！來救我去極樂世界啊！」涕泗俱下，是用哭的、用喊的，每天晚上這樣。他正是深信因果的人，每天懺悔、每天這樣念佛，那你想，像這樣的人會謗佛謗法嗎？一定不可能的。徒弟這樣深信因果，師父當然也不差，所以當慈航法師看到印順的書那樣寫時，特地收集一套來當眾焚燒，他曾經撂下一句話：「將來自然有人來收拾他！」因爲他實在看不下去了，認爲那是無比深重的罪業啊！

可是他那樣燒了、撂下那一句話，印順依舊不改其過，眞的沒辦法改變他，也沒有人能幹這件事。既然沒辦法，只好我們來作，所以每次我們的書出版時一定都有寄給印順。我就這樣作，明人不幹暗事，我評論了誰就寄給誰。我寫了《正法眼藏—護法集》，就寄給自在居士；我評了釋印順，第一本是《眞實如來藏》，我親自去郵局寄給他。後來我們列了名單，有四十幾位固定會寄新書，他是在名單裡的人。後來都是由推廣組在寄，可能到死後才沒有再寄給他吧？我不知道，我很久沒管這件事了。可是寄去了他讀不讀？你們認爲他不讀嗎？我不認爲。我認爲他一定會讀，找找看蕭平實的書中有什麼碴，可是終其一生沒有找出碴來。沒有找出碴來就應當信了吧？欸！又沒有任何的補救動作，所以我就想：「**壞了！救不到他。**」

這就是說，毀謗的法越勝妙時，毀謗者的罪就越重。如果毀謗世間法，雖然它只是一般的善法，毀謗了也有罪。例如宣稱沒有因果，或是說「**什麼因果？那都是騙人的**」，這樣毀謗也有罪，因爲因果律是世間善法。凡是毀謗世間善法都有罪的，如果是毀謗最極勝妙之法其罪最重，可以說三界中最無以倫比，這是最重的罪。但釋印順就堂而皇之公然否定，所以　如來說當時的佛弟子如果聽了一定憂愁又覺得恐怖，誰能去衡量他們將來捨壽之後、換一個色身所將領受的罪惡呢？那麼接下來　如來又開示說：

經文：【「阿難！如來深法，受者難有。於意云何？好床茵褥，豚子樂不？」「不也，世尊！」「阿難！我阿耨多羅三藐三菩提，此法深妙，智者所樂。是人不能信解通達，得出家已，自稱沙門，不能堪受如實教化；於此法中不能修心，不得滋味，振手而去，墮在惡道，猶如豚子捨好床褥。何以故？阿難！是我阿耨多羅三藐三菩提甚深清淨，非難化者所能信解。難降伏者、無智慧者、難滿者、難養者、破戒者、難與語者、住邪法者、行邪行者、貴財利者、以衣食爲上者、破威儀者、破戒德者、墮頂者、弊惡者、懈怠者、小欲者、小精進者、無羞者、耐羞者、匆匆營事業者、沙門中旃陀羅、沙門中白衣、沙門中敗壞、沙門中行邪道者、非沙門自言是沙門者、魔所吞者、與外道義合者、不如說行者、樂衆鬧者、樂散亂語者、具有魔事者、魔衰惱者、煩惱熾盛者、我見者、人見者、衆生見者、顛倒者，於我此法若能信解通達，無有是處。何以故？阿難！我阿耨多羅三藐三菩提清淨快樂，與此惡人不相稱可。阿難！譬如百千億三千大千世界，中間曠遠，此弊惡人遠沙門法猶尚如是，況除煩惱得涅槃？阿難！如此事者說不可盡，當來沙門弊惡鄙賤，深懷慳貪，深懷瞋恚，深懷不信，三毒熾盛，心行粗獷，難可制御。」】

語譯：【世尊又開示說：「阿難啊！如來的深妙法義，能承受的人很難有。爲何這麼說呢？譬如有好的床，有柔軟的被褥等，那一些豬仔們喜歡嗎？」阿難回答說：「不會的，世尊！」如來又說：「阿難啊！我的無上正等正覺，這法非常的深奧微妙，是有智慧的人之所愛樂。這些人不能信受和勝解以及通達，有因緣可以出家了以後，自己稱爲出家修行的人，而其實不能堪受這種勝妙法如實的教導與度化；在這樣的法中不能好好地修心，不能得到勝妙法的滋味，他們棄如敝屣振手而去，死後下墮在惡道之中，就好像那些豬仔們一樣捨棄了好的床褥。這是爲何？阿難！這是因爲我這個無上正等正覺的法非常深奧和清淨，不是難以度化的人所能信受與勝解。難以降伏的人、沒有智慧的人、難以滿足的人、難受養育的人、破壞戒律的人、很難說得上話的人、住在偏邪法中的人、實行於邪行中的人、看重財物利養的人、以衣食作爲最主要目標的人、破壞威儀的人、破壞戒德的人、墮落而沒頂於五欲中的人、弊惡的人、懈怠的人、正法欲很小的人、小小精進的人、沒有羞恥心的人、耐於羞恥的人、匆匆經營事業的人、出家人中的不清淨者、出家修行人中的白衣、出家修行人中的敗壞者、出家修行人中的實行邪道者、不是眞出家修行而自稱出家修行的人、被魔所吞噬的人、與外道的教義和合在一起的人、不如說而修行的人、樂於大眾喧鬧的人、樂於散亂言語的人、具有魔的各種事業的人、或者被魔所衰惱的人、煩惱熾盛的人、有我見的人、有人見的人、有眾生見的人、顛倒見的人，這些人在我這個無上正等正覺的妙法中，如果能信受、勝解或者通達，沒有這個道理。這是為什麼呢？阿難！我無上正等正覺的妙法中是清淨的、快樂的，與這些惡人不相契合也不可能使他們接受的。阿難！譬如百千億的三千大千世界，這些世界的中間距離是非常曠大長遠的，這些弊惡的人們遠離出家修行之法尚且像是這樣子遙遠，何況能修除煩惱而得涅槃？阿難！像這樣的事情再怎麼樣說明都說不完，未來世末法五濁時的出家修行人弊惡而且鄙陋下賤，深心中懷著慳貪，深心中懷著瞋恚，深心中懷著不信，貪瞋癡三毒熾盛，心行也都很粗糙而邪獷，難有什麼人可以制止他們、駕御他們。」

講義：如來這個比喻聽起來還眞讓人傷心，但末法時代的現在的事實就已經是這樣了，更何況未來的九千年！本來想我乾脆念過就算了，但想來還是得要略說，眞的不想詳細說。如來呼喚阿難說：「如來的法甚深極甚深，到了五濁惡世而且是末法時代能承受的人很難值遇、很稀有的。」確實如此！我出來弘法的早期，把當代佛教界看得太高了，所以我當時的想法是：「我這樣的勝妙法，應該很容易就傳揚出去，大家會搶著要；傳給大家以後有人接了，我就可以退休回鄉歸隱了。」我是這樣想的。所以我一股腦想要把全部的法教給大家，希望趕快有人接了，我就退休。我的理想是回老家去安享晚年，就像臺灣南部某大法師說的：「從此過著快樂的日子！」我想要把禪定等再修回來，往昔當了國王失去的要趕快修回來，結果大失所望。

所以《宗門法眼》一書，剛開始叫作《禪門摩尼寶聚》，我一口氣印了五千冊，心想這麼好的書，讀了就能開悟，只定價五百元，眞的太便宜，這一印出去一定是洛陽紙貴。沒想到當年賣了兩年還賣不到兩千本，大失所望！現在終於信了「如來深法，受者難有」，我弘法二十幾年才度得諸位，所以 如來眞是誠實語。

《佛藏經》上週講到八十五頁第一行：「阿難！如來深法，受者難有。」說眞的，確實是受者很難有。且不說佛菩提道，單說眞正的聲聞解脫道，能接受的人就很難有，大多數法師居士們都只能接受誤會後的解脫道。解脫道的實證是要斷我見，斷我見是把自我一體否認；可是到了末法時代，不管大師小師們，要他們否定自己是多麼難！永遠都是很困難，都不是容易的事。所以也有名聞四海的大法師，有一段期間還提出一個主張說：「**學佛就是要把握自我，要當自己。**」當年大師那樣談時，也有一位大居士跟著這樣講：「**要把握自己。**」但五陰的自己是假有的，他們都不信受。明明 如來不斷地提起說：「**五陰等我都是假的。**」所以講無我。但這位教禪的大法師竟然說要把握自己、要把握自我、要當自己。

你說，這麼淺的聲聞解脫道，各大山頭的大法師們都不能接受，只認同假的解脫道（入無餘涅槃時仍有意識離念靈知心存在），你說一般人怎能接受？那我們《邪見與佛法》出版也十來年了，書中很明白地告訴大家：「**阿羅漢入無餘涅槃是十八界都滅盡的，根本沒有五陰我可說，就只剩下如來藏獨處，誰都找不到祂了。**」因爲沒有五陰存在了。到現在爲止，有哪一個道場出來說：「**蕭平實這個說法對啊！**」完全沒有。假使是絕無僅有，終於冒出一個道場說：「**正覺這個說法是正確的！**」只有那麼一家，那我大概要樂壞了，說：「**搞不好現在又回到像法時期了！**」但是你看，至今沒有人接受。

連解脫道都難了，那如果要說到佛菩提道：要明心證悟、要眼見佛性、要過牢關證解脫果，要非安立諦的三品心具足圓滿，還要安立諦的十六品心具足圓滿、九品心也具足圓滿時才能入地，得要一大阿僧祇劫才入地。一大阿僧祇劫！你說他們誰願意接受？再說到入地之後一直修到佛地爲止，有那麼多無量無邊的法要學，而每一個法都是各住法位，不能更動。「法住法位」就是這樣，很多人就弄不懂了：「欸！那禪宗開悟到底跟經教有什麼關係？」所以就冒出一種說法很可笑：「宗門是宗門、教下是教下，兩個不相干。」所以也有法師說：「解脫道是解脫道，佛菩提是佛菩提，兩者是不相干的法。解脫道修成了，成爲阿羅漢時就是佛。」你告訴他們說：「還要證如來藏，還要眼見佛性，還有無生法忍，要具足一切種智才能成佛。」他們都不能接受。

就像我剛剛才知道的事，大陸有很多官員或者佛教界，或者學術界，他們在扯一個問題：「禪宗跟玄奘文化怎麼可能扯在一起？」眞是無知，他們都不知道禪宗開悟以後才有資格修學玄奘的法；我們剛提出來這個說法時，他們不能接受。那我們要提出證據，要鋪陳出理由，要告訴他們禪宗的實證跟玄奘的實證是什麼關係，不然他們會認爲玄奘是玄奘，禪宗是禪宗。你們看，第一義諦的正知見傳播有多難！然後又說：「孝順父母這種中國文化，跟佛法也扯不上關係。」但 佛陀示現給眾人看，祂是那樣孝順父母的，那不都白孝順了？你們看多麼難哪！眞的很難！所以 如來早就預見了，如來所說的那些深妙法，到末法時代眞是「受者難有」！我弘法二十幾年就度得諸位而已。臺灣號稱一千二百萬佛教徒，我只度得諸位，這個比例大概是多少？有沒有百分之一？我不知道，我數學很差，很不會計算。

所以很深、很妙、很廣、很微細難知的佛法，到末法時代能信受的人很稀有的；所以 如來說的句句都是誠實語，淺學之人不懂，他們讀到這兩句聖教就說：「如來講得太誇大了吧？這麼多佛教徒，大家都讀經典，都願意信受啊！」問題是信受的只是文字的表義，如來在經典說的那些眞實義，眞要講清楚，給他們知道眞正的佛菩提、眞正的解脫道，他們又不信受了，所以正是「受者難有」，難有的原因是因爲 如來的法太深，深到不可說、不可說，所以連眞見道位的證如來藏，都會被佛教界說成外道神我，你看 世尊的法夠不夠深？才只是眞見道所證的如來藏，他們都弄不懂了，若要談到悟後進修，禪宗祖師過了三關又發起了禪定，再證得阿羅漢果之後才能修學如來藏—玄奘菩薩論中的阿賴耶識深妙法義—他們焉能知之？怪不得這一、二百年來他們都說：玄奘是玄奘，禪宗是禪宗。

可要是沒有玄奘翻譯出這些經典，禪宗能在南方立足嗎？沒有辦法立足的。那麼禪宗的發展如果不是玄奘座下那些譯經僧，一個一個投胎再來進入禪宗裡，哪來那麼多證悟的禪宗祖師們？可是到末法時代大家都不知道，都認爲不是同一回事，而是各不相同的法；因爲他們不能貫通，不能貫通的原因正是 如來所說的深妙法太深廣、太微妙了！所以這需要我們不斷再說出更多的層面來，讓大家都瞭解了才行。所以我們要作的事情還很多，這些事情看來都是事相上的，其實不作、不把它講清楚，大家錯誤的觀念就無法改正。唉！如來的家業還眞難挑，光是演說法義幫大家證悟還不夠，還得要讓更多的人瞭解佛法的方方面面，然後他們未來世才有機會進入 彌勒尊佛的龍華三會中，否則各個都在謗法說：禪宗是宗門，玄奘那是教門，不相干。那就成了謗法者。

可是他們並不知道自己已經謗法了，這才嚴重！所以《佛藏經》不得不講。可是講《佛藏經》其實有很多時候會覺得不太好受，因為理想上是眞好，對大眾是這麼有益，可是現象上卻是跟《佛藏經》講的末法現象處處相符：破戒、破法、貪瞋癡……等全都相符。所以這心情是很複雜的。因為講《佛藏經》〈淨法品〉等，法樂無窮！可是〈淨戒品〉之後所說，那眞叫作憂喜參半啊！那現在經由我們在復興中國佛教的一些事相，來比對 如來說的這兩句：「**如來深法，受者難有。**」眞的是感慨萬千，所以讓諸位聽聽我發一點牢騷。

那麼 如來接著先作一個比喻：「**於意云何？好床茵褥，豚子樂不？**」豚子就是豬仔或是即將長大的豬。你們現在沒有看過古人是怎麼養豬的，就說我小時候的事吧；長落落的一排房間，最前面是店鋪，中間很長一段是房間與客廳，然後是廚房，而後才是養豬的地方，豬舍跟廚房、廁所是放在最後面的；這樣諸位可能會覺得「**怎麼這麼怪**」？其實不怪，我告訴諸位古人是怎樣生活的，請諸位心裡面把「家」那個字再顯現一次，「家」一定有上方的頂蓋，遮風避雨，但在那個頂蓋下面是什麼？正是豬。所以家裡面是要養豬的。最開始沒有所謂的豬圈，最開始是同一個房子裡面隔出一部分來養豬，所以養豬的地方就是家。逢年過節就抓一隻來殺了祭祖，然後大家打牙祭，補充平常不夠的營養，所以家裡一定有養豬。

但是養豬時北方跟南方不同，北方家裡養豬還行，因爲天氣比較涼；假使在南方就不一樣了，豬很怕熱，所以我們後面的豬圈是一個很大的空間，其中有三分之一的地方是比較高的平臺，另外三分之二是比較低的平臺，上下深度的落差幾乎是一隻豬的身高，豬在冬天就睡在高的地方，在那邊活動；夏天就到下面去，下面是沖洗的水跟屎尿混在一起，夏天時豬熱得受不了，就下去浸在屎尿水裡。豬拉屎時不一定會去到下面的池裡，所以每天都要用水沖到下面的池裡去；夏天熱了牠們去下面屎尿水泡著，也不會生病，都很健康，可能是免疫功能很好。

以前我小時候，家裡豬是這樣養的；那你鋪好床、乾草等物品，牠們全都咬爛，一樣拖到那池子裡去。所以養豬時，以臺灣的天氣來說，冬天不用怕牠凍死，牠們頂多不泡那些糞尿水，躺在乾地上就沒事兒，不會凍死，頂多給一些乾稻草。所以有時給牠們舊床被過冬，牠們不會眞的喜歡，牠只要吃得夠就行。若是野外的豬，你弄個好床、好衣褥給牠，牠也不要，而且每天要跑到爛泥裡去滾一滾。我們現在知識比較廣，知道牠爲什麼要去爛泥巴裡滾著，現在也才知道牠爲什麼要到糞尿裡面去滾，牠們不是滾了起來在牆壁上擦乾淨，反而是要讓它乾，目的是預防蟲咬，這就是牠們的生活方式。

所以豬，你沒有辦法要求牠們身上乾乾淨淨、睡什麼地方。現在的豬舍那麼乾淨時就得要給牠通風系統，要給牠們噴水噴霧，還要預防蚊蟲，就是這個原因，那些豬才能保持乾乾淨淨又不會太熱，否則牠們一定得去屎尿裡面打滾。如來就把豬拿來作一個譬喻說：「你的意下如何呢？好的床鋪，加上乾乾淨淨、溫溫暖暖的衣褥，**那些豬會喜歡嗎？**」阿難尊者答覆說：「**不會的，世尊！**」說那些豬不會喜歡。於是 如來就說了：「**阿難！我這個無上正等正覺的法太殊勝、太深奧、太微妙，這是有智慧的人所愛樂的。**」

末法時代的這些破戒比丘、貪財比丘們，這些人是不會喜歡的，他們喜歡的是世間法。確實，這個法很深、很微妙，有智慧的人才會喜歡。所以有時你拿了正覺的書，比如《心經密意》去找好朋友或者親戚，或者所謂的學佛人，當你送給他，他一看就說：「**啊！這個我都看不懂，不要給我。**」就丟回來。好些人接受了，就往書桌上一丟。可是你看他往桌上一丟，心裡覺得不太舒爽，就說：「這是法寶啊！你怎麼往桌上這麼一丟？」但我告訴你，有的人甚至等你離開了就丟到垃圾堆裡去。因爲他沒有辦法喜歡，他喜歡不了，而且書中說的跟他想要的佛法不同，這就是往昔留下來的業障。

在他的想法中，假使學到這個法之後：「我應該是一悟之後就能飛天遁地，夏天不怕熱、冬天不怕冷。不論什麼流行病來了，我不會被感染；因爲我悟了如來藏，如來藏不會被感染的，所以我悟後應該就都不會生病。」他是這樣想的。問題是他不理解悟到底是怎麼回事，所以他有很多的想像。因此，只有很聰明、很睿智的人，才會喜歡正覺這樣的法。那諸位願意在同修會留下來，而且還每週來聽經，每週來上課；聽經時又這麼委屈，連個椅子都沒有，在蒲團上坐到腳痠了，只好動一動身子、換換腿；可是雖然這麼辛苦，也是每週都來聽經而不改其樂，是因爲你們有智慧，懂得其中的法味。你們品嚐到法味了，也表示你們的智慧已經跟一般學佛人大不相同，現在成爲睿智的人了。

假使只看重世間法，對於這種勝妙的法義聽不懂，完全沒有趣向之心；後來終於聽懂了，心裡想：「喔！原來這麼勝妙的法教我解脱、教我得智慧，卻要捨棄世間的五欲之樂，來求什麼快樂都不能享受的阿羅漢果，或者成佛；然而什麼都不能享受，那我學佛幹嘛？」結果心灰氣餒：「啊！學佛原來是這樣，我不要學了！我還是唱卡拉OK去。」於是每天去吃館子：「要不然你都叫我救濟眾生，這些錢我幹嘛不自己花？」他沒想到的是繼續輪轉生死就有無量的痛苦，遲早都要走上這一條路。聰明人就說：「早也得走，晚也得走，我不如早走。」愚癡的人卻說：「我等下輩子吧，下輩子吧！」但每一世都下輩子，就這樣繼續輪轉生死。所以「此法深妙，智者所樂」，確實是這樣，只有睿智的人才會看清楚：「早走晚走都得走這一條路，逃不掉的。」

那麼話鋒一轉，如來就說：「到末法時代時，這一些破戒比丘、貪財利的比丘、貪名聞的比丘，不可能、也沒有能力信解這種深妙法。」信都不能信，理解就更難，通達也就不用提了。所以這一類人出家以後，自稱是出家人，因為「沙門」就是出家人。雖然是出家人，卻不能堪受如此教化，經典、論典、律典都還在，可是他們都不接受。師父是個實證的菩薩，如實地告訴他、教導他，他也不能接受；假使師父強求於他，說你一定要接受，一定要好好修行，不能再貪那一些五欲了，他乾脆告長假走人了，然後自己去外面瞎搞一通。這就是末法時代的現象，在末法時代這是正常的。假使這師父為了救護眾生就出來弘法，立刻就變成佛教界中的異類，就像我們正是這個寫照，所以我們在佛教界是異類。人家搞大名聲，我們不搞；人家搞名聞利養，我們不搞，所以我們是異類。

我們證的法又跟人家不同，你沒有看過哪個法師、居士寫了佛學書籍出版以後，書中始終找不到作者一張相片的。都希望：「不論去到哪裡，大家都認識我，就會禮拜與供養、讚歎。」然而那是生死法呀！遠離生死的法他們卻不要。所以這樣的末法時代修行人，出家之後自稱沙門，卻不能堪受 如來所說的眞正法義——勝妙的實相法的教授；他們不可能被勝妙法、深妙法所化度，這就是 世尊說的：「得出家已，自稱沙門，不能堪受如實教化；」所以 如來又說：「他們出家之後，在這個深妙法裡面不能修心，」老實說他們也不願意修心，就算想要修也修不成功，他們的心始終依附在世間法上，所以他們沒辦法修心。確實如此啊！假使能好好修心，出家了專業修行，至少也修個未到地定吧？還不說初禪，二禪與三、四禪也都不提，至少也修個未到地定吧！可是你看現代佛教界有幾人證得未到地定？所以他們真的「不能修心」。

對於 如來說的三乘菩提勝妙法，他們也是「不得滋味」。爲什麼叫作「不得滋味」？因爲完全讀不懂。師父若是證悟的菩薩，說深妙法給他們時，他們也聽不懂，所以他們「不得滋味」。「不得滋味」時他們會怎樣呢？當他坐在座位上時，身體定在那邊不搖不動聽著師父說法時，正好應了一句成語：如坐針氈。他坐的那個氈，就好像有很多刺在刺他一樣；覺得受不了時，最後「振手而去」，都不要了，全丟了，他就離開。出家廣受供養之後，不得法上的滋味，然後都在世間法上去作，「振手而去」也就捨棄了正法，之後一定會在世間法上運作。在世間法運作的結果，捨壽後就是「墮在惡道」。

可是他們知道這個事實嗎？以往我都不斷破斥一貫道，說他們對僧寶極盡侮辱之能事。以前有一個對子是：「世間好話佛說盡，天下名山僧佔多，」而一貫道有一句我就不太方便公開說，但我想還是說了吧：「地獄門前僧道多。」有沒有？其實地獄門前固然有僧道，這並沒有錯；但他們外道也逃不掉的——那些一貫道的講師們一樣逃不掉，因爲他們竊佔佛法、毀謗僧寶與佛陀，他們也逃不掉的。可是我們也得自己檢點一下，請你們想看看，有一次我車子停在路邊，那時正是冬天開著車窗，那條路很小，勉強鋪了兩個車道；當時我看見一位比丘和一位比丘尼在路上走著，中間是一位小孩子拉著他們的手，小孩子叫比丘叔叔，叫比丘尼阿姨。這是我親眼所見所聞。然後又看到好多的山頭是顯密雙修，甚至於有個山頭的住持前幾年死了，他以前出來講唯識，在電視上播出時，頭上還戴著五方佛帽。像那一類道場都是比丘尼掌權，比丘們一點權力都沒，因爲比丘尼們和住持方丈已經是一家人了。

那你看到這樣子能不傷心嗎？住在如來家、穿如來衣、食如來食、說如來法，結果專門搞外道的東西，那他捨壽以後要到哪裡去？當然就是墮在惡道。看在眼裡很痛心，但是無可奈何；只能努力說法，努力傳揚戒法吧！沒辦法啊，盡量救啊！救得了幾個便救幾個吧！一千個人拉上來三、五百個人可就高興死了！如果能拉著這二、三百個人不墮惡道，將來 彌勒尊佛來人間，我們看著他們說：「欸！這一些人終於證得阿羅漢果了！」其樂何如。

可是現在你看在眼裡，唉！眞是難過啊！但是沒有辦法，這就是五濁惡世的末法時代，也是無可避免的。因爲五濁惡世的正法時代就有這個現象了，但是靠著　佛陀的威德、諸大菩薩的威德來攝受，就把許多人給攝受了；甚至於使被攝受者後來證得阿羅漢果，就像優陀夷一樣，這是現成的例子。但是到末法時代，佛不在了，諸大菩薩們也不在了，只剩下我一個人，那我們能救幾個便救幾個，只能這樣。可是　如來這個說法一點都沒有冤枉，因爲他「**振手而去**」以後，又不肯捨去僧衣、不肯還俗，就搞一些世間的營生。因爲有這樣的比丘們，就有在家人有樣學樣學上來了，所以臺灣現在像妙禪這樣的現象，也就是理所當然了。

那我們看在眼裡，覺得他們可憐，但也得救。爲了要救他們就要再作很多事情，要作很多事就得要很多人；要很多人工作時，這些人總得要有不少人開悟了才好辦事，不然哪有智慧來判斷、來作這些事？所以每年春秋二季的禪三，我得要一個梯次、兩個梯次、三個梯次繼續廣大辦理，現在就得每回都辦三個梯次了。因爲不是每一個人都像末法時代破戒比丘那樣，有很多人只是被誤導，不是居心惡劣。我們就要培養很多人證悟來救他們，而我一個人兩隻手臂不過十根指頭，作不了多少事，所以忙到一塌糊塗，這《法華經講義》第十六輯應該要寄給印刷廠，得要印製了，但我到現在校對還趕不出來，希望明天晚上就寢以前可以趕出來，至少後天一定要趕出來，不然出版就遲了。

這意思在告訴我們什麼？如來的意思是說佛法太深妙，例如我們講「**法住法位，法爾如是**」，以前常常有一些大師書中偶爾引述這兩句話，可是他們並不知道是什麼意思，總是亂引用。諸法各安本位，但是都互有聯結，不是不相干的。就好比一個人，這是頭、這是雙臂、這是腳，五臟六腑該怎麼安置，原則上是不可改變的。你也不用問說：「**爲什麼肺臟在最高的地方？爲什麼腎臟最下，爲什麼更低的地方才是小腸、才是膀胱？**」要解釋起來就絡絡長了，當然有它的道理。這道理一般人不懂，那醫生就會懂了。肺臟爲什麼會在這上面？因爲鼻孔就得在這裡。胃爲什麼要在這裡呢？嘴巴又爲什麼要在這裡？當然就可以解釋。可是不懂的人，你跟他講解了也沒有用，就只好跟他說：「**法住法位，法爾如是。**」

如來也是一樣，有的人弄不清楚說：「**爲什麼如來藏在整個佛法體系是這個位置？而佛性又在這個位置？解脱道爲何在佛法中只是這個位置？又爲什麼法住法位？**」對這些愚癡凡夫眞的沒辦法解釋，如來只好告訴他說：

「法爾如是。」可是你有道種智了，就知道了：「因爲這樣，所以這個法要在這裡；因爲那樣，所以一切種智是在最高的層次；因爲這樣，所以三界最低的層次是地獄。」有道種智以後就知道了。可是對一般人，你都解釋不清的，因爲他們聽不懂，那你就告訴他：「法住法位，法爾如是。」

所以當你懂得時，三乘菩提以及人天善法各安其位，但是爲什麼各安其位？當然是互有聯結的關係，而不是各自獨立的；爲什麼這些都函蓋在如來藏中，這也是有道理的。可是他們完全不懂，既然都不懂，就會自己亂猜測、自己亂定位，所以像釋印順那樣就把佛法割裂到支離破碎，而我們懂這些內涵，就能印證太虛法師對他的評論是正確的。太虛法師知道佛法的輪廓以及互相的關聯，但印順法師並不知道，所以他把佛法割裂到像太虛法師講他的那樣：支離破碎。

像這樣的法太深了，你沒有辦法講給釋印順一類人知道，所以末法時代破戒的比丘，貪財利、貪名聞的比丘們都不可能知道。所以當他們於法「不得滋味，振手而去」時，身口意行就會全部都在世間法中運作；出家受供養而不在道業上用心，卻是在世間法中用心，藉著僧服的威德在世間法上搞名聞利養眷屬，結果捨壽之後，如來預記就是「墮在惡道」。所以就用豬的喜好來作譬喻，如果有聰明的、愛乾淨的、很有氣質的動物，牠們就會睡到好的床鋪與衣褥上，但那是別的動物，或者是豬中之異類；一般的豬都是喜歡在糞尿池或泥漿裡面泡。如來這個譬喻到底說什麼？說末法時代的破戒比丘，以及貪財利、貪名聞的比丘們，是比喻哪一種動物？（有人答話，聽不清楚。）所以這類出家人不可親近。本來期待著說，正覺這麼勝妙的法在世間出現了，應該前面這六、七排座位上坐的都是比丘、比丘尼，結果到現在呢，就只有諸位，看來他們出家不是眞的為法，只好嘆口氣，不想再說了。

如來又說：「猶如豚子捨好床褥。」眞的是這樣，因為他們只看世間表相，所以積聚錢財、畜養很多徒眾，把名聲搞大一點、山頭弄大一點，這就是他們之所好。若是捨棄世間法來追求道業，他們就一點興趣都沒有了，這就是五濁惡世的末法時代。那麼 如來就解釋這個道理，因為凡事都有其因，所以 如來解釋說：「何以故？阿難！是我阿耨多羅三藐三菩提甚深清淨，非難化者所能信解。」

如來解釋這個道理說：「末法時代比丘們會這樣，原因是因為我釋迦牟尼佛的無上正等正覺非常非常深妙，也非常非常清淨；」愛清淨的人不喜歡髒污之地，可是邋邋遢遢過慣髒生活的人，他們害怕住在清淨的地方；你要是給他住，他還會嫌棄說：「我住這裡，每天得要擦桌子、抹地板，眞的受不了。」如果是愛清淨的人，別說是看到不淨，遠遠聞見一點點怪味道就離開了。所以如果有哪個熟識的親朋好友，來找你去某個精舍時，你不好意思推辭，只得跟著他去；但是遠遠就已經聞到那個味道了，因爲那個精舍裡正是密宗的各種物品，首先眼睛就聞到味道了。這不是用鼻子來嗅，是用眼睛來聞；而且鼻子都已經聞到了，腳步就越來越緩慢、越來越沈重，靠近到五十公尺、三十公尺，確定了：這是密宗。於是你扭頭就走了，表示你愛乾淨。因爲你知道那是搞雙身法的地方，對你來講，那比糞尿還臭，所以你確定是這樣時扭頭就走了。

但如來的法甚深，比對密宗的法時，密宗的法深不深？眞的不深，太粗淺了！全都是在識陰六識的境界中，只是搞一些玄學，大家來論辯論辯，然後有的人少聞寡慧就覺得說：「密宗的法好深！」其實沒有什麼深的，都是意識思惟的境界，全都不脫識陰六識的境界，眞的很淺又粗俗。可是如來的無上正等正覺，且不說諸地的境界，也不說眼見佛性的境界，單說第七住位明心的境界，阿羅漢們連想像都無法想像，那你說深不深？就算眞的證悟了，也還只是第七住位，距離佛地還有兩大阿僧祇劫加上第七住位開始到初地爲止的那二十幾個階位，你說他們怎麼可能會信受、會理解？確實太深了！

那麼 如來說的無上正等正覺，要斷盡三界愛的煩惱，還要斷除三界愛的習氣種子，還要斷除異熟隨眠的生滅變易，這得要多清淨才行啊！且不說變易生死，也不說習氣種子，單說分段生死煩惱的斷除就好了，那些人就已經作不到了，至於佛地那種究竟清淨的境界，你說一般人怎麼會喜歡，更何況是破戒比丘？所以 如來說：「**是我阿耨多羅三藐三菩提甚深清淨，**」意思就是說「**甚深、甚清淨**」，當然，那些豬仔不會喜歡、豚子不會喜歡的。如來就說那一些人是「**難化者**」，因爲他們喜歡的是自我，斷不了我見與我執的。你說：「**這我見就是煩惱。**」你說：「**我所執是煩惱，我執也是煩惱。**」但他們都聽不進去，都喜歡在我所執裡打滾，更喜歡在我執中打滾。

從解脫道來看，這我見、我所執、我執是什麼呢？就是豬圈裡的那些糞尿，可是他們喜歡在那裡面打滾。你如果進一步說到「連習氣種子也要滅盡」，那他們更不能接受，就別提變易生死的斷盡了，這是極度困難的，所以如來說：「**非難化者所能信解。**」「信」就是接受、相信，「解」就是理解其中的道理，這些都很困難。世尊在二千五百年前說的，諸位拿來比對看看，一點兒都沒錯啊！經過我們二十幾年的說法，臺灣現在佛教的出家人，比起大陸的佛教出家人，已經進步十幾年以上、清淨十幾年以上了。

如來又說了：「**難降伏者、無智慧者、難滿者、難養者、破戒者、難與語者、住邪法者、行邪行者、貴財利者、以衣食為上者、破威儀者、破戒德者、墮頂者、弊惡者、懈怠者、小欲者、小精進者、無羞者、耐羞者、匆匆營事業者、沙門中旃陀羅、沙門中白衣、沙門中敗壞、沙門中行邪道者、非沙門自言是沙門者、魔所吞者、與外道義合者、不如說行者、樂眾鬧者、樂散亂語者、具有魔事者、魔衰惱者、煩惱熾盛者、我見者、人見者、眾生見者、顛倒者，於我此法若能信解通達，無有是處。**」如來舉例這麼多，那麼諸位從佛教界的現象中，先不談大陸，大陸眞的甭提了，就只談臺灣，因為臺灣比大陸佛教界進步十幾年，是我們正覺的功勞；雖然這不必居功，但是要把這個事實告訴諸位。

佛說的這些人，我沒有計算到底是幾類人，凡是有落到其中之一的人，世尊說：「**於我此法若能信解通達，無有是處。**」這裡面的人包括什麼：我見、人見、眾生見、顛倒，還包括「**匆匆營事業者**」，臺灣出家人作生意，看來很平常吧？有的小道場比丘尼，有人想要到她那邊出家當比丘尼時，她們怎麼規定的？要先在她們開的商店工作經營生意半年；她們看這段期間的表現很好時，才准許女眾進入寺中當式叉摩那，還不能圓頂。那麼每天在商店裡就是「**匆匆營事業者**」。那麼道場的住持派人每天晚上要算錢財，像這樣的道場，如來說了：「**於我此法若能信解通達，無有是處。**」

接著說「**難降伏者**」，諸位可以看臺灣佛教有多少人是「**難降伏者**」？就是貢高我慢一類人。至於「**無智慧者**」就是不懂邏輯或因明，爲他說法時，他始終沒有辦法貫通，理解都辦不到，連世間的法要跟他談都不容易。「**難滿者**」就是所求很多，如果他出家當沙門了，某一方面不滿意就會提出要求，後來則是要求越提越多，這就是「**難滿者**」。「**難養者**」是出家了住在道場中，不該一天到晚追求錦衣玉食；師父給你這樣的環境、這樣的生活條件，你就這樣住、這樣安居辦道；但他不是，一天到晚吹毛求疵，總想要好的生活享受，這叫作「**難養**」。

還有就是「**破戒者**」最麻煩。四威儀犯了倒也罷了，偏偏已經受了戒，卻一天到晚犯戒。「**難與語者**」有二種，一種是心性高傲不服人，不論你說什麼他都聽不進去，自認為比你行；另一種是很愚癡，你講什麼他都聽不懂，也完全不懂邏輯。「**住邪法者**」，譬如什麼叫作住於邪法中？就是顯密雙修，那眞是邪法。要不然就是一天到晚搞世間法、學紫微斗數為信徒算命，也有人學《易經》為信徒算命，全都叫作「**住邪法者**」；特別是學密宗的法，跟三乘菩提完全無關；其實他們講的《菩提道次第廣論》，也跟佛法完全無關，因為全都是外道常見的境界。

「**行邪行者**」，例如為人家祈福驅魔等，就是行邪法。「**貴財利者**」看重的是人家供養的財產，或者錢財供養等，只貴財利而不看重佛法。還有「**以衣食為上者**」，所以每天不是在道業上用心，總是想著：「**我這僧服不是最好的，現在聽說還有更好的布料，我也來做一套。**」然後吃得很計較，這叫「**以衣食為上**」，食不厭精、膾不厭細。接著是「**破威儀者**」，就是跟僧眾合不來，脾氣大得不得了；要不然就是應該有的日課、晚課都不作，儘作一些破威儀的事；甚至信眾來了，這女眾如果長得漂亮，他就動手動腳，也是破威儀；或者有時一件什麼事情他看不慣時就破口罵人，但比丘不可以這樣，這也是破威儀。

還有「破戒德者」，這就不用舉例，例如大妄語等嚴重犯戒的事，諸位都知道。還有「墮頂者」，是沉沒在世間法中始終無法出離，或者沉沒在外道見中都無法出離。還有就是「弊惡者」，心性不好，跟誰都處不來，也沒有辦法跟他講道理，就是「弊惡者」。「懈怠者」是打板了他不起床，人家過堂以後，他才拿著缽到五觀堂去，找剩菜剩飯吃；「懈怠者」對於自己該作的事情，都只是去晃一晃，過過手、過過腳。

「小欲者」，這個「小欲」就有文章了，在佛門謹記在心的四宏誓願中的兩個大願：「煩惱無盡誓願斷、法門無量誓願學」，他卻說：「我只要能放下某些事的牽掛就夠了，其他斷我見……那一些，我就不用了。」他只要這樣就滿足了，就是「小欲」。或者假使日課有規定，至少每天要坐上一座，或者每天至少要坐兩座，一座是兩小時。那就好好修定，因爲是規定的，終於有一天修得未到地定，然後他就滿足了：「我再也不要進修了。」這樣就每天高枕無憂，隨眾作息。這小欲包括什麼呢？哪一天終於證得初果、斷三縛結了，他就說：「哇！我這樣就滿足了。」這就不行，他滿足了就不求實相，這樣的人是無法通達般若的。

還有「小精進者」，每天看他都很精進，但他都只裝模作樣，偶爾有眞的精進，大部分時間都只是隨眾而已。「無羞者」跟「耐羞者」，到底兩者有什麼差別？「耐羞」就是人家一再嘲笑，三、四次的嘲笑乃至五、六次的嘲笑，他都覺得沒怎麼樣，但是他終究知道自己是不對的，如果很多人都跟他講，他偶爾也會說：「抱歉了，我就是改不過來啊！」這叫作「耐羞者」；可是「無羞者」都會跟你據理力爭，無理時還據無理而力爭說：「本來就是這樣啊！我說的才對。」有時她沒道理還去法院告人家，根本不覺得羞愧，這就是「無羞者」。

「沙門中旃陀羅」，旃陀羅就是不淨者；出家人中如果有不淨者，什麼人叫作不淨者，常住都得要留意著。凡是住在道場中手腳不乾淨，侵吞常住財物；或者出家以後，還有其他各種不乾淨的事，猶如《摩訶僧祇律》中的記載，咱們就不舉例。那麼「沙門中白衣」就是說他雖然外相是出家人，可是他實際上連我見都沒有斷，這就是「沙門中白衣」；而他的心完全沒有趣向解脫道或佛菩提道，想的都是世間事，也是「沙門中白衣」。

還有「沙門中敗壞」，在道場中不遵守戒律、不遵守僧律，寺院中的規矩他也不遵守，老是在破壞那些戒律跟規矩；甚至於弄什麼顯密雙修，這也是「沙門中敗壞」。「沙門中行邪道者」，什麼叫邪道？把外道法當作是佛法，所以他所行之道偏斜；在佛門中這種事情很多，密宗只是其中的一個例子！例如佛門中的出家人暗中修仙道，或者練氣功，他們是為了想要像道家講的修成三花聚頂等，把那個解釋作佛法的修證。所以有的法師這麼教導說：「你想要開悟，就要先練精化氣、練氣化神、練神還虛，一定要到達還虛階段以後才可能開悟。」我曾遇見過這種人。那就是行邪道，那根本不是佛法。

「非沙門自言是沙門者」，在大陸百分之九十是這樣的。由於我常常這樣公開地講，他們有聽到風聲了，有點受刺激，因此近年好一些。以前大陸人出家是怎麼回事的呢？只是先去寺院中見住持，說他想要出家；住持師父認可了就說：「明天早上你先去理髮店把頭髮剃光。」果然明天剃了頭去到寺裡，住持就直接給他僧服穿上，再給他一個法名，這樣就叫作僧寶了；什麼受比丘戒、比丘尼戒，都沒這回事，菩薩戒更別提了，可是一般人不懂，看見他們剃光頭穿著僧衣，納頭便拜，供養就奉上，然後他們就高高興興收了，只有極少數轉入常住，大部分帶回去給他兒子、給他女兒、給他孫子花；錢給了家人，明天又回到寺院裡住；有時則是自己積聚起來去幹別的事；他們有沙門的本質嗎？全都沒有。但聽說現在偶爾也有寺院在傳出家戒了，只不知戒和尚有沒有戒體。

再有一種「**非沙門自言是沙門者**」，臺灣也有，在市場中托鉢，其實連五戒都沒有受，連四聖諦、八正道等名詞都不懂，只是剃了光頭再去買一件僧服穿了，再買一個鉢，然後就到市場逢人就說：「**阿彌陀佛！阿彌陀佛！**」人家就會投錢給他，現在臺灣很多人知道了，都說那叫作騙子。保不定我們講經完以後，樓下外面排著托鉢的僧寶中也有這種人。這很難說的，因爲以前就曾經有密宗喇嘛裝扮作佛教的法師穿著來騙錢的。如果他們托大而故意示現爲密宗的身相，請諸位千萬不要布施，你若供養了就是造共業，因爲他們是破法者、敗壞佛門者。

如果是那種假冒的沙門，那你供養了頂多就是一般的布施，沒有共業可言；就算他是以假的身分騙你，那也沒關係，騙就騙吧，我們就當作布施。如果是穿著喇嘛的衣服，千萬別布施。這些都是「非沙門自言是沙門者」。既然說到喇嘛了，咱們就說：「喇嘛根本不是佛法中的出家人。」因為那全是外道法，而且他們所行的法不是出家法，並且是竊佔佛法的資源與表相，來矇騙佛弟子們接受供養，本質是騙子，當然不是沙門，但他們都自稱是佛教中的沙門。

「魔所吞者」函蓋的就廣了，喇嘛們都函蓋在這裡面；如果正統佛教道場號稱顯密雙修，也是「魔所吞者」；包括清清淨淨修行都不犯戒，可是就犯了一個戒叫作謗法，也是「魔所吞」；除非是「魔所吞」，否則哪來那麼大的膽子敢否定大乘法、還敢否定三乘菩提的根本法如來藏，一定是「魔所吞」，所以「魔所吞」的範圍很廣。

「與外道義合者」是不是很多？有好多法師都把外道法帶進佛教來，說那是佛法，其實與佛法根本不相干。很常見的就是「不如說行者」，演說佛法時告訴你：「『集』的首要就是不要貪，否則你就落到苦集諦中去了！」可是信眾如果供養的錢多了，他很歡喜；若是供養的錢少了，看都不看：「你直接投到功德箱去！」(大眾笑…)他教導信眾是那樣子，但自己是另一回事，不能如說而行。

至於「樂眾鬧者」，就是一天到晚攀緣，出家人該好好修道，學而有成然後為信眾們說法；但他一天到晚都在攀緣世間事，如果信眾來了，有的人棋藝精良，他就拉著他：「我們來下盤棋。」就一天到晚下棋；等而下之可就有更多的事了，這一類出家人就是「樂眾鬧」。還有「樂散亂語者」，就是一天到晚天南地北的聊天，不是互論佛法。「具有魔事者」，就是不但被魔所影響，而且已經在作了；魔最喜歡佛教中的出家人幹什麼？就是貪財、貪名、好色、好擁有廣大財產，已經作了的出家人就是幹了魔事。

那麼「魔衰惱者」，所謂「魔衰惱」就是想要脫離魔事魔業時，但始終被魔所干擾；這種人也不可能信解 如來的深妙法，因為他沒有時間信解，一天到晚都只能想辦法要遠離魔的干擾，可是心地不夠清淨就離不了，所以被魔所誘惑，一不小心就犯了，然後趕快懺悔；懺悔以後不久又犯另一件，又再懺悔，重複不斷地作，都是魔在背後來引誘他，而他頂不住誘惑，就被

「衰惱」了。

「煩惱熾盛者」，這有很多，已經算是小兒科了。例如出家以後，日課規定要打坐，修的是數息法、或者不淨觀、唸佛等，但不管是哪一種都修不好，因爲煩惱太強烈了。譬如他用功時口中唸著：「阿彌陀佛！阿彌陀佛！」但心中想著：「我女兒出嫁了，不知道她丈夫對她好不好？」「我兒子上個月生了一個金孫，不曉得現在好不好養。」都是在想這一些。因爲他不是年少出家，這種人「煩惱熾盛」；你告訴他說：「兒孫自有兒孫福，你不用爲他們煩惱；出家了就好好管你的道業，爲自己求解脫、求實相智慧。」他口中說：「好、好、好，我明天一定不這樣煩惱。」但明天上座時又是一樣，他心裡放不下，眞是「煩惱熾盛」；他在僧眾中相處倒也還好，就是這些煩惱放不下。

「我見者、人見者、眾生見者」，這就不用提，我們在前面已經講夠多了。但有個原則就是：凡是有我見的人，凡是我見存在的人，他不可能證悟的，因爲他一定緊緊地攀緣自我。所以要說到他有什麼證悟實相的智慧，門兒都沒有！因爲他永遠都是落在五陰十八界之中執著。那麼人見跟我見者也是一樣，眾生見者也是一樣。

「**顛倒者**」所說的顛倒，就是師父不管怎麼說，他總是聽錯；經論上講的意思、師父說的法，他總是起顛倒想來理解；像這樣，他根本不可能往正確的方向進修，這叫作「**顛倒者**」。至於顛倒，也有邏輯上的顛倒，或者世間觀念上的顛倒；這兩種顛倒的人，不論是其中的哪一種，當他來佛法中修學時，一定也是學不好。

如來說了這麼多種人，有三十幾種人了，你們去檢驗看看，假使比丘們有人落在其中的一種，如來說：「**於我此法若能信解通達，無有是處。**」

由這些 如來所說的標準來看，那些大山頭，例如慈濟開了一、二百家公司，又如新竹鳳山寺弘揚外道邪見的「廣論團體」又經營事業賺錢，或者小山頭開商店，讓想要去他那裡出家的人得在店裡爲他作生意，偶爾也會看見比丘尼在那邊幫忙經營；都已經圓頂、受過戒了的比丘尼，偶爾也在那邊幫忙作生意。那我告訴你，如來說這幾種人叫作「**匆匆營事業者**」。像這樣的人，你們要記住這兩句話，但是別講出來，也不要當面講，你心裡就想：「**這些人根本連我見都斷不了，至於如來的無上正等正覺，別說想要通達，**

要能信解都難。」連信解都不容易。由此可以知道，再也不用去讀他們寫的書，他們所說的法更不用聽了；因爲你都已經在正覺中學法了，而正覺會中所聽到的法、所修習的法，在他們那邊是不存在的，那你從這些現象上就可以判斷他們不可能信解 世尊的無上第一義諦，通達就不用提了。

接著說明原因，世尊就講：「何以故？阿難！我阿耨多羅三藐三菩提清淨快樂，與此惡人不相稱可。」如來說這三十幾種人就是「惡人」，說這樣的人在佛法中出家、住在寺院中就是「惡人」。他們如果脫下僧衣還俗，捨戒回家就不算是「惡人」，因爲世間法上這也算稀鬆平常；但身爲佛門出家人而這樣作就叫作「惡人」，因爲這是敗壞佛門，也會引起眾生的仿效，更會引起眾生對僧寶的不尊敬，這對眾生是有害無益的；當眾生對僧寶不恭敬時，他們對佛法就沒有信心了，所以 如來說：「我的無上正等正覺菩提，是清淨的、是快樂的，而這些惡人是不怎麼認同的。」

也許有人說：「哪有？我證得如來藏以後，如來藏並沒有快樂，也沒有悲傷，祂什麼境界都沒有，怎麼能叫作快樂？」那就要定義什麼叫作快樂？以出世間法而言，沒有煩惱綁著就是快樂，有煩惱綁著就不快樂。會有人說煩惱就是快樂嗎？沒有！那麼依解脫道來講，或是依佛菩提道來講，被煩惱綁著而無法出離生死就是不快樂；所以證眞如之後轉依眞如，煩惱的繫縛就次第減少了；次第減少就會越來越快樂，法樂無窮，所以叫作快樂。而且這快樂是清淨的，不像世俗法中的快樂是不清淨的；一切染污法來到眞如境界中都無法存在，這樣有智慧無煩惱的快樂境界當然是清淨的。

所以從菩薩來看，一個七住菩薩就可以說明阿羅漢是不清淨了，諸位想想看是不是這樣？對凡夫眾生而言，阿羅漢最清淨了，可以出離三界生死；阿羅漢住在人間時，完全不受欲界愛的影響；你們菩薩才不過剛證悟，都還無法出三界生死，爲什麼敢說阿羅漢不清淨？你就說：「他們完全無知於實相，見地不清淨。」「那你一個在家人證悟了，你在家裡還看看電視、幹嘛的，怎麼敢說他見地不清淨？他們連電視都不看呢！」說得有理。人家阿羅漢連新聞報導都不看，你憑什麼說人家不清淨？那你就說：「他們自私，都是自了漢。我雖然還沒有辦法入無餘涅槃，但是我一心爲眾生，所以我才是眞清淨。他們只想著捨壽就入涅槃，再也不理眾生，怎麼能說他們心地清淨？」所以禪師家一看到哪個弟子一天到晚打坐修定、觀行想要入涅槃，禪師家都很看不起。

洞山禪師有個弟子禪定非常好，也把我見、我執斷了，洞山禪師很清楚他的證量，請問諸位：「那在解脫道中是什麼果位？」是阿羅漢。有一天這個弟子賣了他的衣缽，辦齋供養眾僧，好像是供養了三年，然後捨壽。當然這弟子入涅槃了，爲他茶毗時也得要作個供養，才算如法。由於那入涅槃的弟子在三年前曾經來向洞山禪師告辭，當時洞山禪師就呼喚說：「侍者！取三兩麵粉來，與這個上座。」只用三兩麵粉供養那個即將入涅槃的弟子。僧眾問說：「爲何供養這麼少？」洞山禪師說：「他只值得三兩。」因爲他是自了漢。然後又有僧眾來問：「那他什麼時候再來？」洞山說：「他只懂得恁麼去，不懂得再來。」看來洞山很看不起他，眞過分喔？人家好歹是個阿羅漢，能坐脫立亡、入涅槃；僧眾之中有幾個人能像他那樣坐脫立亡而且入涅槃的？但洞山就是瞧不起他，說他是個自了漢，這一生不是爲眾生而來的。那麼這樣，你從佛菩提道來看，可以說他心地清淨嗎？

所以打從佛世以來熏習的就該是這樣的知見，誰要不是菩薩，別來跟我攀緣，我連跟他說話都嫌累；若是聲聞人，我根本連靠近都不想，別說要和我談話。他們只想自己趕快得解脫，從佛菩提來講，還要罵他更嚴重的一句話：「焦芽敗種。」他們的佛菩提芽已經燒焦了，菩薩種性的種子已經敗壞了，當然不能說他們清淨。如果出家後始終不斷我見，不想要修定、也不想求佛法的實證，落在這三十幾種過失中，當然更不是清淨者。心地不清淨時他們會快樂嗎！會的，今天收到一千萬元供養，明天收到兩輛勞斯萊斯，快樂啊！可是晚上睡覺時心想：「**我又不是眞的成佛了，收了這些供養，以前世尊在世時也沒有收這樣的供養納爲己有，那我將來捨壽後會怎樣？**」心中又不快樂了！尤其假使哪一天，聽到人家傳話過來：「**蕭平實在講經時說你了。**」更不快樂。

可是你如果依照無上正等正覺去實證、去轉依，然後爲正法、爲眾生而行，一定是清淨快樂的！只是沒有擁有勞斯萊斯的世俗煩惱中的快樂而已。那麼　如來說：「**我的無上正等正覺的清淨快樂跟這樣的『惡人』不相稱可。**」就是互相不能認可的意思，也就是互有排斥性。兩者之間有排斥性，沒有辦法拿來相提並論，因爲天差地別。「**不相稱可**」是什麼原因？是因爲那個精神與證境、或者說是心境，是完全背道而馳的。像這樣的人，對於無上正等正覺的勝妙法、深妙法，若是能夠信解，這真的沒道理，更別說是想要通達。

世尊又開示說：「**阿難！譬如百千億三千大千世界，中間曠遠，此弊惡人遠沙門法猶尚如是，況除煩惱得涅槃？**」這裡說百千億個三千大千世界，那我們來說明一下，譬如我們這個三千大千世界，天文學上叫作銀河系，或名星雲旋系；我們這一個三千大千世界，由於我們地球在這星雲旋系中，當我們在其中往天空看時是一片星星成爲帶狀，這是從側面所見，所以就像銀河一樣，是亮亮的一條帶狀；那我們的太陽系是在銀河靠旁邊的一個小世界。從我們這一邊通過銀河中央去到對面另一邊的邊緣，據我所知早期的天文學家說要十萬光年才能到達，是以光的速度前進要跑十萬年。那麼這個三千大千世界就已經這麼大了，諸位再想想看，這個銀河系三千大千世界，跟其他鄰近的三千大千世界的中間，需要多寬的距離？你們想想看，那一定是十百千倍以上的距離。

十百千倍的距離，你們想像看看，就等於是十萬光年的十百千倍光年才能到達的距離，那是多遠的距離？假使你有意生身，這時就不算距離了，因爲意生身是心所變，沒有距離的約束；可是你以現在人類的認知來講，那是太遙遠了！那麼這兩個世界中間的距離已經這麼大了，如果是百千億三千大千世界，那距離是多遙遠？難可想像了！所以 如來說：「**中間曠遠。**」說非常寬廣、非常遙遠。

那麼 如來說末法時代這種貪財利的比丘們，他們遠離沙門法的距離尚且像這樣的遙遠，那他們距離 如來的無上正等正覺清淨快樂的距離，一定是比百千億三千大千世界的曠遠還要更加曠遠；所以這樣的出家人，想要「**除煩惱證涅槃**」，哪有可能啊？所以 如來說：「**阿難！如此事者說不可盡，當來沙門弊惡鄙賤，深懷慳貪，深懷瞋恚，深懷不信，三毒熾盛，心行粗獷，難可制御。**」果然如是。末法時代的佛門出家人中，像這一類的事情眞要全部舉說出來，是講不完的；更何況還有附佛法外道一起來攪和，所以三不五時就會在電視新聞上報導出來。

最近這幾年我就奇怪說：「**爲什麼這幾年臺灣好像沒有看到喇嘛跟女信徒強行雙修而鬧出事件被報導出來。**」最近才知道，原來是因爲臺灣政府不許喇嘛再過來。所以聽說他們現在改去馬來西亞，所以馬來西亞現在密宗喇嘛教很興盛。唉！這一塊肉吃不到，他非得要吃，就跑去找另一塊肉吃。看來還不錯，臺灣政府算是保護了臺灣的婦女。但我就想起來說：「**是不是我們正覺基金會努力教育社會成功了**。」是喔？那麼有信心？所以所謂藏傳佛教的喇嘛教在臺灣漸漸吃不開了，老實說他們再來也沒什麼用了，因爲現在很多人都知道那根本不是佛教，講的和修的都不是佛法。

所以喇嘛教的信徒有一個特性，就是難度。爲什麼難度？因爲其實他們跟民間的信仰是一樣的，眞正的佛法全都聽不入耳。但是至少社會大眾都知道他們來臺灣時會騙色，被他們騙財時，甘願被騙也就算了，騙色可不行，所以家人會阻止去親近假藏傳佛教的喇嘛們，我們算是教育成功了。那種人其實不應該叫作沙門，所以喇嘛們都不是沙門，請諸位遇到親戚朋友時，如果有人說他們是佛門三寶之一，千萬要告訴他們這個事實。他們如果說那些喇嘛也是佛教中的出家人，千萬要告訴他們：「**藏傳佛教不是佛教，喇嘛們也不是佛門中的出家人，是山寨版的**。」因爲事實是這樣。

佛門僧寶以往幾十年來，不斷被他們搞雙身法來羅織，推說是佛門裡的事，其實與佛門完全無關，所以佛門整個臉都被他們弄到全無光彩了。他們明明是外道，所幹的惡事都說是佛教裡的事，你說冤枉不冤枉啊？好在如今臺灣政府沒再讓他們來臺了，我終於稍微鬆一口氣了，然而其實之前住在本地的喇嘛們還是暗中繼續幹著淫人妻女的勾當。但我們努力深入里鄰去教育的結果，現在喇嘛教的佛教文物店剩下不到一半；還剩下的是本來店門開很大，如今縮小到一半。以前行天宮側面的松江路這一邊，有個巷子口的喇嘛教文物店，本來是一樓二樓全都是賣喇嘛教用品的店，現在關掉了，變成網咖。顯然正覺救了很多人，但其實喇嘛教還有很多事相繼續存在於佛門出家人中，所以 如來說：「**當來沙門弊惡鄙賤，**」這種事情是說不可盡的，因爲亂象太多了。

出家之後「**深懷慳貪**」的人也很多，不像你們來到正覺同修會時這樣；例如出家人其實錢財不多，也肯拿出來護持正法。如果是會外的有些出家人，這眞的就像割肉一樣的感覺。身上若沒有弄個幾千萬、幾億元，他們總覺得不能安身；所以慳貪的出家人很多。三十年前臺中有個大法師過世，最少有二十年了；他的存摺裡有多少錢？是當時的七億多臺幣，不是現在貶值後的錢，其餘的財產就不用再提了，才會導致徒弟們到法院打官司爭財產。這還不是最大的山頭，想想看現在那些大山頭，一年收個一百億元臺幣不算多，都是正常的。那你想咱們算什麼？

可是咱們還是每年都要辦冬令救濟，還是要繼續作；我們不把錢財留著，錢財就是要用來利益眾生的；若是留著的話，你們護持正法得了福德，卻是要由我來挑業。但我沒這麼笨，所以我要把它運用出去，因爲我們沒有慳、沒有貪。所以我弘法以來，不曾賺過一毛錢，我還出錢護持；所以買禪三道場時我捐錢，買講堂時我捐錢，我就是這樣作的。這是一個證道的人應該有的本分，不能居功；因爲你轉依了如來藏以後，本來就應該要這樣，所以好多人說：「導師！您應該要開放給我們來供養，我們種的福田不夠。」有些人還想要種我這一方福田呢（大眾笑⋯），我說：「此例不可開。」因爲這一開就沒完沒了。我自己都在修福，還給人家種福田？

如果眞想要在我身上種福田也可以，就不要指定我把那筆錢用去幹什麼；接受這個條件，那你就算開來二億元支票，我也會接受。我就用這一筆錢護持正覺也可以，護持收據就開你的名字，你可以報帳、報稅都沒問題。如果是這樣的話，我可以接受的。這就是說，其實末法時代有很多破戒比丘，但是爲什麼他們會破戒？就是慳貪。

還有的人是「**深懷瞋恚**」，容不得任何人說他一點點事情；只要一句話不中聽，他馬上回應你，就是這樣啊！假使有人膽敢在報紙上刊登文章說他不對，他會馬上回應，不計較身分；他不會想說：「**我是大師，你名不見經傳，我不跟你計較。**」他不會這樣想，總是馬上回應，釋印順就是個現成的例子，這叫作「**深懷瞋恚**」。至於「**深懷不信**」，咱們下週再來談。

（未完，詳後第二十一輯中續說。）

佛菩提二主要道次第概要表——二道並修，以外無別佛法

佛菩提道——大菩提道

遠波羅蜜多

資糧位

十信位修集信心——一劫乃至一萬劫

初住位修集布施功德（以財施爲主）。

二住位修集持戒功德。

三住位修集忍辱功德。

四住位修集精進功德。

五住位修集禪定功德。

六住位修集般若功德（熏習般若中觀及斷我見，加行位也）。

外門廣修六度萬行

見道位

七住位明心般若正觀現前，親證本來自性清淨涅槃。

八住位起於一切法現觀般若中道。漸除性障。

十住位眼見佛性，世界如幻觀成就。

一至十行位，於廣行六度萬行中，依般若中道慧，現觀陰處界猶如陽焰，至第十行滿心位，陽焰觀成就。

一至十迴向位熏習一切種智；修除性障，唯留最後一分思惑不斷。第十迴向滿心位成就菩薩道如夢觀。

內門廣修六度萬行

初地：第十迴向位滿心時，成就道種智一分（八識心王一一親證後，領受五法、三自性、七種第一義、七種性自性、二種無我法）復由勇發十無盡願，成通達位菩薩。復又永伏性障而不具斷，能證慧解脫而不取證，由大願故留惑潤生。此地主修法施波羅蜜多及百法明門。證「猶如鏡像」現觀，故滿初地心。

二地：初地功德滿足以後，再成就道種智一分而入二地；主修戒波羅蜜多及一切種智。滿心位成就「猶如光影」現觀，戒行自然清淨。

解脫道：二乘菩提

斷三縛結，成初果解脫

薄貪瞋癡，成二果解脫

斷五下分結，成三果解脫

入地前的四加行令煩惱障現行悉斷，成四果解脫，留惑潤生。分段生死已斷，煩惱障習氣種子開始斷除，兼斷無始無明上煩惱。

近波羅蜜多

修道位

三地：二地滿心再證道種智一分，故入三地。此地主修忍波羅蜜多及四禪八定、四無量心、五神通。能成就俱解脫果而不取證，留惑潤生。滿心位成就「猶如谷響」現觀及無漏妙定意生身。

四地：由三地再證道種智一分故入四地。主修精進波羅蜜多，於此土及他方世界廣度有緣，無有疲倦。進修一切種智，滿心位成就「如水中月」現觀。

五地：由四地再證道種智一分故入五地。主修禪定波羅蜜多及一切種智，斷除下乘涅槃貪。滿心位成就「變化所成」現觀。

六地：由五地再證道種智一分故入六地。此地主修般若波羅蜜多——依道種智現觀十二因緣一一有支及意生身化身，皆自心眞如變化所現，「非有似有」，成就細相觀，不由加行而自然證得滅盡定，成俱解脫大乘無學。

七地：由六地「非有似有」現觀，再證道種智一分故入七地。此地主修一切種智及方便波羅蜜多，由重觀十二有支一一支中之流轉門及還滅門一切細相，成就方便善巧，念念隨入滅盡定。滿心位證得「如犍闥婆城」現觀。

七地滿心斷除故意保留之最後一分思惑時，煩惱障所攝色、受、想三陰有漏習氣種子全部斷盡。

大波羅蜜多

八地：由七地極細相觀成就故再證道種智一分而入八地。此地主修一切種智及願波羅蜜多。至滿心位純無相觀任運恆起，故於相土自在，滿心位復證「如實覺知諸法相意生身」故。

九地：由八地再證道種智一分故入九地。主修力波羅蜜多及一切種智，成就四無礙，滿心位證得「種類俱生無行作意生身」。

十地：由九地再證道種智一分故入此地。此地主修一切種智——智波羅蜜多。滿心位起大法智雲，及現起大法智雲所含藏種種功德，成受職菩薩。

等覺：由十地道種智成就故入此地。此地應修一切種智，圓滿等覺地無生法忍；於百劫中修集極廣大福德，以之圓滿三十二大人相及無量隨形好。

煩惱障所攝行、識二陰無漏習氣種子任運漸斷，所知障所攝上煩惱任運漸斷。

圓滿波羅蜜多

究竟位

妙覺：示現受生人間已斷盡煩惱障一切習氣種子，並斷盡所知障一切隨眠，永斷變易生死無明，成就大般涅槃，四智圓明。人間捨壽後，報身常住色究竟天利樂十方地上菩薩；以諸化身利樂有情，永無盡期，成就究竟佛道。

斷盡變易生死
成就大般涅槃

圓滿成就究竟佛果

佛子蕭平實 謹製
（二〇〇九、〇二 修訂）
（二〇一二、〇二 增補）

佛教正覺同修會〈修學佛道次第表〉

第一階段

* 以憶佛及拜佛方式修習動中定力。
* 學第一義佛法及禪法知見。
* 無相拜佛功夫成就。
* 具備一念相續功夫—動靜中皆能看話頭。
* 努力培植福德資糧，勤修三福淨業。

第二階段

* 參話頭，參公案。
* 開悟明心，一片悟境。
* 鍛鍊功夫求見佛性。
* 眼見佛性〈餘五根亦如是〉親見世界如幻，成就如幻觀。
* 學習禪門差別智。
* 深入第一義經典。
* 修除性障及隨分修學禪定。
* 修證十行位陽焰觀。

第三階段

* 學一切種智真實正理—楞伽經、解深密經、成唯識論…。
* 參究末後句。
* 解悟末後句。
* 透牢關—親自體驗所悟末後句境界，親見實相，無得無失。
* 救護一切眾生迴向正道。護持了義正法，修證十迴向位如夢觀。
* 發十無盡願，修習百法明門，親證猶如鏡像現觀。
* 修除五蓋，發起禪定。持一切善法戒。親證猶如光影現觀。
* 進修四禪八定、四無量心、五神通。進修大乘種智，求證猶如谷響現觀。

佛教正覺同修會 共修現況 及 招生公告　2022/03/07

一、共修現況：(請在共修時間來電，以免無人接聽。)

台北正覺講堂 103 台北市承德路三段 277 號九樓 捷運淡水線圓山站旁 Tel..**總機** 02-25957295 (晚上) (**分機：九樓**辦公室 10、11；知客櫃檯 12、13。 **十樓**知客櫃檯 15、16；書局櫃檯 14。 **五樓**辦公室 18；知客櫃檯 19。**二樓**辦公室 20；知客櫃檯 21。) Fax..25954493

第一講堂 台北市承德路三段 277 號九樓

禪淨班：週一晚班、週三晚班、週四晚班、週五晚班、週六下午班、週六上午班 (共修期間二年半，全程免費。皆須報名建立學籍後始可參加共修，欲報名者詳見本公告末頁。)

增上班：成唯識論釋：單週六晚班。雙週六晚班(重播班)。17.50～20.50。平實導師講解，2022 年 2 月末開講，預定六年內講完，僅限已明心之會員參加。

禪門差別智：每月第一週日全天　平實導師主講 (事冗暫停)。

解深密經詳解　本經從六度波羅蜜多談到八識心王，再詳論大乘見道所證眞如，然後論及悟後進修的相見道位所觀七眞如，以及入地後的十地所修，乃至成佛時的四智圓明一切種智境界，皆是可修可證之法，流傳至今依舊可證，顯示佛法眞是義學而非玄談，淺深次第皆所論及之第一義諦妙義。已於 2021 年三月下旬起開講，由平實導師詳解。每逢週二晚上開講，第一至第六講堂都可同時聽聞，歡迎菩薩種性學人，攜眷共同參與此殊勝法會現場聞法，不限制聽講資格。本會學員憑上課證進入第一至第四講堂聽講，會外學人請以身分證件換證進入聽講 (此爲大樓管理處安全管理規定之要求，敬請諒解)；第五及第六講堂 (B1、B2) 對外開放，不需出示任何證件，請由大樓側門直接進入。

第二講堂 台北市承德路三段 267 號十樓。

禪淨班：週一晚班。

進階班：週三晚班、週四晚班、週五晚班、週六早班、週六下午班。禪淨班結業後轉入共修。

增上班：成唯識論釋：單週六晚班，影音同步傳播。雙週六晚班 (重播班)

解深密經詳解：平實導師講解。每週二 18.50~20.50 影像音聲即時傳輸。

第三講堂 台北市承德路三段 277 號五樓。

禪淨班：週六下午班。

增上班：成唯識論釋：單週六晚班，影音同步傳播。雙週六晚班 (重播班)

進階班：週一晚班、週三晚班、週四晚班、週五晚班。

解深密經詳解：平實導師講解。每週二 18.50~20.50 影像音聲即時傳輸。

第四講堂　台北市承德路三段 267 號二樓。

進階班：週一晚班、週三晚班、週四晚班（禪淨班結業後轉入共修）。

解深密經詳解：平實導師講解。每週二 18.50~20.50 影像音聲即時傳輸。

第五、第六講堂

念佛班　每週日晚上，第六講堂共修（B2），一切求生極樂世界的三寶弟子皆可參加，不限制共修資格。

進階班：週一晚班、週三晚班、週四晚班。

解深密經詳解：平實導師講解。每週二 18.50~20.50 影像音聲即時傳輸。第五、第六講堂爲**開放式講堂**，不需以身分證件換證即可進入聽講，台北市承德路三段 267 號地下一樓、地下二樓。每逢週二晚上講經時段開放給會外人士自由聽經，請由大樓側面梯階逕行進入聽講。**聽講者請尊重講者的著作權及肖像權，請勿錄音錄影，以免違法；若有錄音錄影被查獲者，將依法處理。**

第七講堂　台北市承德路三段 267 號六樓。

進階班：週一晚班、週三晚班、週四晚班（禪淨班結業後轉入共修）。

增上班：成唯識論釋：單週六晚班，影音同步傳播。雙週六晚班（重播班）

解深密經詳解：平實導師講解。每週二 18.50~20.50 影像音聲即時傳輸。

正覺祖師堂　大溪區美華里信義路 650 巷坑底 5 之 6 號（台 3 號省道 34 公里處 妙法寺對面斜坡道進入）電話 03-3886110　傳眞 03-3881692 本堂供奉 克勤圓悟大師，專供會員每年四月、十月各三次精進禪三共修，兼作本會出家菩薩掛單常住之用。開放參訪日期請參見本會公告。教內共修團體或道場，得另申請其餘時間作團體參訪，務請事先與常住確定日期，以便安排常住菩薩接引導覽，亦免妨礙常住菩薩之日常作息及修行。

桃園正覺講堂（第一、第二講堂）：桃園市介壽路 286、288 號 10 樓（陽明運動公園對面）電話：03-3749363（請於共修時聯繫，或與台北聯繫）

禪淨班：週一晚班（1）、週一晚班（2）、週三晚班、週四晚班、週五晚班。

進階班：週四晚班、週五晚班、週六上午班。

增上班：成唯識論釋。雙週六晚班（增上重播班）。

解深密經詳解：平實導師講解。每週二晚上，以台北正覺講堂所錄 DVD 放映；歡迎會外學人共同聽講，不需出示身分證件。

新竹正覺講堂　新竹市東光路 55 號二樓之一　電話 03-5724297（晚上）

第一講堂：

禪淨班：週五晚班。

進階班：週三晚班、週四晚班、週六上午班。由禪淨班結業後轉入共修

增上班：成唯識論釋。單週六晚班。雙週六晚班（重播班）。

解深密經詳解：平實導師講解。每週二晚上，以台北正覺講堂所錄 DVD 放映。歡迎會外學人共同聽講，不需出示身分證件。

第二講堂：

禪淨班：週一晚班、週三晚班、週四晚班、週六上午班。

解深密經詳解：每週二晚上與第一講堂同步播放講經 DVD。

第三、第四講堂：裝修完畢，已經啓用。

台中正覺講堂　04-23816090（晚上）

第一講堂　台中市南屯區五權西路二段 666 號 13 樓之四（國泰世華銀行樓上。鄰近縣市經第一高速公路前來者，由五權西路交流道可以快速到達，大樓旁有停車場，對面有素食館）。

禪淨班：週四晚班、週五晚班。

進階班：週一晚班、週三晚班、週六上午班（由禪淨班結業後轉入共修）。

增上班：成唯識論釋。單週六晚班。雙週六晚班（重播班）。

解深密經詳解：平實導師講解。每週二晚上，以台北正覺講堂所錄 DVD 放映。歡迎會外學人共同聽講，不需出示身分證件。

第二講堂　台中市南屯區五權西路二段 666 號 4 樓

禪淨班：週一晚班、週三晚班。

第三講堂台中市南屯區五權西路二段 666 號 4 樓

禪淨班：週一晚班。

第四講堂台中市南屯區五權西路二段 666 號 4 樓。

進階班：週一晚班、週四晚班、週六上午班，由禪淨班結業後轉入共修

解深密經詳解：每週二晚上與第一講堂同步播放講經 DVD。

嘉義正覺講堂　嘉義市友愛路 288 號八樓之一　電話：05-2318228

第一講堂：

禪淨班：週四晚班、週五晚班、週六上午班。

進階班：週一晚班、週三晚班（由禪淨班結業後轉入共修）。

增上班：成唯識論釋。單週六晚班。雙週六晚班（重播班）。

解深密經詳解：平實導師講解。每週二晚上，以台北正覺講堂所錄 DVD 放映。歡迎會外學人共同聽講，不需出示身分證件。

第二講堂　嘉義市友愛路 288 號八樓之二。

第三講堂　嘉義市友愛路 288 號四樓之七。

禪淨班：週一晚班、週三晚班。

台南正覺講堂

第一講堂　台南市西門路四段 15 號 4 樓。06-2820541（晚上）

禪淨班：週一晚班、週三晚班、週四晚班、週五晚班、週六下午班。

增上班：成唯識論釋。單週六晚班。雙週六晚班（重播班）。

解深密經詳解：平實導師講解。每週二晚上，以台北正覺講堂所錄 DVD 放映。歡迎會外學人共同聽講，不需出示身分證件。

第二講堂　台南市西門路四段 15 號 3 樓。

解深密經詳解：每週二晚上與第一講堂同步播放講經 DVD。

第三講堂　台南市西門路四段 15 號 3 樓。

進階班：週一晚班、週三晚班、週四晚班、週五晚班（由禪淨班結業後轉入共修）。

解深密經詳解：每週二晚上與第一講堂同步播放講經 DVD。

高雄正覺講堂　高雄市新興區中正三路 45 號五樓 07-2234248（晚上）

第一講堂（五樓）：

禪淨班：週一晚班、週三晚班、週四晚班、週五晚班、週六上午班。

增上班：**成唯識論釋**。單週六晚班。雙週六晚班（重播班）。

解深密經詳解：平實導師講解。每週二晚上，以台北正覺講堂所錄 DVD 放映。歡迎會外學人共同聽講，不需出示身分證件。

第二講堂（四樓）：

進階班：週三晚班、週四晚班、週六上午班（由禪淨班結業後轉入共修）。

解深密經詳解：每週二晚上與第一講堂同步播放講經 DVD。

第三講堂（三樓）：

進階班：週四晚班（由禪淨班結業後轉入共修）。

香港正覺講堂

香港新界葵涌打磚坪街 93 號維京科技商業中心A 座 18 樓。

電話：(852) 23262231

英文地址：18/F, Tower A, Viking Technology & Business Centre, 93 Ta Chuen Ping Street, Kwai Chung, N.T., Hong Kong.

禪淨班：雙週六下午班、雙週日下午班、單週六下午班、單週日下午班

進階班：雙週五晚上班、雙週日早上班（由禪淨班結業後轉入共修）。

增上班：每月第一週週日，以台北增上班課程錄成 DVD 放映之。

增上重播班：每月第一週週六，以台北增上班課程錄成 DVD 放映之。

大法鼓經詳解：平實導師講解。每週六、日 19:00～21:00，以台北正覺講堂所錄 DVD 放映；歡迎會外學人共同聽講，不需出示身分證件。

二、招生公告　**本會台北講堂及全省各講堂、香港講堂，每逢四月、十月下旬開新班，每週共修一次**（每次二小時。開課日起三個月內仍可插班）；**但美國洛杉磯共修處之禪淨班得隨時插班共修。各班共修期間皆為二年半，全程免費，欲參加者請向本會函索報名表**（各共修處皆於共修時間方有人執事，非共修時間請勿電詢或前來洽詢、請書），**或直接從本會官方網站**(http://www.enlighten.org.tw/newsflash/class)**或成佛之道網站下載報名表**。共修期滿時，若經報名禪三審核通過者，可參加四天三夜之禪三精進共修，有機會明心、取證如來藏，發起般若實相智慧，成為實義菩薩，脫離凡夫菩薩位。

三、新春禮佛祈福 農曆**年假**期間停止共修：自農曆新年前七天起停止共修與弘法，正月 8 日起回復共修、弘法事務。新春期間正月初一～初七 9.00～17.00 開放台北講堂、正月初一~初三開放新竹、台中、嘉義、台南、高雄講堂，以及大溪禪三道場（正覺祖師堂），方便會員供佛、祈福及會外人士請書。美國洛杉磯共修處之休假時間，請逕詢該共修處。

密宗四大派修雙身法，是外道性力派的邪法；又以生滅的識陰作為常住法，是常見外道，是假的藏傳佛教。

西藏覺囊巴以他空見弘揚第八識如來藏勝法，才是真藏傳佛教

佛教正覺同修會　弘法行事表　　2022/04/25

1、**禪淨班**　以無相念佛及拜佛方式修習動中定力，實證一心不亂功夫。傳授解脫道正理及第一義諦佛法，以及參禪知見。共修期間：二年六個月。每逢四月、十月開新班，詳見招生公告表。

2、**進階班**　禪淨班畢業後得轉入此班，進修更深入的佛法，期能證悟明心。各地講堂各有多班，繼續深入佛法、增長定力，悟後得轉入增上班修學道種智，期能證得無生法忍。

3、**增上班 成唯識論**詳解　詳解八識心王的唯識性、唯識相、唯識位，分說八識心王及其心所各別的自性、所依、所緣、相應心所、行相、功用等，並闡述緣生諸法的四緣：因緣、等無間緣、所緣緣、增上緣等四緣，並論及十因五果等。論中闡釋**佛法實證及成就的根本法即是第八識，由第八識成就三界世間及出世間的一切染淨諸法，方有成佛之道可修、可證、可成就，名爲圓成實性**。然後詳解末法時代學人極易混淆的見道位所函蓋的眞見道、相見道、通達位等內容，指正末法時代高慢心一類學人，於見道位前後不斷所墮的同一邪謬處。末後開示修道位的十地之中，各地所應斷的二愚及所應證的一智，乃至佛位的四智圓明及具足四種涅槃等一切種智之眞實正理。由平實導師講述，每逢一、三、五週之週末晚上開示，每逢二、四週之週末爲重播班，供作後悟之菩薩補聞所未聽聞之法。增上班課程僅限已明心之會員參加。未來每逢講完十分之一內容時，便予出書流通；總共十輯，敬請期待。（註：《瑜伽師地論》從 2003 年二月開講，至 2022 年 2 月 19 日已經圓滿，爲期 18 年整。）

4、**解深密經**詳解　本經所說妙法極爲甚深難解，非唯論及佛法中心主旨的八識心王及般若實證之標的，亦論及眞見道之後轉入相見道位中應該修學之法，即是七眞如之觀行內涵，然後始可入地。亦論及見道之後，如何與解脫及佛菩提智相應，兼論十地進修之道，末論如來法身及四智圓明的一切種智境界。如是眞見道、相見道、諸地修行之義，傳至今時仍然可證，顯示佛法眞是義學而非玄談或思想，有實證之標的與內容，非學術界諸思惟研究者之所能到，乃是離言絕句之第八識第一義諦妙義。重講本經之目的，在於令諸已悟之人明解大乘佛法之成佛次第，以及悟後進修一切種智之內涵，確實證知三種自性性，並得據此證解七眞如、十眞如等正理，成就三無性的境界。已於 2021 年三月下旬起每逢週二的晚上公開宣講，由平實導師詳解。不限制聽講資格。

5、**精進禪三**　主三和尚：平實導師。於四天三夜中，以克勤圓悟大師及大慧宗杲之禪風，施設機鋒與小參、公案密意之開示，幫助會員剋期取證，親證不生不滅之眞實心——人人本有之如來藏。每年四月、十月各舉辦三個梯次；平實導師主持。僅限本會會員參加禪淨班共修期滿，報名審核通過者，方可參加。並選擇會中定力、慧力、福德三條件皆已具足之已明心會員，給以指引，令得眼見自己無形無相之佛性遍佈山河大地，眞實而無障礙，得以肉眼現觀世界身心悉皆如幻，具足成就如幻觀，圓滿十住菩薩之證境。

6、**阿含經**詳解　選擇重要之阿含部經典，依無餘涅槃之實際而加以詳解，令大眾得以現觀諸法緣起性空，亦復不墮斷滅見中，顯示經中所隱說之涅槃實際—如來藏—確實已於四阿含中隱說；令大眾得以聞後觀行，確實斷除我見乃至我執，證得**見到**眞現觀，乃至**身證**……等眞現觀；已得大乘或二乘見道者，亦可由此聞熏及聞後之觀行，除斷我所之貪著，成就慧解脫果。由平實導師詳解。不限制聽講資格。

7、**精選如來藏系經典**詳解　精選如來藏系經典一部，詳細解說，以此完全印證會員所悟如來藏之眞實，得入不退轉住。另行擇期詳細解說之，由平實導師講解。僅限已明心之會員參加。

8、**禪門差別智**　藉禪宗公案之微細淆訛難知難解之處，加以宣說及剖析，以增進明心、見性之功德，啓發差別智，建立擇法眼。每月第一週日全天，由平實導師開示，僅限破參明心後，復又眼見佛性者參加(事冗暫停)。

9、**枯木禪**　先講智者大師的《小止觀》，後說《釋禪波羅蜜》，詳解四禪八定之修證理論與實修方法，細述一般學人修定之邪見與岔路，及對禪定證境之誤會，消除枉用功夫、浪費生命之現象。已悟般若者，可以藉此而實修初禪，進入大乘通教及聲聞教的三果心解脫境界，配合應有的大福德及後得無分別智、十無盡願，即可進入初地心中。親教師：平實導師。未來緣熟時將於正覺寺開講。不限制聽講資格。

註：本會例行年假，自 2004 年起，改爲每年農曆新年前七天開始停息弘法事務及共修課程，農曆正月 8 日回復所有共修及弘法事務。新春期間（每日 9.00~17.00）開放台北講堂，方便會員禮佛祈福及會外人士請書。大溪區的正覺祖師堂，開放參訪時間，詳見〈正覺電子報〉或成佛之道網站。本表得因時節因緣需要而隨時修改之，不另作通知。

佛教正覺同修會　贈閱書籍 目錄　　2021/8/30

1.**無相念佛**　平實導師著　回郵 36 元
2.**念佛三昧修學次第**　平實導師述著　回郵 52 元
3.**正法眼藏—護法集**　平實導師述著　回郵 76 元
4.**真假開悟簡易辨正法&佛子之省思**　平實導師著　回郵 26 元
5.**生命實相之辨正**　平實導師著　回郵 31 元
6.**如何契入念佛法門**（附：印順法師否定極樂世界）平實導師著　回郵 26 元
7.**平實書箋**—答元覽居士書　平實導師著　回郵 52 元
8.**三乘唯識**—如來藏系經律彙編　平實導師編　回郵 80 元
（精裝本　長 27 ㎝　寬 21 ㎝　高 7.5 ㎝　重 2.8 公斤）
9.**三時繫念全集**—修正本　回郵掛號 52 元（長 26.5 ㎝×寬 19 ㎝）
10.**明心與初地**　平實導師述　回郵 31 元
11.**邪見與佛法**　平實導師述著　回郵 36 元
12.**甘露法雨**　平實導師述　回郵 36 元
13.**我與無我**　平實導師述　回郵 36 元
14.**學佛之心態**—修正錯誤之學佛心態始能與正法相應 孫正德老師著 回郵52元
附錄：平實導師著**《略說八、九識並存…等之過失》**
15.**大乘無我觀**—《悟前與悟後》別說　平實導師述著　回郵 36 元
16.**佛教之危機**—中國台灣地區現代佛教之真相（附錄：公案拈提六則）
平實導師著　回郵 52 元
17.**燈　影**—燈下黑（覆「求教後學」來函等）　平實導師著　回郵 76 元
18.**護法與毀法**—覆上平居士與徐恒志居士網站毀法二文
張正圜老師著　回郵 76 元
19.**淨土聖道**—兼評**選擇本願念佛**　正德老師著　**由正覺同修會購贈** 回郵 52 元
20.**辨唯識性相**—對「紫蓮心海《辯唯識性相》書中否定阿賴耶識」之回應
正覺同修會 台南共修處法義組 著　回郵 52 元
21.**假如來藏**—對法蓮法師《如來藏與阿賴耶識》書中否定阿賴耶識之回應
正覺同修會 台南共修處法義組 著　回郵 76 元
22.**入不二門**—公案拈提集錦 第一輯（於平實導師公案拈提諸書中選錄約二十則，
合輯爲一冊流通之）平實導師著　回郵 52 元
23.**真假邪說**—西藏密宗索達吉喇嘛《破除邪說論》真是邪說
釋正安法師著　上、下冊回郵各 52 元
24.**真假開悟**—真如、如來藏、阿賴耶識間之關係　平實導師述著　回郵 76 元
25.**真假禪和**—辨正釋傳聖之謗法謬說　孫正德老師著　回郵 76 元
26.**眼見佛性**—駁慧廣法師**眼見佛性的含義**文中謬說
游正光老師著　回郵 52 元

27.**普門自在**—公案拈提集錦 第二輯（於平實導師公案拈提諸書中選錄約二十則，合輯爲一冊流通之）平實導師著　回郵 52 元

28.**印順法師的悲哀**—以現代禪的質疑為線索　恒毓博士著　回郵 52 元

29.**識蘊真義**—現觀識蘊內涵、取證初果、親斷三縛結之具體行門。
—依《成唯識論》及《唯識述記》正義，略顯安慧《大乘廣五蘊論》之邪謬
平實導師著　回郵 76 元

30.**正覺電子報** 各期紙版本　免附回郵　每次最多函索三期或三本。
（已無存書之較早各期，不另增印贈閱）

31.**現代人應有的宗教觀**　蔡正禮老師 著　回郵 31 元

32.**遠惑趣道**—正覺電子報般若信箱問答錄　第一輯　回郵 52 元

33.**遠惑趣道**—正覺電子報般若信箱問答錄　第二輯　回郵 52 元

34.**確保您的權益**—器官捐贈應注意自我保護　游正光老師 著　回郵 31 元

35.**正覺教團電視弘法三乘菩提 DVD 光碟（一）**
由正覺教團多位親教師共同講述錄製 DVD 8 片，MP3 一片，共 9 片。有二大講題：一爲「三乘菩提之意涵」，二爲「學佛的正知見」。內容精闢，深入淺出，精彩絕倫，幫助大眾快速建立三乘法道的正知見，免被外道邪見所誤導。有志修學三乘佛法之學人不可不看。（製作工本費 100 元，回郵 52 元）

36.**正覺教團電視弘法 DVD 專輯（二）**
總有二大講題：一爲「三乘菩提之念佛法門」，一爲「學佛正知見（第二篇）」，由正覺教團多位親教師輪番講述，內容詳細闡述如何修學念佛法門、實證念佛三昧，以及學佛應具有的正確知見，可以幫助發願往生西方極樂淨土之學人，得以把握往生，更可令學人快速建立三乘法道的正知見，免於被外道邪見所誤導。有志修學三乘佛法之學人不可不看。（一套 17 片，工本費 160 元。回郵 76 元）

37.**喇嘛性世界**—揭開假藏傳佛教譚崔瑜伽的面紗　張善思 等人合著
由正覺同修會購贈　回郵 52 元

38.**假藏傳佛教的神話**—性、謊言、喇嘛教　張正玄教授編著
由正覺同修會購贈　回郵 52 元

39.**隨　緣**—理隨緣與事隨緣　平實導師述　回郵 52 元。

40.**學佛的覺醒**　正枝居士 著　回郵 52 元

41.**導師之真實義**　蔡正禮老師 著　回郵 31 元

42.**淺談達賴喇嘛之雙身法**—兼論解讀「密續」之達文西密碼
吳明芷居士 著　回郵 31 元

43.**魔界轉世**　張正玄居士 著　回郵 31 元

44.**一貫道與開悟**　蔡正禮老師 著　回郵 31 元

45.**博愛**—愛盡天下女人　正覺教育基金會 編印　回郵 36 元

46.**意識虛妄經教彙編**—實證解脫道的關鍵經文　正覺同修會編印　回郵 36 元

47.**邪箭囈語**—破斥藏密外道多識仁波切《破魔金剛箭雨論》之邪說
陸正元老師著　上、下冊回郵各 52 元
48.**真假沙門**—依 佛聖教闡釋佛教僧寶之定義
蔡正禮老師著　俟正覺電子報連載後結集出版
49.**真假禪宗**—藉評論釋性廣《印順導師對變質禪法之批判
及對禪宗之肯定》以顯示真假禪宗
附論一：凡夫知見 無助於佛法之信解行證
附論二：世間與出世間一切法皆從如來藏實際而生而顯
余正偉老師著　俟正覺電子報連載後結集出版　回郵未定

★ 上列贈書之郵資，係台灣本島地區郵資，大陸、港、澳地區及外國地區，請另計酌增（大陸、港、澳、國外地區之郵票不許通用）。尚未出版之書，請勿先寄來郵資，以免增加作業煩擾。

★ 本目錄若有變動，唯於後印之書籍及「成佛之道」網站上修正公佈之，不另行個別通知。

函索書籍請寄：佛教正覺同修會　103 台北市承德路 3 段 277 號 9 樓
台灣地區函索書籍者請附寄郵票，無時間購買郵票者可以等值現金抵用，但不接受郵政劃撥、支票、匯票。大陸地區得以人民幣計算，國外地區請以美元計算（請勿寄來當地郵票，在台灣地區不能使用）。欲以掛號寄遞者，請另附掛號郵資。

親自索閱：正覺同修會各共修處。　★請於共修時間前往取書，餘時無人在道場，請勿前往索取；共修時間與地點，詳見書末正覺同修會共修現況表（以近期之共修現況表爲準）。

註：正智出版社發售之局版書，請向各大書局購閱。若書局之書架上已經售出而無陳列者，請向書局櫃台指定洽購；若書局不便代購者，請於正覺同修會共修時間前往各共修處請購，正智出版社已派人於共修時間送書前往各共修處流通。 郵政劃撥購書及 大陸地區 購書，請詳別頁正智出版社發售書籍目錄最後頁之說明。

成佛之道 網站：http://www.a202.idv.tw　正覺同修會已出版之結緣書籍，多已登載於 成佛之道 網站，若住外國、或住處遙遠，不便取得正覺同修會贈閱書籍者，可以從本網站閱讀及下載。

＊＊假藏傳佛教修雙身法，非佛教＊＊

正智出版社 籌募弘法基金發售書籍目錄　2021/12/28

1.**宗門正眼**—公案拈提 第一輯 重拈　平實導師著　500 元
因重寫內容大幅度增加故，字體必須改小，並增爲 576 頁 主文 546 頁。比初版更精彩、更有內容。初版《禪門摩尼寶聚》之讀者，可寄回本公司免費調換新版書。免附回郵，亦無截止期限。（2007 年起，每冊附贈本公司精製公案拈提〈超意境〉CD 一片。市售價格 280 元，多購多贈。）
2.**禪淨圓融**　平實導師著　200 元（第一版舊書可換新版書。）
3.**真實如來藏**　平實導師著　400 元
4.**禪—悟前與悟後**　平實導師著　上、下冊，每冊 250 元
5.**宗門法眼**—公案拈提 第二輯　平實導師著　500 元
（2007 年起，每冊附贈本公司精製公案拈提〈超意境〉CD 一片）
6.**楞伽經詳解**　平實導師著　全套共 10 輯　每輯 250 元
7.**宗門道眼**—公案拈提 第三輯　平實導師著　500 元
（2007 年起，每冊附贈本公司精製公案拈提〈超意境〉CD 一片）
8.**宗門血脈**—公案拈提 第四輯　平實導師著　500 元
（2007 年起，每冊附贈本公司精製公案拈提〈超意境〉CD 一片）
9.**宗通與說通**—成佛之道 平實導師著 主文 381 頁 全書 400 頁售價 300 元
10.**宗門正道**—公案拈提 第五輯　平實導師著　500 元
（2007 年起，每冊附贈本公司精製公案拈提〈超意境〉CD 一片）
11.**狂密與真密 一～四輯**　平實導師著　西藏密宗是人間最邪淫的宗教，本質不是佛教，只是披著佛教外衣的印度教性力派流毒的喇嘛教。此書中將西藏密宗密傳之男女雙身合修樂空雙運所有祕密與修法，毫無保留完全公開，並將全部喇嘛們所不知道的部分也一併公開。內容比大辣出版社喧騰一時的《西藏慾經》更詳細。並且函蓋藏密的所有祕密及其錯誤的中觀見、如來藏見……等，藏密的所有法義都在書中詳述、分析、辨正。每輯主文三百餘頁　每輯全書約 400 頁　售價每輯 300 元
12.**宗門正義**—公案拈提 第六輯　平實導師著　500 元
（2007 年起，每冊附贈本公司精製公案拈提〈超意境〉CD 一片）
13.**心經密意**—心經與解脫道、佛菩提道、祖師公案之關係與密意　平實導師述　300 元
14.**宗門密意**—公案拈提 第七輯　平實導師著　500 元
（2007 年起，每冊附贈本公司精製公案拈提〈超意境〉CD 一片）
15.**淨土聖道**—兼評「選擇本願念佛」　正德老師著　200 元
16.**起信論講記**　平實導師述著　共六輯　每輯三百餘頁　售價各 250 元
17.**優婆塞戒經講記**　平實導師述著 共八輯 每輯三百餘頁 售價各 250 元
18.**真假活佛**—略論附佛外道盧勝彥之邪說（對前岳靈犀網站主張「盧勝彥是證悟者」之修正）　正犀居士（岳靈犀）著　流通價 140 元
19.**阿含正義**—唯識學探源　平實導師著　共七輯　每輯 300 元

20.**超意境** CD 以平實導師公案拈提書中超越意境之頌詞，加上曲風優美的旋律，錄成令人嚮往的超意境歌曲，其中包括正覺發願文及平實導師親自譜成的黃梅調歌曲一首。詞曲雋永，殊堪翫味，可供學禪者吟詠，有助於見道。內附設計精美的彩色小冊，解說每一首詞的背景本事。每片 280 元。【每購買公案拈提書籍一冊，即贈送一片。】

21.**菩薩底憂鬱** CD 將菩薩情懷及禪宗公案寫成新詞，並製作成超越意境的優美歌曲。 1.主題曲〈菩薩底憂鬱〉，描述地後菩薩能離三界生死而迴向繼續生在人間，但因尚未斷盡習氣種子而有極深沈之憂鬱，非三賢位菩薩及二乘聖者所知，此憂鬱在七地滿心位方才斷盡；本曲之詞中所說義理極深，昔來所未曾見；此曲係以優美的情歌風格寫詞及作曲，聞者得以激發嚮往諸地菩薩境界之大心，詞、曲都非常優美，難得一見；其中勝妙義理之解說，已印在附贈之彩色小冊中。 2.以各輯公案拈提中直示禪門入處之頌文，作成各種不同曲風之超意境歌曲，值得玩味、參究；聆聽公案拈提之優美歌曲時，請同時閱讀內附之印刷精美說明小冊，可以領會超越三界的證悟境界；未悟者可以因此引發求悟之意向及疑情，眞發菩提心而邁向求悟之途，乃至因此眞實悟入般若，成眞菩薩。 3.正覺總持咒新曲，總持佛法大意；總持咒之義理，已加以解說並印在隨附之小冊中。本 CD 共有十首歌曲，長達 63 分鐘。每盒各附贈二張購書優惠券。每片 280 元。

22.**禪意無限** CD 平實導師以公案拈提書中偈頌寫成不同風格曲子，與他人所寫不同風格曲子共同錄製出版，幫助參禪人進入禪門超越意識之境界。盒中附贈彩色印製的精美解說小冊，以供聆聽時閱讀，令參禪人得以發起參禪之疑情，即有機會證悟本來面目而發起實相智慧，實證大乘菩提般若，能如實證知般若經中的眞實意。本 CD 共有十首歌曲，長達 69 分鐘，每盒各附贈二張購書優惠券。每片 280 元。

23.**我的菩提路**第一輯　釋悟圓、釋善藏等人合著　售價 300 元

24.**我的菩提路**第二輯　郭正益等人合著　售價 300 元

25.**我的菩提路**第三輯　王美伶等人合著　售價 300 元

26.**我的菩提路**第四輯　陳晏平等人合著　售價 300 元

27.**我的菩提路**第五輯　林慈慧等人合著　售價 300 元

28.**我的菩提路**第六輯　劉惠莉等人合著　售價 300 元

29.**我的菩提路**第七輯　余正偉等人合著　售價 300 元

30.**鈍鳥與靈龜**—考證後代凡夫對大慧宗杲禪師的無根誹謗。
平實導師著 共 458 頁 售價 350 元

31.**維摩詰經講記** 平實導師述 共六輯 每輯三百餘頁 售價各 250 元

32.**真假外道**—破劉東亮、杜大威、釋證嚴常見外道見　正光老師著　200 元

33.**勝鬘經講記**—兼論印順《勝鬘經講記》對於《勝鬘經》之誤解。
平實導師述　共六輯　每輯三百餘頁　售價250 元

34.**楞嚴經講記** 平實導師述 共**15**輯，每輯三百餘頁 售價 300 元

35.**明心與眼見佛性**—駁慧廣〈蕭氏「眼見佛性」與「明心」之非〉文中謬說
正光老師著 共 448 頁 售價 300 元

36.**見性與看話頭** 黃正倖老師 著，本書是禪宗參禪的方法論。
內文 375 頁，全書 416 頁，售價 300 元。

37.**達賴真面目**—玩盡天下女人 白正偉老師 等著 中英對照彩色精裝大本 800 元

38.**喇嘛性世界**—揭開假藏傳佛教譚崔瑜伽的面紗 張善思 等人著 200 元

39.**假藏傳佛教的神話**—性、謊言、喇嘛教 正玄教授編著 200 元

40.**金剛經宗通** 平實導師述 共九輯 每輯售價 250 元。

41.**空行母**—性別、身分定位，以及藏傳佛教。
珍妮·坎貝爾著 呂艾倫 中譯 售價 250 元

42.**末代達賴**—性交教主的悲歌 張善思、呂艾倫、辛燕編著 售價 250 元

43.**霧峰無霧**—給哥哥的信 辨正釋印順對佛法的無量誤解
游宗明 老師著 售價 250 元

44.**霧峰無霧**—第二輯—救護佛子向正道 細說釋印順對佛法的各類誤解
游宗明 老師著 售價 250 元

45.**第七意識與第八意識？**—穿越時空「超意識」
平實導師述 每冊 300 元

46.**黯淡的達賴**—失去光彩的諾貝爾和平獎
正覺教育基金會編著 每冊 250 元

47.**童女迦葉考**—論呂凱文〈佛教輪迴思想的論述分析〉之謬。
平實導師 著 定價 180 元

48.**人間佛教**—實證者必定不悖三乘菩提
平實導師 述，定價 400 元

49.**實相經宗通** 平實導師述 共八輯 每輯 250 元

50.**真心告訴您(一)**—達賴喇嘛在幹什麼？
正覺教育基金會編著 售價 250 元

51.**中觀金鑑**—詳述應成派中觀的起源與其破法本質
孫正德老師著 分爲上、中、下三冊，每冊 250 元

52.**藏傳佛教要義**—《狂密與真密》之簡體字版 平實導師 著 上、下冊
僅在大陸流通 每冊 300 元

53.**法華經講義** 平實導師述 共二十五輯 每輯 300 元
已於 2015/05/31 起開始出版，每二個月出版一輯

54.**西藏「活佛轉世」制度**—附佛、造神、世俗法
許正豐、張正玄老師合著 定價 150 元

55.**廣論三部曲** 郭正益老師著 定價 150 元

56.**真心告訴您(二)**—達賴喇嘛是佛教僧侶嗎？
—補祝達賴喇嘛八十大壽
正覺教育基金會編著 售價 300 元

57.**次法**—實證佛法前應有的條件
張善思居士著　分為上、下二冊，每冊 250 元
58.**涅槃**—解說四種涅槃之實證及內涵　平實導師著 上、下冊 各 350 元
59.**山法**—西藏關於他空與佛藏之根本論
篤補巴．喜饒堅贊著　　傑弗里．霍普金斯英譯
張火慶教授、呂艾倫老師中譯　精裝大本 1200 元
60.**佛藏經講義**　平實導師述　2019 年 7 月 31 日開始出版　共 21 輯
每二個月出版一輯，每輯 300 元。
61.**成唯識論**　大唐 玄奘菩薩所著經本，重新正確斷句，並以不同字體及標點符號顯示質疑文，令得易讀。全書 288 頁，精裝大本 400 元
62.**假鋒虛焰金剛乘**—揭示顯密正理，兼破索達吉師徒《般若鋒兮金剛焰》
釋正安法師著 簡體字版 即將出版 售價未定
63.**廣論之平議**—宗喀巴《菩提道次第廣論》之平議　正雄居士著
約二或三輯　俟正覺電子報連載後結集出版　書價未定
64.**大法鼓經講義**　平實導師講述 《佛藏經講義》出版後發行，每輯 300 元
65.**不退轉法輪經講義** 平實導師講述 《大法鼓經講義》出版後發行
66.**八識規矩頌**詳解　○○居士 註解　出版日期另訂　書價未定。
67.**中觀正義**—註解平實導師《中論正義頌》。
○○法師（居士）著　出版日期未定　書價未定
68.**中論正義**—釋龍樹菩薩《中論》頌正理。
孫正德老師著　出版日期未定　書價未定
69.**成唯識論釋**—詳解大唐玄奘菩薩所著的《成唯識論》，平實導師述著。總共十輯，於每講完一輯的分量以後即予出版，預計 2022 年十月出版第一輯，以後每七個月出版一輯，每輯 400 元。
70.**中國佛教史**—依中國佛教正法史實而論。 ○○老師 著　書價未定。
71.**印度佛教史**—法義與考證。依法義史實評論印順《印度佛教思想史、佛教史地考論》之謬說　正偉老師著　出版日期未定　書價未定
72.**阿含經講記**—將選錄四阿含中數部重要經典全經講解之，講後整理出版。
平實導師述　約二輯　每輯 300 元　出版日期未定
73.**實積經講記** 平實導師述　每輯三百餘頁 優惠價 300 元 出版日期未定
74.**解深密經講義**　平實導師述 約四輯　將於重講後整理出版
75.**修習止觀坐禪法要講記**　平實導師述　每輯三百餘頁
將於正覺寺建成後重講、以講記逐輯出版　出版日期未定
76.**無門關**—《無門關》公案拈提　平實導師著　出版日期未定
77.**中觀再論**—兼述印順《中觀今論》謬誤之平議。 正光老師著 出版日期未定
78.**輪迴與超度**—佛教超度法會之真義。
○○法師（居士）著　出版日期未定　書價未定
79.**《釋摩訶衍論》平議**—對偽稱龍樹所造《釋摩訶衍論》之平議
○○法師（居士）著　出版日期未定　書價未定

80.**正覺發願文**註解—以真實大願為因 得證菩提

正德老師著　出版日期未定　書價未定

81.**正覺總持咒**—佛法之總持　正圜老師著　出版日期未定　書價未定

82.**三自性**—依四食、五蘊、十二因緣、十八界法，說三性三無性。

作者未定　出版日期未定

83.**道品**—從三自性說大小乘三十七道品　作者未定　出版日期未定

84.**大乘緣起觀**—依四聖諦七真如現觀十二緣起 作者未定　出版日期未定

85.**三德**—論解脫德、法身德、般若德。　作者未定　出版日期未定

86.**真假如來藏**—對印順《如來藏之研究》謬說之平議　作者未定 出版日期未定

87.**大乘道次第**　作者未定　出版日期未定　書價未定

88.**四緣**—依如來藏故有四緣。　作者未定　出版日期未定

89.**空之探究**—印順《空之探究》謬誤之平議　作者未定 出版日期未定

90.**十法義**—論阿含經中十法之正義　作者未定　出版日期未定

91.**外道見**—論述外道六十二見　作者未定　出版日期未定

正智出版社有限公司　書籍介紹

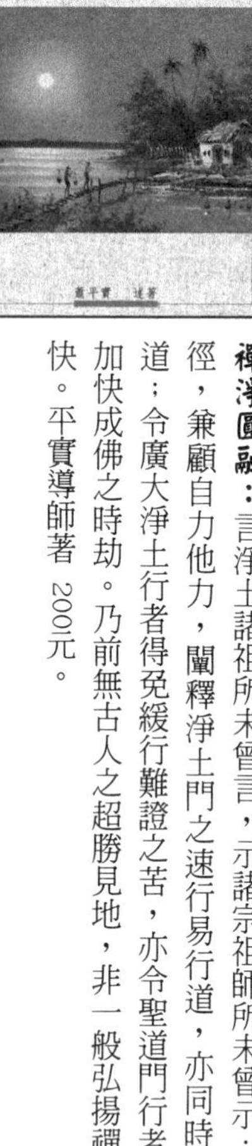

禪淨圓融：言淨土諸祖所未曾言，示諸宗祖師所未曾示；禪淨圓融，另闢成佛捷徑，兼顧自力他力，闡釋淨土門之速行易行道，亦同時揭櫫聖教門之速行易行道；令廣大淨土行者得免緩行難證之苦，亦令聖道門行者得以藉著淨土速行道而加快成佛之時劫。乃前無古人之超勝見地，非一般弘揚禪淨法門典籍也，先讀為快。平實導師著 200元。

宗門正眼—公案拈提第一輯：繼承克勤圜悟大師碧巖錄宗旨之禪門鉅作。先則舉示當代大法師之邪說，消弭當代禪門大師鄉愿之心態，摧破當今禪門「世俗禪」之妄談；次則旁通教法，表顯宗門正理；繼以道之次第，消弭古今狂禪；後藉言語及文字機鋒，直示宗門入處。悲智雙運，禪味十足，數百年來難得一睹之禪門鉅著也。平實導師著　500元（原初版書《禪門摩尼寶聚》，改版後補充為五百餘頁新書，總計多達二十四萬字，內容更精彩，並改名為《宗門正眼》，讀者原購初版《禪門摩尼寶聚》皆可寄回本公司免費換新，免附回郵，亦無截止期限）（2007年起，凡購買公案拈提第一輯至第七輯，每購一輯皆贈送本公司精製公案拈提〈超意境〉CD一片，市售價格280元，多購多贈）。

禪—悟前與悟後：本書能建立學人悟道之信心與正確知見，圓滿具足而有次第地詳述禪悟之功夫與禪悟之內容，指陳參禪中細微淆訛之處，能使學人明自真心、見自本性。若未能悟入，亦能以正確知見辨別古今中外一切大師究係真悟？或屬錯悟？便有能力揀擇，捨名師而選明師，後時必有悟道之緣。一旦悟道，遲者七次人天往返，便出三界，速者一生取辦。學人欲求開悟者，不可不讀。　平實導師著。上、下冊共500元，單冊250元。

眞實如來藏：如來藏眞實存在，乃宇宙萬有之本體，並非印順法師、達賴喇嘛等人所說之「唯有名相、無此心體」。如來藏是涅槃之本際，是一切有智之人竭盡心智、不斷探索而不能得之生命實相；是古今中外許多大師自以爲悟而當面錯過之生命實相。如來藏即是阿賴耶識，乃是一切有情本自具足、不生不滅之眞實心。當代中外大師於此書出版之前所未能言者，作者於本書中盡情流露、詳細闡釋。眞悟者讀之，必能增益悟境、智慧增上；錯悟者讀之，必能檢討自己之錯誤，免犯大妄語業；未悟者讀之，能知參禪之理路，亦能以之檢查一切名師是否眞悟。此書是一切哲學家、宗教家、學佛者及欲昇華心智之人必讀之鉅著。 平實導師著 售價400元。

宗門法眼—公案拈提第二輯：列舉實例，闡釋土城廣欽老和尚之悟處；並直示這位不識字的老和尚妙智橫生之根由，繼而剖析禪宗歷代大德之開悟公案，解析當代密宗高僧卡盧仁波切之錯悟證據，並例舉當代顯宗高僧、大居士之錯悟證據（凡健在者，爲免影響其名聞利養，皆隱其名）。藉辨正當代名師之邪見，向廣大佛子指陳禪悟之正道，彰顯宗門法眼。悲勇兼出，強捋虎鬚；慈智雙運，巧探驪龍；摩尼寶珠在手，直示宗門入處，禪味十足；若非大悟徹底，不能爲之。禪門精奇人物，允宜人手一冊，供作參究及悟後印證之圭臬。本書於2008年4月改版，增寫爲大約500頁篇幅，以利學人研讀參究時更易悟入宗門正法，以前所購初版首刷及初版二刷舊書，皆可免費換取新書。平實導師著 500元（2007年起，凡購買

公案拈提第一輯至第七輯，每購一輯皆贈送本公司精製公案拈提〈超意境〉CD一片，市售價格280元，多購多贈）。

宗門道眼—公案拈提第三輯：繼宗門法眼之後，再以金剛之作略、慈悲之胸懷、犀利之筆觸，舉示寒山、拾得、布袋三大士之悟處，消弭當代錯悟者對於寒山大士……等之誤會及誹謗。 亦舉出民初以來與虛雲和尚齊名之蜀郡鹽亭袁煥仙夫子——南懷瑾老師之師，其「悟處」何在？並蒐羅許多眞悟祖師之證悟公案，顯示禪宗歷代祖師之睿智，指陳部分祖師、奧修及當代顯密大師之謬悟，作爲殷鑑，幫助禪子建立及修正參禪之方向及知見。假使讀者閱此書已，一時尚未能悟，亦可一面加功用行，一面以此宗門道眼辨別眞假善知識，避開錯誤之印證及歧路，可免大妄語業之長劫慘痛果報。欲修禪宗之禪者，務請細讀。平實導師著 售價500元（2007年起，凡購買公案拈提第一輯至第七輯，每購一輯皆贈送本公司精製公案拈提〈超意境〉CD一片，市售價格280元，多購多贈）。

楞伽經詳解：本經是禪宗見道者印證所悟眞僞之根本經典，亦是禪宗見道者悟後起修之依據經典；故達摩祖師於印證二祖慧可大師之後，將此經典連同佛缽祖衣一併交付二祖，令其依此經典佛示金言、進入修道位，修學一切種智。由此可知此經對於眞悟之人修學佛道，是非常重要之一部經典。此經能破外道邪說，亦破佛門中錯悟名師之謬說，亦破禪宗部分祖師之狂禪：不讀經典、一向主張「一悟即成究竟佛」之謬執。並開示愚夫所行禪、觀察義禪、攀緣如禪、如來禪等差別，令行者對於三乘禪法差異有所分辨；亦糾正禪宗祖師古來對於如來禪之誤解，嗣後可免以訛傳訛之弊。此經亦是法相唯識宗之根本經典，禪者悟後欲修一切種智而入初地者，必須詳讀。　平實導師著，全套共十輯，已全部出版完畢，每輯主文約320頁，每冊約352頁，定價250元。

宗門血脈—公案拈提第四輯：末法怪象—許多修行人自以爲悟，每將無念靈知認作眞實；崇尚二乘法諸師及其徒衆，則將外於如來藏之緣起性空—無因論之無常空、斷滅空、一切法空—錯認爲 佛所說之般若空性。這兩種現象已於當今海峽兩岸及美加地區顯密大師之中普遍存在；人人自以爲悟，心高氣壯，便敢寫書解釋祖師證悟之公案，大多出於意識思惟所得，言不及義，錯誤百出，因此誤導廣大佛子同陷大妄語之地獄業中而不能自知。彼等書中所說之悟處，其實處處違背第一義經典之聖言量。彼等諸人不論是否身披袈裟，都非佛法宗門血脈，或雖有禪宗法脈之傳承，亦只徒具形式；猶如螟蛉，非眞血脈，未悟得根本眞實故。禪子欲知 佛、祖之眞血脈者，請讀此書，便知分曉。平實導師著，主文452頁，全書464頁，定價500元（2007年起，凡購買公案拈提第一輯至第七輯，每購一輯皆贈送本公司精製公案拈提〈超意境〉CD一片，市售價格280元，多購多贈）。

宗通與說通：古今中外，錯誤之人如麻似粟，每以常見外道所說之靈知心，認作眞心；或妄想虛空之勝性能量爲眞如，或錯認物質四大元素藉冥性（靈知心本體）能成就吾人色身及知覺，或認初禪至四禪中之了知心爲不生不滅之涅槃心。此等皆非通宗者之見地。復有錯悟之人一向主張「宗門與教門不相干」，此即尚未通達宗門之人也。其實宗門與教門互通不二，宗門所證者乃是眞如與佛性，教門所說者乃說宗門證悟之眞如佛性，故教門與宗門不二。本書作者以宗教二門互通之見地，細說「宗通與說通」，從初見道至悟後起修之道、細說分明；並將諸宗諸派在整體佛教中之地位與次第，加以明確之教判，學人讀之即可了知佛法之梗概也。欲擇明師學法之前，允宜先讀。平實導師著，主文共381頁，全書392頁，只售成本價300元。

宗門正道—公案拈提第五輯：修學大乘佛法有二果須證—解脫果及大菩提果。二乘人不證大菩提果，唯證解脫果；此果之智慧，名爲聲聞菩提、緣覺菩提。大乘佛子所證二果之菩提果爲佛菩提，故名大菩提果，其慧名爲一切種智—函蓋二乘解脫果。然此大乘二果修證，須經由禪宗之宗門證悟方能相應。而宗門證悟極難，自古已然；其所以難者，咎在古今佛教界普遍存在三種邪見：1.以修定認作佛法， 2.以無因論之緣起性空—否定涅槃本際如來藏以後之一切法空作爲佛法，3.以常見外道邪見（離語言妄念之靈知性）作爲佛法。 如是邪見，或因自身正見未立所致，或因邪師之邪教導所致，或因無始劫來虛妄熏習所致。若不破除此三種邪見，永劫不悟宗門眞義、不入大乘正道，唯能外門廣修菩薩行。 平實導師於此書中，有極爲詳細之說明，有志佛子欲摧邪見、入於內門修菩薩行者，當閱此書。主文共496頁，全書512頁。售價500元（2007年起，凡購買公案拈提第一輯至第七輯，每購一輯皆贈送本公司精製公案拈提〈超意境〉CD一片，市售價格280元，多購多贈）。

狂密與眞密：密教之修學，皆由有相之觀行法門而入，其最終目標仍不離顯教經典所說第一義諦之修證；若離顯教第一義經典、或違背顯教第一義經典，即非佛教。西藏密教之觀行法，如灌頂、觀想、遷識法、寶瓶氣、大聖歡喜雙身修法、喜金剛、無上瑜伽、大樂光明、樂空雙運等，皆是印度教兩性生生不息思想之轉化，自始至終皆以如何能運用交合淫樂之法達到全身受樂爲其中心思想，純屬欲界五欲的貪愛，不能令人超出欲界輪迴，更不能令人斷除我見；何況大乘之明心與見性，更無論矣！故密宗之法絕非佛法也。而其明光大手印、大圓滿法教，又皆同以常見外道所說離語言妄念之無念靈知心錯認爲佛地之眞如，不能直指不生不滅之眞如。西藏密宗所有法王與徒衆，都尙未開頂門眼，不能辨別眞僞，以依人不依法、依密續不依經典故，不肯將其上師喇嘛所說對照第一義經典，純依密續之藏密祖師所說爲準，因此而誇大其證德與證量，動輒謂彼祖師上師爲究竟佛、爲地上菩薩；如今台海兩岸亦有自謂其師證量高於 釋迦文佛者，然觀其師所述，猶未見道，仍在觀行即佛階段，尙未到禪宗相似即佛、分證即佛階位，竟敢標榜爲究竟佛及地上法王，誑惑初機學人。凡此怪象皆是狂密，不同於眞密之修行者。近年狂密盛行，密宗行者被誤導者極衆，動輒自謂已證佛地眞如，自視爲究竟佛，陷於大妄語業中而不知自省，反謗顯宗眞修實證者之證量粗淺；或如義雲高與釋性圓…等人，於報紙上公然誹謗眞實證道者爲「騙子、無道人、人妖、癩蛤蟆…」等，造下誹謗大乘勝義僧之大惡業；或以外道法中有爲有作之甘露、魔術……等法，誑騙初機學人，狂言彼外道法爲眞佛法。如是怪象，在西藏密宗及附藏密之外道中，不一而足，舉之不盡，學人宜應愼思明辨，以免上當後又犯毀破菩薩戒之重罪。密宗學人若欲遠離邪知邪見者，請閱此書，即能了知密宗之邪謬，從此遠離邪見與邪修，轉入眞正之佛道。 平實導師著 共四輯 每輯約400頁（主文約340頁） 每輯售價300元。

宗門正義—公案拈提第六輯：佛教有六大危機，乃是藏密化、世俗化、膚淺化、學術化、宗門密意失傳、悟後進修諸地之次第混淆；其中尤以宗門密意之失傳，爲當代佛教最大之危機。由宗門密意失傳故，易令 世尊本懷普被錯解，易令 世尊正法被轉易爲外道法，以及加以淺化、世俗化，是故宗門密意之廣泛弘傳與具緣佛弟子，極爲重要。然而欲令宗門密意之廣泛弘傳予具緣之佛弟子者，必須同時配合錯誤知見之解析、普令佛弟子知之，然後輔以公案解析之直示入處，方能令具緣之佛弟子悟入。而此二者，皆須以公案拈提之方式爲之，方易成其功、竟其業，是故平實導師續作宗門正義一書，以利學人。 全書500餘頁，售價500元（2007年起，凡購買公案拈提第一輯至第七輯，每購一輯皆贈送本公司精製公案拈提〈超意境〉CD一片，市售價格280元，多購多贈）。

心經密意—心經與解脫道、佛菩提道、祖師公案之關係與密意。二乘菩提所證之解脫道，實依第八識心之斷除煩惱障現行而立解脫之名；大乘菩提所證之佛菩提道，實依親證第八識如來藏之涅槃性、清淨自性、及其中道性而立般若之名；禪宗祖師公案所證之眞心，即是此第八識如來藏；是故三乘佛法所修所證之三乘菩提，皆依此如來藏心而立名也。此第八識心，即是《心經》所說之心也。證得此如來藏已，即能漸入大乘佛菩提道，亦可因證知此心而了知二乘無學所不能知之無餘涅槃本際，是故《心經》之密意，與三乘佛菩提之關係極爲密切、不可分割，三乘佛法皆依此心而立名故。今者平實導師以其所證解脫道之無生智及佛菩提之般若種智，將《心經》與解脫道、佛菩提道、祖師公案之關係與密意，以演講之方式，用淺顯之語句和盤托出，發前人所未言，呈三乘菩提之眞義，令人藉此《心經密意》一舉而窺三乘菩提之堂奧，迴異諸方言不及義之說；欲求眞實佛智者、不可不讀！主文317頁，連同跋文及序文…等共384頁，售價300元。

宗門密意—公案拈提第七輯：佛教之世俗化，將導致學人以信仰作爲學佛，則將以感應及世間法之庇祐，作爲學佛之主要目標，不能了知學佛之主要目標爲親證三乘菩提。大乘菩提則以般若實相智慧爲主要修習目標，以二乘菩提解脫道爲附帶修習之標的；是故學習大乘法者，應以禪宗之證悟爲要務，能親入大乘菩提之實相般若智慧中故，般若實相智慧非二乘聖人所能知故。此書則以台灣世俗化佛教之三大法師，說法似是而非之實例，配合眞悟祖師之公案解析，提示證悟般若之關節，令學人易得悟入。平實導師著，全書五百餘頁，售價500元（2007年起，凡購買公案拈提第一輯至第七輯，每購一輯皆贈送本公司精製公案拈提〈超意境〉CD一片，市售價格280元，多購多贈）。

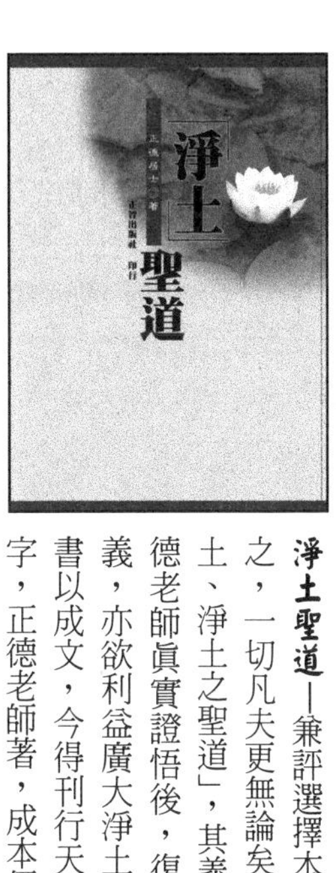

淨土聖道—兼評選擇本願念佛：佛法甚深極廣，般若玄微，非諸二乘聖僧所能知之，一切凡夫更無論矣！所謂一切證量皆歸淨土是也！是故大乘法中「聖道之淨土、淨土之聖道」，其義甚深，難可了知；乃至眞悟之人，初心亦難知也。今有正德老師眞實證悟後，復能深探淨土與聖道之緊密關係，憐憫衆生之誤會淨土實義，亦欲利益廣大淨土行人同入聖道，同獲淨土中之聖道門要義，乃振奮心神、書以成文，今得刊行天下。主文279頁，連同序文等共301頁，總有十一萬六千餘字，正德老師著，成本價200元。

起信論講記：詳解大乘起信論心生滅門與心眞如門之眞實意旨，消除以往大師與學人對起信論所說心生滅門之誤解，由是而得了知眞心如來藏之非常非斷中道正理；亦因此一講解，令此論以往隱晦而被誤解之眞實義，得以如實顯示，令大乘佛菩提道之正理得以顯揚光大；初機學者亦可藉此正論所顯示之法義，對大乘法理生起正信，從此得以眞發菩提心，眞入大乘法中修學，世世常修菩薩正行。平實導師演述，共六輯，都已出版，每輯三百餘頁，售價各250元。

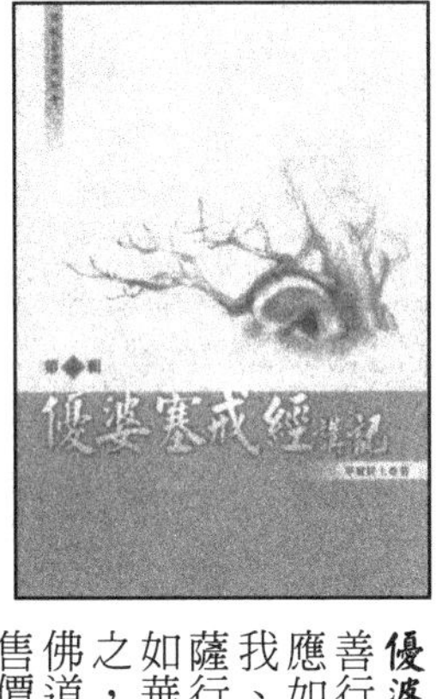

優婆塞戒經講記：本經詳述在家菩薩修學大乘佛法，應如何受持菩薩戒？對人間善行應如何看待？對三寶應如何護持？應如何正確地修集此世後世證法之福德？應如何修集後世「行菩薩道之資糧」？並詳述第一義諦之正義：五蘊非我非異我、自作自受、異作異受、不作不受……等深妙法義，乃是修學大乘佛法、行菩薩行之在家菩薩所應當了知者。出家菩薩今世或未來世登地已，捨報之後多數將如華嚴經中諸大菩薩，以在家菩薩身而修行菩薩行，故亦應以此經所述正理而修之，配合《楞伽經、解深密經、楞嚴經、華嚴經》等道次第正理，方得漸次成就佛道；故此經是一切大乘行者皆應證知之正法。平實導師講述，每輯三百餘頁，售價各250元；共八輯，已全部出版。

真假活佛—略論附佛外道盧勝彥之邪說：人人身中都有眞活佛，永生不滅而有大神用，但衆生都不了知，所以常被身外的西藏密宗假活佛籠罩欺瞞。本來就眞實存在的眞活佛，才是眞正的密宗無上密！諾那活佛因此而說禪宗是大密宗，但藏密的所有活佛都不知道、也不曾實證自身中的眞活佛。本書詳實宣示眞活佛的道理，舉證盧勝彥的「佛法」不是眞佛法，也顯示盧勝彥是假活佛，直接的闡釋第一義佛法見道的眞實正理。眞佛宗的所有上師與學人們，都應該詳細閱讀，包括盧勝彥個人在內。正犀居士著，優惠價140元。

阿含正義—唯識學探源：廣說四大部《阿含經》諸經中隱說之眞正義理，一一舉示佛陀本懷，令阿含時期初轉法輪根本經典之眞義，如實顯現於佛子眼前。並提示末法大師對於阿含眞義誤解之實例，一一比對之，證實唯識增上慧學確於原始佛法之阿含諸經中已隱覆密意而略說之，證實 世尊確於原始佛法中已曾密意而說第八識如來藏之總相；亦證實 世尊在四阿含中已說此藏識是名色十八界之因、之本—證明如來藏是能生萬法之根本心。佛子可據此修正以往受諸大師（譬如西藏密宗應成派中觀師：印順、昭慧、性廣、大願、達賴、宗喀巴、寂天、月稱、……等人）誤導之邪見，建立正見，轉入正道乃至親證初果而無困難；書中並詳說三果所證的心解脫，以及四果慧解脫的親證，都是如實可行的具體知見與行門。全書共七輯，已出版完畢。平實導師著，每輯三百餘頁，售價300元。

超意境CD：以平實導師公案拈提書中超越意境之頌詞，加上曲風優美的旋律，錄成令人嚮往的超意境歌曲，其中包括正覺發願文及平實導師親自譜成的黃梅調歌曲一首。詞曲雋永，殊堪翫味，可供學禪者吟詠，有助於見道。內附設計精美的彩色小冊，解說每一首詞的背景本事。每片280元。【每購買公案拈提書籍一冊，即贈送一片。】

我的菩提路第一輯：凡夫及二乘聖人不能實證的佛菩提證悟，末法時代的今天仍然有人能得實證，由正覺同修會釋悟圓、釋善藏法師等二十餘位實證如來藏者所寫的見道報告，已爲當代學人見證宗門正法之絲縷不絕，證明大乘義學的法脈仍然存在，爲末法時代求悟般若之學人照耀出光明的坦途。由二十餘位大乘見道者所繕，敘述各種不同的學法、見道因緣與過程，參禪求悟者必讀。全書三百餘頁，售價300元。

我的菩提路第二輯：由郭正益老師等人合著，書中詳述彼等諸人歷經各處道場學法，一一修學而加以檢擇之不同過程以後，因閱讀正覺同修會、正智出版社書籍而發起抉擇分，轉入正覺同修會中修學；乃至學法及見道之過程，都一一詳述之。**本書已改版印製重新流通**，讀者原購的初版書，不論是第一刷或第二、三、四刷，都可以寄回換新，免附郵費。

我的菩提路第三輯：由王美伶老師等人合著。自從正覺同修會成立以來，每年夏初、冬初都舉辦精進禪三共修，藉以助益會中同修們得以證悟明心發起般若實相智慧；凡已實證而被平實導師印證者，皆書具見道報告用以證明佛法之眞實可證而非玄學，證明佛法並非純屬思想、理論而無實質，是故每年都能有人證明正覺同修會的「實證佛教」主張並非虛語。特別是眼見佛性一法，自古以來中國禪宗祖師實證者極寡，較之明心開悟的證境更難令人信受；至2017年初，正覺同修會中的證悟明心者已近五百人，然而其中眼見佛性者至今唯十餘人爾，可謂難能可貴，是故明心後欲冀眼見佛性者實屬不易。黃正倖老師是懸絕七年無人見性後的第一人，她於2009年的見性報告刊於本書的第二輯中，爲大眾證明佛性確實可以眼見；其後七年之中求見性者都屬解悟佛性而無人眼見，幸而又經七年後的2016冬初，以及2017夏初的禪三，復有三人眼見佛性，希冀鼓舞四眾佛子求見佛性之大心，今則具載一則於書末，顯示求見佛性之事實經歷，供養現代佛教界欲得見性之四眾弟子。全書四百頁，售價300元，已於2017年6月30日發行。

我的菩提路第四輯：由陳晏平等人著。中國禪宗祖師往往有所謂「見性」之言，所言多屬看見如來藏具有能令人發起成佛之自性，並非《大般涅槃經》中　如來所說之眼見佛性。眼見佛性者，於親見佛性之時，即能於山河大地眼見自己佛性，亦能於他人身上眼見自己佛性及對方之佛性，如是境界無法爲尚未實證者解釋；勉強說之，縱使眞實明心證悟之人聞之，亦只能以自身明心之境界想像之，但不論如何想像多屬非量，能有正確之比量者亦是稀有，故說眼見佛性極爲困難。眼見佛性之人若所見極分明時，在所見佛性之境界下所眼見之山河大地、自己五蘊身心皆是虛幻，自有異於明心者之解脫功德受用，此後永不思證二乘涅槃，必定邁向成佛之道而進入第十住位中，已超第一阿僧祇劫三分有一，可謂之爲超劫精進也。今又有明心之後眼見佛性之人出於人間，將其明心及後來見性之報告，連同其餘證悟明心者之精彩報告一同收錄於此書中，供養眞求佛法實證之四眾佛子。全書380頁，售價300元，已於2018年6月30日發行。

我的菩提路第五輯：林慈慧老師等人著，本輯中所舉學人從相似正法中來到正覺同修會的過程，各人都有不同，發生的因緣亦是各有差別，然而都會指向同一個目標——證實生命實相的源底，確證自己生從何來、死往何去的事實，所以最後都證明佛法眞實而可親證，絕非玄學；本書將彼等諸人的始修及末後證悟之實例，羅列出來以供學人參考。本期亦有一位會裡的老師，是從1995年即開始追隨　平實導師修學，1997年明心後持續進修不斷，直到2017年眼見佛性之實例，足可證明《大般涅槃經》中世尊開示眼見佛性之法正眞無訛，第十住位的實證在末法時代的今天仍有可能，如今一併具載於書中以供學人參考，並供養現代佛教界欲得見性之四眾弟子。全書四百頁，售價300元，已於2019年12月31日發行。

我的菩提路第六輯：劉惠莉老師等人著，本輯中舉示劉老師明心多年以後的眼見佛性實錄，供末法時代學人了知明心之異於見性本質，足可證明《大般涅槃經》中世尊開示眼見佛性之法正眞無訛。亦列舉多篇學人從各道場來到正覺學法之不同過程，以及如何發覺邪見之異於正法的所在，最後終能在正覺禪三中悟入的實況，以證明佛教正法仍在末法時代的人間繼續弘揚的事實，鼓舞一切眞實學法的菩薩大眾思之：我等諸人亦可有因緣證悟，絕非空想白思。約四百頁，售價300元，已於2020年6月30日發行。

我的菩提路第七輯：余正偉老師等人著，本輯中舉示余老師明心二十餘年以後的眼見佛性實錄，供末法時代學人了知明心異於見性之本質，並且舉示其見性後與平實導師互相討論眼見佛性之諸多疑訛處；除了證明《大般涅槃經》中世尊開示眼見佛性之法正眞無訛以外，亦得一解明心後尚未見性者之所未知處，甚爲精彩。此外亦列舉多篇學人從各不同宗教進入正覺學法之不同過程，以及發覺諸方道場邪見之內容與過程，最終得於正覺精進禪三中悟入的實況，足供末法精進學人借鑑，以彼鑑己而生信心，得以投入了義正法中修學及實證。凡此，皆足以證明不唯明心所證之第七住位般若智慧及解脫功德仍可實證，乃至第十住位的實證與當場發起如幻觀之實證，於末法時代的今天皆仍有可能。本書約四百頁，售價300元。

鈍鳥與靈龜：鈍鳥及靈龜二物，被宗門證悟者說爲二種人：前者是精修禪定而無智慧者，也是以定爲禪的愚癡禪人；後者是或有禪定、或無禪定的宗門證悟者，凡已證悟者皆是靈龜。但後者被人虛造事實，用以嘲笑大慧宗杲禪師，說他雖是靈龜，卻不免被天童禪師預記「患背」痛苦而亡：「鈍鳥離巢易，靈龜脫殼難。」藉以貶低大慧宗杲的證量。同時將天童禪師實證如來藏的證量，曲解爲意識境界的離念靈知。自從大慧禪師入滅以後，錯悟凡夫對他的不實毀謗就一直存在著，不曾止息，並且捏造的假事實也隨著年月的增加而越來越多，終至編成「鈍鳥與靈龜」的假公案、假故事。本書是考證大慧與天童之間的不朽情誼，顯現這件假公案的虛妄不實；更見大慧宗杲面對惡勢力時的正直不阿，亦顯示大慧對天童禪師的至情深義，將使後人對大慧宗杲的誣謗至此而止，不再有人誤犯毀謗賢聖的惡業。書中亦舉證宗門的所悟確以第八識如來藏爲標的，詳讀之後必可改正以前被錯悟大師誤導的參禪知見，日後必定有助於實證禪宗的開悟境界，得階大乘眞見道位中，即是實證般若之賢聖。全書459頁，售價350元。

維摩詰經講記：本經係　世尊在世時，由等覺菩薩維摩詰居士藉疾病而演說之大乘菩提無上妙義，所說函蓋甚廣，然極簡略，是故今時諸方大師與學人讀之悉皆錯解，何況能知其中隱含之深妙正義，是故普遍無法爲人解說；若強爲人說，則成依文解義而有諸多過失。今由平實導師公開宣講之後，詳實解釋其中密意，令維摩詰菩薩所說大乘不可思議解脫之深妙正法得以正確宣流於人間，利益當代學人及與諸方大師。書中詳實演述大乘佛法深妙不共二乘之智慧境界，顯示諸法之中絕待之實相境界，建立大乘菩薩妙道於永遠不敗不壞之地，以此成就護法偉功，欲冀永利娑婆人天。已經宣講圓滿整理成書流通，以利諸方大師及諸學人。全書共六輯，每輯三百餘頁，售價各250元。

真假外道：本書具體舉證佛門中的常見外道知見實例，並加以教證及理證上的辨正，幫助讀者輕鬆而快速的了知常見外道的錯誤知見，進而遠離佛門內外的常見外道知見，因此即能改正修學方向而快速實證佛法。 游正光老師著 。成本價200元。

勝鬘經講記：如來藏爲三乘菩提之所依，若離如來藏心體及其含藏之一切種子，即無三界有情及一切世間法，亦無二乘菩提緣起性空之出世間法；本經詳說無始無明、一念無明皆依如來藏而有之正理，藉著詳解煩惱障與所知障間之關係，令學人深入了知二乘菩提與佛菩提相異之妙理；聞後即可了知佛菩提之特勝處及三乘修道之方向與原理，邁向攝受正法而速成佛道的境界中。平實導師講述，共六輯，每輯三百餘頁，售價各250元。

楞嚴經講記：楞嚴經係大乘祕密教之重要經典，亦是佛教中普受重視之經典；經中宣說明心與見性之內涵極爲詳細，將一切法都會歸如來藏及佛性—妙眞如性；亦闡釋五陰區宇及五陰盡的境界，作諸地菩薩自我檢驗證量之依據，旁及佛菩提道修學過程中之種種魔境，以及外道誤會涅槃之狀況，亦兼述明三界世間之起源，具足宣示大乘菩提之奧祕。然因言句深澀難解，法義亦復深妙寬廣，學人讀之普難通達，是故讀者大多誤會，不能如實理解佛所說之明心與見性內涵，亦因是故多有悟錯之人引爲開悟之證言，成就大妄語罪。今由平實導師詳細講解之後，整理成文，以易讀易懂之語體文刊行天下，以利學人。全書十五輯，全部出版完畢。每輯三百餘頁，售價每輯300元。

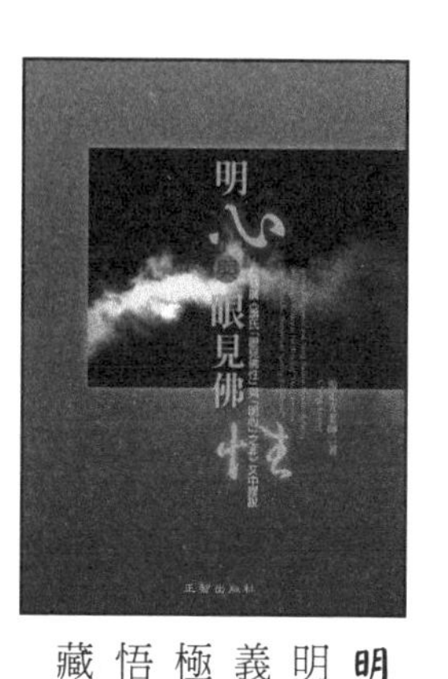

明心與眼見佛性：本書細述明心與眼見佛性之異同，同時顯示了中國禪宗破初參明心與重關眼見佛性二關之間的關聯；書中又藉法義辨正而旁述其他許多勝妙法義，讀後必能遠離佛門長久以來積非成是的錯誤知見，令讀者在佛法的實證上有極大助益。也藉慧廣法師的謬論來教導佛門學人回歸正知正見，遠離古今禪門錯悟者所墮的意識境界，非唯有助於斷我見，也對未來的開悟明心實證第八識如來藏有所助益，是故學禪者都應細讀之。游正光老師著　共448頁　售價300元。

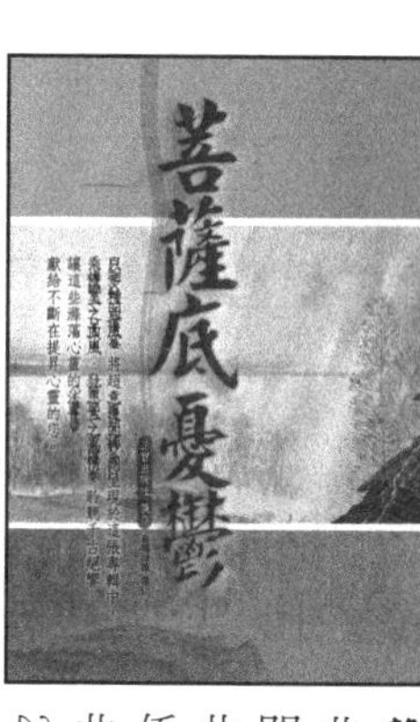

菩薩底憂鬱CD：將菩薩情懷及禪宗公案寫成新詞，並製作成超越意境的優美歌曲。1.主題曲〈菩薩底憂鬱〉，描述地後菩薩能離三界生死而迴向繼續生在人間，但因尚未斷盡習氣種子而有極深沈之憂鬱，非三賢位菩薩及二乘聖者所知，此憂鬱在七地滿心位方才斷盡；本曲之詞中所說義理極深，昔來所未曾見；此曲係以優美的情歌風格寫詞及作曲，聞者得以激發嚮往諸地菩薩境界之大心，詞、曲都非常優美，難得一見；其中勝妙義理之解說，已印在附贈之彩色小冊中。2.以各輯公案拈提中直示禪門入處之頌文，作成各種不同曲風之超意境歌曲，值得玩味、參究；聆聽公案拈提之優美歌曲時，請同時閱讀內附之印刷精美說明小冊，可以領會超越三界的證悟境界；未悟者可以因此引發求悟之意向及疑情，眞發菩提心而邁向求悟之途，乃至因此眞實悟入般若，成眞菩薩。3.正覺總持咒新曲，總持佛法大意；總持咒之義理，已加以解說並印在隨附之小冊中。本CD共有十首歌曲，長達63分鐘，附贈二張購書優惠券。每片280元。

金剛經宗通：三界唯心，萬法唯識，是成佛之修證內容，是諸地菩薩之所修；般若則是成佛之道（實證三界唯心、萬法唯識）的入門，若未證悟實相般若，即無成佛之可能，必將永在外門廣行菩薩六度，永在凡夫位中。然而實相般若的發起，全賴實證萬法的實相；若欲證知萬法的眞相，則必須探究萬法之所從來，則須實證自心如來—金剛心如來藏，然後現觀這個金剛心的金剛性、眞實性、如如性、清淨性、涅槃性、能生萬法的自性性、本住性，名爲證眞如；進而現觀三界六道唯是此金剛心所成，人間萬法須藉八識心王和合運作方能現起。如是實證《華嚴經》的「三界唯心、萬法唯識」以後，由此等現觀而發起實相般若智慧，繼續進修第十住位的如幻觀、第十行位的陽焰觀、第十迴向位的如夢觀，再生起增上意樂而勇發十無盡願，方能滿足三賢位的實證，轉入初地；自知成佛之道而無偏倚，從此按部就班、次第進修乃至成佛。第八識自心如來是般若智慧之所依，般若智慧的修證則要從實證金剛心自心如來開始；《金剛經》則是解說自心如來之經典，是一切三賢位菩薩所應進修之實相般若經典。這一套書，是將平實導師宣講的《金剛經宗通》內容，整理成文字而流通之；書中所說義理，迥異古今諸家依文解義之說，指出大乘見道方向與理路，有益於禪宗學人求開悟見道，及轉入內門廣修六度萬行。已於2013年9月出版完畢，總共9輯，每輯約三百餘頁，售價各250元。

禪意無限CD：平實導師以公案拈提書中偈頌寫成不同風格曲子，與他人所寫不同風格曲子共同錄製出版，幫助參禪人進入禪門超越意識之境界。盒中附贈彩色印製的精美解說小冊，以供聆聽時閱讀，令參禪人得以發起參禪之疑情，即有機會證悟本來面目，實證大乘菩提般若。本CD共有十首歌曲，長達69分鐘，每盒各附贈二張購書優惠券。每片280元。

空行母—性別、身分定位，以及藏傳佛教：本書作者為蘇格蘭哲學家，因為嚮往佛教深妙的哲學內涵，於是進入當年盛行於歐美的假藏傳佛教密宗，擔任卡盧仁波切的翻譯工作多年以後，被邀請成為卡盧的空行母（又名佛母、明妃），開始了她在密宗裡的實修過程；後來發覺在密宗雙身法中的修行，其實無法使自己成佛，也發覺密宗對女性岐視而處處貶抑，並剝奪女性在雙身法中擔任一半角色時應有的身分定位。當她發覺自己只是雙身法中被喇嘛利用的工具，沒有獲得絲毫應有的尊重與基本定位時，發現了密宗的父權社會控制女性的本質；於是作者傷心地離開了卡盧仁波切與密宗，但是卻被恐嚇不許講出她在密宗裡的經歷，也不許她說出自己對密宗的教義與教制下對女性剝削的本質，否則將被咒殺死亡。後來她去加拿大定居，十餘年後方才擺脫這個恐嚇陰影，下定決心將親身經歷的實情及觀察到的事實寫下來並且出版，公諸於世。出版之後，她被流亡的達賴集團人士大力攻訐，誣指她為精神狀態失常、說謊……等。但有智之士並未被達賴集團的政治操作及各國政府政治運作吹捧達賴的表相所欺，使她的書銷售無阻而又再版。正智出版社鑑於作者此書是親身經歷的事實，所說具有針對「藏傳佛教」而作學術研究的價值，也有使人認清假藏傳佛教剝削佛母、明妃的男性本位實質，因此洽請作者同意中譯而出版於華人地區。珍妮·坎貝爾女士著，呂艾倫 中譯，每冊250元。

霧峰無霧—給哥哥的信 本書作者藉兄弟之間信件往來論義，略述佛法大義；並以多篇短文辨義，舉出釋印順對佛法的無量誤解證據，並一一給予簡單而清晰的辨正，令人一讀即知。久讀、多讀之後即能認清楚釋印順的六識論見解，與真實佛法之牴觸是多麼嚴重；於是在久讀、多讀之後，於不知不覺之間提升了對佛法的極深入理解，正知正見就在不知不覺間建立起來了。當三乘佛法的正知見建立起來之後，對於三乘菩提的見道條件便將隨之具足，於是聲聞解脫道的見道也就水到渠成；接著大乘見道的因緣也將次第成熟，未來自然也會有親見大乘菩提之道的因緣，悟入大乘實相般若也將自然成功，自能通達般若系列諸經而成實義菩薩。作者居住於南投縣霧峰鄉，自喻見道之後不復再見霧峰之霧，故鄉原野美景一一明見，於是立此書名為《霧峰無霧》；讀者若欲撥霧見月，可以此書為緣。游宗明 老師著 已於2015年出版 售價250元。

霧峰無霧—第二輯—救護佛子向正道 本書作者藉釋印順著作中之各種錯謬法義提出辨正，以詳實的文義一一提出理論上及實證上之解析，列舉釋印順對佛法的無量誤解證據，藉此教導佛門大師與學人釐清佛法義理，遠離岐途轉入正道，然後知所進修，久之便能見道明心而入大乘勝義僧數。被釋印順誤導的大師與學人極多，很難救轉，是故作者大發悲心深入解說其錯謬之所在，佐以各種義理辨正而令讀者在不知不覺之間轉歸正道。如是久讀之後欲得斷身見、證初果，即不爲難事；乃至久之亦得大乘見道而得證眞如，脫離空有二邊而住中道，實相般若智慧生起，於佛法不再茫然，漸漸亦知悟後進修之道。屆此之時，對於大乘般若等深妙法之迷雲暗霧亦將一掃而空，生命及宇宙萬物之故鄉原野美景一一明見，是故本書仍名《霧峰無霧》，爲第二輯；讀者若欲撥雲見日、離霧見月，可以此書爲緣。游宗明 老師著 已於2019年出版 售價250元。

假藏傳佛教的神話—性、謊言、喇嘛教：本書編著者是由一首名爲「阿姊鼓」的歌曲爲緣起，展開了序幕，揭開假藏傳佛教—喇嘛教—的神秘面紗。其重點是蒐集、摘錄網路上質疑「喇嘛教」的帖子，以揭穿「假藏傳佛教的神話」爲主題，串聯成書，並附加彩色插圖以及說明，讓讀者們瞭解西藏密宗及相關人事如何被操作爲「神話」的過程，以及神話背後的眞相。作者：張正玄教授。售價200元。

達賴真面目—玩盡天下女人：假使您不想戴綠帽子，請記得詳細閱讀此書；假使您不想讓好朋友戴綠帽子，請您將此書介紹給您的好朋友。假使您想保護家中的女性，也想要保護好朋友的女眷，請記得將此書送給家中的女性和好友的女眷都來閱讀。本書爲印刷精美的大本彩色中英對照精裝本，爲您揭開達賴喇嘛的眞面目，內容精彩不容錯過，爲利益社會大衆，特別以優惠價格嘉惠所有讀者。編著者：白志偉等。大開版雪銅紙彩色精裝本。售價800元。

童女迦葉考—論呂凱文〈佛教輪迴思想的論述分析〉之謬：童女迦葉是佛世率領五百大比丘遊行於人間的歷史事實，是以童貞行而依止菩薩戒弘化於人間的大菩薩，不依別解脫戒（聲聞戒）來弘化於人間。這是大乘佛教與聲聞佛教同時存在於佛世的歷史明證，證明大乘佛教不是從聲聞法中分裂出來的部派佛教的產物，卻是聲聞佛教分裂出來的部派佛教聲聞凡夫僧所不樂見的史實；於是古今聲聞法中的凡夫都欲加以扭曲而作詭說，更是末法時代高聲大呼「大乘非佛說」的六識論聲聞凡夫極力想要扭曲的佛教史實之一，於是想方設法扭曲迦葉菩薩爲聲聞僧，以及扭曲迦葉童女爲比丘僧等荒謬不實之論著便陸續出現，古時聲聞僧寫作的《分別功德論》是最具體之事例，現代之代表作則是呂凱文先生的〈佛教輪迴思想的論述分析〉論文。鑑於如是假藉學術考證以籠罩大衆之不實謬論，未來仍將繼續造作及流竄於佛教界，繼續扼殺大乘佛教學人法身慧命，必須學證辨正之，遂成此書。平實導師 著，每冊180元。

末代達賴—性交教主的悲歌：簡介從藏傳僞佛教（喇嘛教）的修行核心—性力派男女雙修，探討達賴喇嘛及藏傳僞佛教的修行內涵。書中引用外國知名學者著作、世界各地新聞報導，包含：歷代達賴喇嘛的祕史、達賴六世修雙身法的事蹟，以及《時輪續》中的性交灌頂儀式……等；達賴喇嘛書中開示的雙修法、達賴喇嘛的黑暗政治手段；達賴喇嘛所領導的寺院爆發喇嘛性侵兒童；新聞報導《西藏生死書》作者索甲仁波切性侵女信徒、澳洲喇嘛秋達公開道歉、美國最大假藏傳佛教組織領導人邱陽創巴仁波切的性氾濫，等等事件背後眞相的揭露。作者：張善思、呂艾倫、辛燕。售價250元。

黯淡的達賴—失去光彩的諾貝爾和平獎：本書舉出很多證據與論述，詳述達賴喇嘛不爲世人所知的一面，顯示達賴喇嘛並不是眞正的和平使者，而是假借諾貝爾和平獎的光環來欺騙世人；透過本書的說明與舉證，讀者可以更清楚的瞭解，達賴喇嘛是結合暴力、黑暗、淫欲於喇嘛教裡的集團首領，其政治行爲與宗教主張，早已讓諾貝爾和平獎的光環染污了。 本書由財團法人正覺教育基金會寫作、編輯，由正覺出版社印行，每冊250元。

第七意識與第八意識？—穿越時空「超意識」：「三界唯心，萬法唯識」是佛教中應該實證的聖教，也是《華嚴經》中明載而可以實證的法界實相。唯心者，三界一切境界、一切諸法唯是一心所成就，即是每一個有情的第八識如來藏，不是意識心。唯識者，即是人類各各都具足的八識心王——眼識、耳鼻舌身意識、意根、阿賴耶識，第八阿賴耶識又名如來藏，人類五陰相應的萬法，莫不由八識心王共同運作而成就，故說萬法唯識。依聖教量及現量、比量，都可以證明意識是二法因緣生，是由第八識藉意根與法塵二法為因緣而出生，又是夜夜斷滅不存之生滅心，即無可能反過來出生第七識意根、第八識如來藏，當知不可能從生滅性的意識心中，細分出恆審思量的第七識意根，更無可能細分出恆而不審的第八識如來藏。本書是將演講內容整理成文字，細說如是內容，並已在〈正覺電子報〉連載完畢，今彙集成書以廣流通，欲幫助佛門有緣人斷除意識我見，跳脫於識陰之外而取證聲聞初果；嗣後修學禪宗時即得不墮外道神我之中，得以求證第八識金剛心而發起般若實智。平實導師 述，每冊300元。

中觀金鑑—詳述應成派中觀的起源與其破法本質：學佛人往往迷於中觀學派之不同學說，被應成派與自續派所迷惑；修學般若中觀二十年後自以為實證般若中觀了，卻仍不曾入門，甫聞實證般若中觀者之所說，則茫無所知，迷惑不解；隨後信心盡失，不知如何實證佛法；凡此，皆因惑於這二派中觀學說所致。自續派中觀所說同於常見，以意識境界立為第八識如來藏之境界，應成派所說則同於斷見，但又同立意識為常住法，故亦具足斷常二見。今者孫正德老師有鑑於此，乃將起源於密宗的應成派中觀學說，追本溯源，詳考其來源之外，亦一一舉證其立論內容，詳加辨正，令密宗雙身法祖師以識陰境界而造之應成派中觀學說本質，詳細呈現於學人眼前，令其維護雙身法之目的無所遁形。若欲遠離密宗此二大派中觀謬說，欲於三乘菩提有所進道者，允宜具足閱讀並細加思惟，反覆讀之以後將可捨棄邪道返歸正道，則於般若之實證即有可能，證後自能現觀如來藏之中道境界而成就中觀。本書分上、中、下三冊，每冊250元，全部出版完畢。

人間佛教—實證者必定不悖三乘菩提：「大乘非佛說」的講法似乎流傳已久，卻只是日本人企圖擺脫中國正統佛教的影響，而在明治維新時期才開始提出來的說法；台灣佛教、大陸佛教的淺學無智之人，由於未曾實證佛法而迷信日本人錯誤的學術考證，錯認爲這些別有用心的日本佛學考證的講法爲天竺佛教的眞實歷史；甚至還有更激進的反對佛教者提出「釋迦牟尼佛並非眞實存在，只是後人捏造的假歷史人物」，竟然也有少數佛教徒願意跟著「學術」的假光環而信受不疑，亦導致部分台灣佛教界人士，造作了反對中國大乘佛教而推崇南洋小乘佛教的行爲，使台灣佛教的信仰者難以檢擇，亦導致一般大陸人士開始轉入基督教的盲目迷信中。在這些佛教及外教人士之中，也就有一分人根據此邪說而大聲主張「大乘非佛說」的謬論，這些人以「人間佛教」的名義來抵制中國正統佛教，公然宣稱中國的大乘佛教是由聲聞部派佛教的凡夫僧所創造出來的。這樣的說法流傳於台灣及大陸佛教界凡夫僧之中已久，卻非眞正的佛教歷史中曾經發生過的事，只是繼承六識論的聲聞法中凡夫僧，以及別有居心的日本佛教界，依自己的意識境界立場，純憑臆想而編造出來的妄想說法，卻已經影響許多無智之凡夫僧俗信受不移。本書則是從佛教的經藏法義實質及實證的現量內涵本質立論，證明大乘佛法本是佛說，是從《阿含正義》尚未說過的不同面向來討論「人間佛教」的議題，證明「大乘眞佛說」。閱讀本書可以斷除六識論邪見，迴入三乘菩提正道發起實證的因緣；也能斷除禪宗學人學禪時普遍存在之錯誤知見，對於建立參禪時的正知見有很深的著墨。平實導師 述，內文488頁，全書528頁，定價400元。

喇嘛性世界—揭開假藏傳佛教譚崔瑜伽的面紗：這個世界中的喇嘛，號稱來自世外桃源的香格里拉，穿著或紅或黃的喇嘛長袍，散布於我們的身邊傳教灌頂，吸引了無數的人嚮往學習；這些喇嘛虔誠地爲大衆祈福，手中拿著寶杵（金剛）與寶鈴（蓮花），口中唸著咒語：「唵．嘛呢．叭咪．吽……」，咒語的意思是說：「我至誠歸命金剛杵上的寶珠伸向蓮花寶穴之中」！「喇嘛性世界」是什麼樣的「世界」呢？本書將爲您呈現喇嘛世界的面貌。當您發現眞相以後，您將會唸：「噢！喇嘛．性．世界，譚崔性交嘛！」作者：張善思、呂艾倫。售價200元。

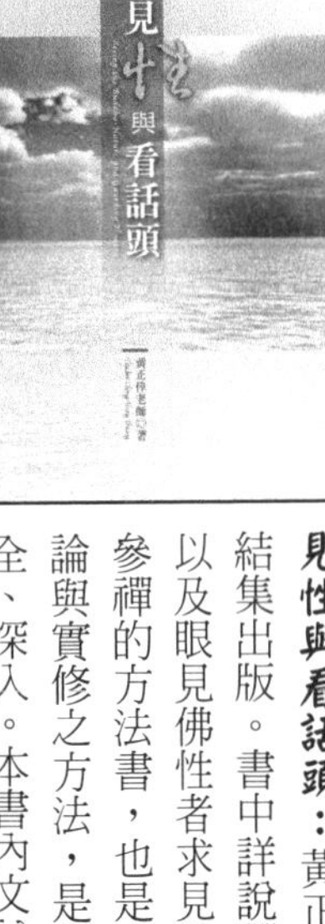

見性與看話頭：黃正倖老師的《見性與看話頭》於《正覺電子報》連載完畢，今結集出版。書中詳說禪宗看話頭的詳細方法，並細說看話頭與眼見佛性的關係，以及眼見佛性者求見佛性前必須具備的條件。本書是禪宗實修者追求明心開悟時參禪的方法書，也是求見佛性者作功夫時必讀的方法書，內容兼顧眼見佛性的理論與實修之方法，是依實修之體驗配合理論而詳述，條理分明而且極爲詳實、周全、深入。本書內文375頁，全書416頁，售價300元。

實相經宗通：學佛之目的在於實證一切法界背後之實相，禪宗稱之爲本來面目或本地風光，佛菩提道中稱之爲實相法界；此實相法界即是金剛藏，又名佛法之祕密藏，即是能生有情五陰、十八界及宇宙萬有（山河大地、諸天、三惡道世間）的第八識如來藏，又名阿賴耶識心，即是禪宗祖師所說的眞如心，此心即是三界萬有背後的實相。證得此第八識心時，自能瞭解般若諸經中隱說的種種密意，即得發起實相般若——實相智慧。每見學佛人修學佛法二十年後仍對實相般若茫然無知，亦不知如何入門，茫無所趣；更因不知三乘菩提的互異互同，是故越是久學者對佛法越覺茫然，都肇因於尚未瞭解佛法的全貌，亦未瞭解佛法的修證內容即是第八識心所致。本書對於修學佛法者所應實證的實相境界提出明確解析，並提示趣入佛菩提道的入手處，有心親證實相般若的佛法實修者，宜詳讀之，於佛菩提道之實證即有下手處。平實導師述著，共八輯，已於2016年出版完畢，每輯成本價250元。

真心告訴您（一）——**達賴喇嘛在幹什麼？**這是一本報導篇章的選集，更是「破邪顯正」的暮鼓晨鐘。「破邪」是戳破假象，說明達賴喇嘛及其所率領的密宗四大派法王、喇嘛們，弘傳的佛法是仿冒的佛法；他們是假藏傳佛教，是坦特羅（譚崔性交）外道法和藏地崇奉鬼神的苯教混合成的「喇嘛教」，推廣的是以所謂「無上瑜伽」的男女雙身法冒充佛法的假佛教，詐財騙色誤導眾生，常常造成信徒家庭破碎、家中兒少失怙的嚴重後果。「顯正」是揭櫫眞相，指出眞正的藏傳佛教只有一個，就是覺囊巴，傳的是　釋迦牟尼佛演繹的第八識如來藏妙法，稱爲他空見大中觀。正覺教育基金會即以此古今輝映的如來藏正法正知見，在眞心新聞網中逐次報導出來，將箇中原委「眞心告訴您」，如今結集成書，與想要知道密宗眞相的您分享。售價250元。

法華經講義：此書爲平實導師始從2009/7/21演述至2014/1/14之講經錄音整理所成。世尊一代時教，總分五時三教，即是華嚴時、聲聞緣覺教、般若教、種智唯識教、法華時；依此五時三教區分爲藏、通、別、圓四教。本經是最後一時的圓教經典，圓滿收攝一切法教於本經中，是故最後的圓教聖訓中，特地指出無有三乘菩提，其實唯有一佛乘；皆因衆生愚迷故，方便區分爲三乘菩提以助衆生證道。世尊於此經中特地說明如來示現於人間的唯一大事因緣，便是爲有緣衆生「開、示、悟、入」諸佛的所知所見——第八識如來藏妙眞如心，並於諸品中隱說「妙法蓮花」如來藏心的密意。然因此經所說甚深難解，眞義隱晦，古來難得有人能窺堂奧；平實導師以知如是密意故，特爲末法佛門四衆演述《妙法蓮華經》中各品蘊含之密意，使古來未曾被古德註解出來的「此經」密意，如實顯示於當代學人眼前。乃至〈藥王菩薩本事品〉、〈妙音菩薩品〉、〈觀世音菩薩普門品〉、〈普賢菩薩勸發品〉中的微細密意，亦皆一併詳述之，可謂開前人所未曾言之密意，示前人所未見之妙法。最後乃至以〈法華大義〉而總其成，全經妙旨貫通始終，而依佛旨圓攝於一心如來藏妙心，厥爲曠古未有之大說也。平實導師述，共有25輯，已於2019/05/31出版完畢。每輯300元。

西藏「活佛轉世」制度—附佛、造神、世俗法：歷來關於喇嘛教活佛轉世的研究，多針對歷史及文化兩部分，於其所以成立的理論基礎，較少系統化的探討。尤其是此制度是否依據「佛法」而施設？是否合乎佛法眞實義？現有的文獻大多含糊其詞，或人云亦云，不曾有明確的闡釋與如實的見解。因此本文先從活佛轉世的由來，探索此制度的起源、背景與功能，並進而從活佛的尋訪與認證之過程，發掘活佛轉世的特徵，以確認「活佛轉世」在佛法中應具足何種果德。定價150元。

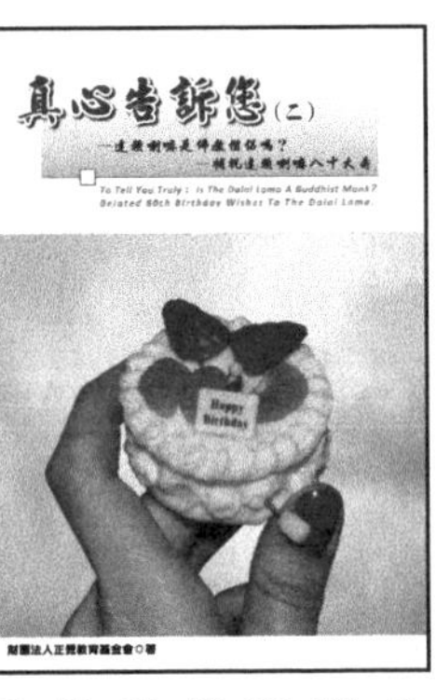

真心告訴您(二)—達賴喇嘛是佛教僧侶嗎？補祝達賴喇嘛八十大壽：這是一本針對當今達賴喇嘛所領導的喇嘛教，冒用佛教名相、於師徒間或師兄姊間，實修男女邪淫，而從佛法三乘菩提的現量與聖教量，揭發其謊言與邪術，證明達賴及其喇嘛教是仿冒佛教的外道，是「假藏傳佛教」。藏密四大派教義雖有「八識論」與「六識論」的表面差異，然其實修之內容，皆共許「無上瑜伽」四部灌頂為究竟「成佛」之法門，也就是共以男女雙修之邪淫法為「即身成佛」之密要，雖美其名曰「欲貪為道」之「金剛乘」，並誇稱其成就超越於（應身佛）釋迦牟尼佛所傳之顯教般若乘之上；然詳考其理論，則或以意識離念時之粗細心為第八識如來藏，或以中脈裡的明點為第八識如來藏，或如宗喀巴與達賴堅決主張第六意識為常恆不變之眞心者，分別墮於外道之常見與斷見中；全然違背 佛說能生五蘊之如來藏的實質。售價300元。

涅槃—解說四種涅槃之實證及內涵：眞正學佛之人，首要即是見道，由見道故方有涅槃之實證，證涅槃者方能出生死，但涅槃有四種：二乘聖者的有餘涅槃、無餘涅槃，以及大乘聖者的本來自性清淨涅槃、佛地的無住處涅槃。大乘聖者實證本來自性清淨涅槃，入地前再取證二乘涅槃，然後起惑潤生捨離二乘涅槃，繼續進修而在七地心前斷盡三界愛之習氣種子，依七地無生法忍之具足而證得念念入滅盡定；八地後進斷異熟生死，直至妙覺地下生人間成佛，具足四種涅槃，方是眞正成佛。此理古來少人言，以致誤會涅槃正理者比比皆是，今於此書中廣說四種涅槃、如何實證之理、實證前應有之條件，實屬本世紀佛教界極重要之著作，令人對涅槃有正確無訛之認識，然後可以依之實行而得實證。本書共有上下二冊，每冊各四百餘頁，對涅槃詳加解說，每冊各350元。

佛藏經講義：本經說明為何佛菩提難以實證之原因，都因往昔無數阿僧祇劫前的邪見，引生此世求證時之業障而難以實證。即以諸法實相詳細解說，繼之以念佛品、念法品、念僧品，說明諸佛與法之實質；然後以淨戒品之說明，期待佛弟子四眾堅持清淨戒而轉化心性，並以往古品的實例說明歷代學佛人在實證上的業障由來，教導四眾務必滅除邪見轉入正見中，不再造作謗法及謗賢聖之大惡業，以免未來世尋求實證之時被業障所障；然後以了戒品的說明和囑累品的付囑，期望末法時代的佛門四眾弟子皆能清淨知見而得以實證。平實導師於此經中有極深入的解說，總共21輯，每輯300元，於2019/07/31開始每二個月發行一輯。

大法鼓經講義：本經解說佛法的總成：法、非法。由開解法、非法二義，說明了義佛法與世間戲論法的差異，指出佛法實證之標的即是法——第八識如來藏；並顯示實證後的智慧，如實擊大法鼓、演深妙法，演說如來祕密教法，非二乘定性及諸凡夫所能得聞，唯有具足菩薩性者方能得聞。正聞之後即得依於 世尊大願而拔除邪見，入於正法而得實證；深解不了義經之方便說，亦能實解了義經所說之眞實義，得以證法——如來藏，而得發起根本無分別智，乃至進修而發起後得無分別智；並堅持布施及受持清淨戒而轉化心性，得以現觀眞我眞法如來藏之各種層面。此爲第一義諦聖教，並授記末法最後餘四十年時，一切世間樂見離車童子將繼續護持此經所說正法。平實導師於此經中有極深入的解說，總共六輯，每輯300元，於《佛藏經講義》出版完畢後開始發行，每二個月發行一輯。

成唯識論釋：本論係大唐玄奘菩薩揉合當時天竺十大論師的說法加以辨正而著成，攝盡佛門證悟菩薩及部派佛教聲聞凡夫論師對佛法的論述，並函蓋當時天竺諸大外道對生命實相的錯誤論述加以辨正，是由玄奘大師依據無生法忍證量加以評論確定而成爲此論。平實導師弘法初期即已依於證量略講過一次，歷時大約四年，當時正覺同修會規模尚小，聞法成員亦多尚未證悟，是故並未整理成書；如今正覺同修會中的證悟同修已超過六百人，鑑於此論在護持正法、實證佛法及悟後進修上的重要性，擬於2022年初重講，並已經預先註釋完畢編輯成書，名爲《成唯識論釋》，總共十輯，每輯目次41頁、序文7頁、內文380頁乃至400頁，將原本13級字縮小爲12級字編排，以增加其內容；於增上班宣講時的內容將會更詳細於書中所說，涉及佛法密意的詳細內容只於增上班中宣講，於書中皆依佛誡隱覆密意而說，攝屬判教的〈目次〉已經詳盡判定論中諸段句義，用供學人參考；是故讀者閱完此論之釋，即可深解成佛之道的正確內涵；預定將於每一輯內容講述完畢時即予出版，預計每七個月出版一輯，每輯定價400元。

不退轉法輪經講義：世尊弘法有五時三教之別，分爲藏、通、別、圓四教之理，本經是大乘般若期前的通教經典，所說之大乘般若正理與所證解脫果，通於二乘解脫道，佛法智慧則通大乘般若，皆屬大乘般若與解脫甚深之理，故其所證解脫果位通於二乘法教；而其中所說第八識無分別法之正理，即是世尊降生人間的第一大事因緣。如是第八識能仁而且寂靜，恆順衆生於生死之中從無乖違，識體中所藏之本來無漏性的有爲法以及眞如涅槃境界，皆能助益學人最後成就佛道；此謂釋迦意爲能仁、牟尼意爲寂靜，此第八識即名釋迦牟尼，釋迦牟尼即是能仁寂靜的第八識眞如；若有人聽聞如是第八識常住、如來不滅之正理，信受奉行之人皆有大乘實證之因緣，永得不退於成佛之道，是故聽聞釋迦牟尼名號而解其義者，皆得不退轉無上正等正覺，未來必有實證之因緣。如是深妙經典，已由平實導師詳述圓滿並整理成書，預定於《大法鼓經講義》發行圓滿之後接著梓行，每二個月發行一輯，總共十輯，每輯300元。

解深密經講義：本經是所有尋求大乘見道及悟後欲入地者所應詳習串習的三經之一，即是《楞伽經》、《解深密經》、《楞嚴經》三經中的一經，亦可作爲見道眞假的自我印證依據。此經是 世尊晚年第三轉法輪時，宣說地上菩薩所應熏修之無生法忍唯識正義經典；經中總說眞見道位所見的智慧總相，兼及相見道位所應熏修的七眞如等法，以及入地應修之十地眞如等義理，乃是大乘一切種智增上慧學，以阿陀那識—如來藏—阿賴耶識爲成佛之道的主體。禪宗之證悟者，若欲修證初地無生法忍乃至八地無生法忍者，必須修學《楞伽經、解深密經、楞嚴經》所說之八識心王一切種智。此三經所說正法，方是眞正成佛之道；印順法師否定第八識如來藏之後所說萬法緣起性空之法，墮於六識論中而著作的《成佛之道》，乃宗本於密宗宗喀巴六識論邪思而寫成的邪見，是以誤會後之二乘解脫道取代大乘眞正成佛之道，承襲自古天竺部派佛教聲聞凡夫論師的邪見，尚且不符二乘解脫道正理，亦已墮於斷滅見及常見中，所說全屬臆想所得的外道見，不符本經中佛所說的正義。平實導師曾於本會郭故理事長往生時，於喪宅中從首七開始宣講此經，於每一七起各宣講三小時，至第十七而快速略講圓滿，作爲郭老之往生後的佛事功德，迴向郭老早證八地、速返娑婆住持正法。茲爲今時後世學人故，已經開始重講《解深密經》，以淺顯之語句講畢後，將會整理成文並梓行流通，用供證悟者進道；亦令諸方未悟者，據此經中佛語正義修正邪見，依之速能入道。平實導師述著，全書輯數未定，每輯三百餘頁，將於未來重講完畢後逐輯陸續出版。

修習止觀坐禪法要講記：修學四禪八定之人，往往錯會禪定之修學知見，欲以無止盡之坐禪而證禪定境界，卻不知修除性障之行門才是修證四禪八定不可或缺之要素，故智者大師云「性障初禪」；性障不除，初禪永不現前，云何修證二禪等？又：行者學定，若唯知數息，而不解六妙門之方便善巧者，欲求一心入定，未到地定極難可得，智者大師名之爲「事障未來」；障礙未到地定之修證。又禪定之修證，不可違背二乘菩提及第一義法，否則縱使具足四禪八定，亦不能實證涅槃而出三界。此諸知見，智者大師於《修習止觀坐禪法要》中皆有闡釋。作者平實導師以其第一義之見地及禪定之實證證量，曾加以詳細解析。將俟正覺寺竣工啓用後重講，不限制聽講者資格；講後將以語體文整理出版。欲修習世間定及增上定之學者，宜細讀之。平實導師述著。

阿含經講記—小乘解脫道之修證：數百年來，南傳佛法所說證果之不實，所說解脫道之虛妄，所弘解脫道法義之世俗化，皆已少人知之；從南洋傳入台灣與大陸之後，所說法義虛謬之事，亦復少人知之；今時台灣全島印順系統之法師居士，多不知南傳佛法數百年來所說解脫道之義理已然偏斜、已然世俗化、已非眞正之二乘解脫正道，猶極力推崇與弘揚。彼等南傳佛法近代所謂之證果者皆非眞實證果者，譬如阿迦曼、葛印卡、帕奧禪師、一行禪師……等人，悉皆未斷我見故。近年更有台灣南部大願法師，高抬南傳佛法之二乘修證行門爲「捷徑究竟解脫之道」者，然而南傳佛法縱使眞修實證，得成阿羅漢，至高唯是二乘菩提解脫之道，絕非究竟解脫，無餘涅槃中之實際尚未得證故，法界之實相尚未了知故，習氣種子待除故，一切種智未實證故，焉得謂爲「究竟解脫」？即使南傳佛法近代眞有實證之阿羅漢，尚且不及三賢位中之七住明心菩薩本來自性清淨涅槃智慧境界，則不能知此賢位菩薩所證之無餘涅槃實際，仍非大乘佛法中之見道者，何況普未實證聲聞果乃至未斷我見之人？謬充證果已屬逾越，更何況是誤會二乘菩提之後，以未斷我見之凡夫知見所說之二乘菩提解脫偏斜法道，焉可高抬爲「究竟解脫」？而且自稱「捷徑之道」？又妄言解脫之道即是成佛之道，完全否定般若實智、否定三乘菩提所依之如來藏心體，此理大大不通也！平實導師爲令修學二乘菩提欲證解脫果者，普得迴入二乘菩提正見、正道中，是故選錄四阿含諸經中，對於二乘解脫道法義有具足圓滿說明之經典，預定未來十年內將會加以詳細講解，令學佛人得以了知二乘解脫道之修證理路與行門，庶免被人誤導之後，未證言證，梵行未立，干犯道禁自稱阿羅漢或成佛，成大妄語，欲升反墮。本書首重斷除我見，以助行者斷除我見而實證初果為著眼之目標，若能根據此書內容，配合平實導師所著《識蘊眞義》《阿含正義》內涵而作實地觀行，實證初果非為難事，行者可以藉此三書自行確認聲聞初果為實際可得現觀成就之事。此書中除依二乘經典所說加以宣示外，亦依斷除我見等之證量，及大乘法中道種智之證量，對於意識心之體性加以細述，令諸二乘學人必定得斷我見、常見，免除三縛結之繫縛。次則宣示斷除我執之理，欲令升進而得薄貪瞋痴，乃至斷五下分結……等。平實導師將擇期講述，然後整理成書。共二冊，每冊三百餘頁。每輯300元。

＊喇嘛教修外道雙身法，墮識陰境界，非佛教＊

＊弘揚如來藏他空見的覺囊派才是真正藏傳佛教＊

總經銷： 聯合發行股份有限公司

231 新北市新店區寶橋路 235 巷 6 弄 6 號 4F

Tel.02－2917-8022（代表號） Fax.02－2915-6275（代表號）

零售：1.**全台連鎖經銷書局：**

三民書局、誠品書局、何嘉仁書店

敦煌書店、紀伊國屋、金石堂書局、建宏書局

諾貝爾圖書城、墊腳石圖書文化廣場

2.**台北市：**佛化人生 **大安區**羅斯福路 3 段 325 號 6 樓之 4　台電大樓對面

3.**新北市：**春大地書店 **蘆洲區**中正路 117 號

4.**桃園市：**御書堂 **龍潭區**中正路 123 號

5.**新竹市：**大學書局 **東區**建功路 10 號

6.**台中市：**瑞成書局 **東區**雙十路 1 段 4 之 33 號

佛教詠春書局 **南屯區**永春東路 884 號

文春書店 **霧峰區**中正路 1087 號

7.**彰化市：**心泉佛教文化中心 南瑤路 286 號

8.**高雄市：**政大書城 **前鎮區**中華五路 789 號 2 樓（高雄夢時代店）

明儀書局 **三民區**明福街 2 號

青年書局 **苓雅區**青年一路 141 號

9.**台東市：**東普佛教文物流通處 博愛路 282 號

10.**其餘鄉鎮市經銷書局：**請電詢總經銷**聯合**公司。

11.**大陸地區請洽：**

香港：樂文書店

銅鑼灣店 :香港銅鑼灣駱克道 506 號 2 樓

電話 : (852) 2881 1150 email: luckwinbs@gmail.com

廈門：廈門外圖臺灣書店有限公司

地址:廈門市思明區湖濱南路809 號 廈門外圖書城3 樓 郵編：361004

電話：0592-5061658（臺灣地區請撥打 86-592-5061658）

E-mail：JKB118@188.COM

12.**美國：世界日報圖書部：**紐約圖書部　電話 7187468889#6262

洛杉磯圖書部　電話 3232616972#202

13.**國內外地區網路購書：**

正智出版社 書香園地　http://books.enlighten.org.tw/

（書籍簡介、經銷書局可直接聯結下列網路書局購書）

三民 網路書局　http://www.sanmin.com.tw

誠品 網路書局　http://www.eslitebooks.com

博客來 網路書局　http://www.books.com.tw

金石堂 網路書局　http://www.kingstone.com.tw

聯合 網路書局　http:// www.nh.com.tw

附註：1.請儘量向各經銷書局購買：郵政劃撥需要八天才能寄到（本公司在您劃撥後第四天才能接到劃撥單，次日寄出後第二天您才能收到書籍，此六天中可能會遇到週休二日，是故共需八天才能收到書籍）若想要早日收到書籍者，請劃撥完畢後，將劃撥收據貼在紙上，旁邊寫上您的姓名、住址、郵區、電話、買書詳細內容，直接傳眞到本公司 02-28344822，並來電 02-28316727、28327495 確認是否已收到您的傳眞，即可提前收到書籍。 2.因台灣每月皆有五十餘種宗教類書籍上架，書局書架空間有限，故唯有新書方有機會上架，通常每次只能有一本新書上架；本公司出版新書，大多上架不久便已售出，若書局未再叫貨補充者，書架上即無新書陳列，則請直接向書局櫃台訂購。 3.若書局不便代購時，可於晚上共修時間向正覺同修會各共修處請購（共修時間及地點，詳閱**共修現況表**。每年例行年假期間請勿前往請書，年假期間請見共修現況表）。 4.郵購：郵政劃撥帳號 19068241。 5.正覺同修會會員購書都以八折計價（戶籍台北市者爲一般會員，外縣市爲護持會員）都可獲得優待，欲一次購買全部書籍者，可以考慮入會，節省書費。入會費一千元（第一年初加入時才需要繳），年費二千元。**6.尚未出版之書籍，請勿預先郵寄書款與本公司，謝謝您！** 7.若欲一次購齊本公司書籍，或同時取得正覺同修會贈閱之全部書籍者，請於正覺同修會共修時間，親到各共修處請購及索取；**台北市讀者**請洽：103 台北市承德路三段 267 號 10 樓（捷運淡水線 圓山站旁）請書時間：週一至週五爲 18.00~21.00，第一、三、五週週六爲 10.00~21.00，雙週之週六爲 10.00~18.00 請購處專線電話：25957295-分機 14（於請書時間方有人接聽）。

敬告大陸讀者：

大陸讀者購書、索書捷徑（尚未在大陸出版的書籍，以下二個途徑都可以購得，電子書另包括結緣書籍）：

1.**廈門外國圖書公司**：廈門市思明區湖濱南路 809 號 廈門外圖書城 3F

郵編：361004 電話：0592-5061658 網址：http://www.xibc.com.cn/

2.**電子書**：正智出版社有限公司及正覺同修會在台灣印行的各種局版書、結緣書，已有『**正覺電子書**』陸續上線中，提供讀者於手機、平板電腦上購書、下載、閱讀正智出版社、正覺同修會及正覺教育基金會所出版之電子書，詳細訊息敬請參閱『正覺電子書』專頁：http://books.enlighten.org.tw/ebook

關於平實導師的書訊，請上網查閱：

成佛之道 http://www.a202.idv.tw

正智出版社 書香園地 http://books.enlighten.org.tw/

中國網採訪佛教正覺同修會、正覺教育基金會訊息：

http://foundation.enlighten.org.tw/newsflash/20150817 1

http://video.enlighten.org.tw/zh-CN/visit_category/visit10

★ 正智出版社有限公司售書之稅後盈餘，全部捐助財團法人正覺寺籌備處、佛教正覺同修會、正覺教育基金會，供作弘法及購建道場之用；懇請諸方大德支持，功德無量。

★ 聲 明 ★

本社於 2015/01/01 開始調整本目錄中部分書籍之售價，以因應各項成本的持續增加。

＊ 喇嘛教修外道雙身法、墮識陰境界，非佛教 ＊

＊ 弘揚如來藏他空見的覺囊派才是真正藏傳佛教 ＊

售後服務—換書啓事（免附回郵） 2017/12/05

《楞伽經詳解》第三輯初版免費調換新書啓事：茲因 平實導師弘法早期尚未回復往世全部證量，有些法義接受他人的說法，寫書當時並未察覺而有二處（同一種法義）跟著誤說，如今發現已將之修正。茲爲顧及讀者權益，已開始免費調換新書；敬請所有讀者將以前所購第三輯（不論第幾刷），攜回或寄回本公司免費換新；郵寄者之回郵由本公司負擔，不需寄來郵票。因此而造成讀者閱讀、以及換書的不便，在此向所有讀者致上萬分的歉意，祈請讀者大眾見諒！

《楞嚴經講記》第 14 輯初版首刷本免費調換新書啓事：本講記第 14 輯出版前因 平實導師諸事繁忙，未將之重新閱讀而只改正校對時發現的錯別字，故未能發覺十年前所說法義有部分錯誤，於第 15 輯付印前重閱時才發覺第 14 輯中有部分錯誤尚未改正。今已重新審閱修改並已重印完成，煩請所有讀者將以前所購第 14 輯初版首刷本，寄回本公司免費換新（初版二刷本無錯誤），本公司將於寄回新書時同時附上您寄書來換新時的郵資，並在此向所有讀者致上最誠懇的歉意。

《心經密意》初版書免費調換二版新書啓事：本書係演講錄音整理成書，講時因時間所限，省略部分段落未講。後於再版時補寫增加 13 頁，維持原價流通之。茲爲顧及初版讀者權益，自 2003/9/30 開始免費調換新書，原有初版一刷、二刷書籍，皆可寄來本公司換書。

《宗門法眼》已經增寫改版爲 464 頁新書，2008 年 6 月中旬出版。讀者原有初版之第一刷、第二刷書本，都可以寄回本公司免費調換改版新書。改版後之公案及錯悟事例維持不變，但將內容加以增說，較改版前更具有廣度與深度，將更能助益讀者參究實相。

換書者**免附回郵**，亦無截止期限；舊書請寄：111 台北郵政 73-151 號信箱 或 103 台北市承德路三段 267 號 10 樓 正智出版社有限公司。舊書若有塗鴨、殘缺、破損者，仍可換取新書；但缺頁之舊書至少應仍有五分之三頁數，方可換書。所有讀者不必顧念本公司是否有盈餘之問題，都請踴躍寄來換書；本公司成立之目的不是營利，只要能眞實利益學人，即已達到成立及運作之目的。若以郵寄方式換書者，免附回郵；並於寄回新書時，由本公司附上您寄來書籍時耗用的郵資。造成您不便之處，再次致上萬分的歉意。

正智出版社有限公司 啓

換書及道歉公告

《法華經講義》第十三輯，因謄稿、印製等相關人員作業疏失，導致該書中的經文及內文用字將「**親近**」誤植成「清淨」。茲為顧及讀者權益，自 2017/8/30 開始免費調換新書；敬請所有讀者將以前所購第十三輯初版首刷及二刷本，攜回或寄回本社免費換新，或請自行更正其中的錯誤之處；郵寄者之回郵由本社負擔，不需寄來郵票。同時對因此而造成讀者閱讀、以及換書的困擾及不便，在此向所有讀者致上最誠懇的歉意，祈請讀者大眾見諒！錯誤更正說明如下：

一、第 256 頁第 10 行~第 14 行：【就是先要具備「**法親近處**」、「**眾生親近處**」；法**親近**處就是在實相之法有所實證，如果在實相法上有所實證，他在二乘菩提中自然也能有所實證，以這個作為第一個**親近**處——第一個基礎。然後還要有第二個基礎，就是瞭解應該如何善待眾生；對於眾生不要有排斥或者是貪取之心，平等觀待而攝受、親近一切有情。以這兩個**親近**處作為基礎，來實行其他三個安樂行法。】。

二、第 268 頁第 13 行：【具足了那兩個「**親近處**」，使你能夠在末法時代，如實而圓滿的演述《法華經》時，那麼你作這個夢，它就是如理作意的，完全符合邏輯去完成這個過程，就表示你那個晚上，在那短短的一場夢中，已經度了不少眾生了。】

正智出版社有限公司 敬啓

國家圖書館出版品預行編目(CIP)資料

佛藏經講義 / 平實導師述著. -- 初版.
-- 臺北市 : 正智, 2019.07
面 ; 公分

ISBN 978-986-97233-8-1(第一輯;平裝)
ISBN 978-986-98038-1-6(第二輯;平裝)
ISBN 978-986-98038-5-4(第三輯;平裝)
ISBN 978-986-98038-8-5(第四輯;平裝)
ISBN 978-986-98038-9-2(第五輯;平裝)
ISBN 978-986-98891-3-1(第六輯;平裝)
ISBN 978-986-98891-5-5(第七輯;平裝)
ISBN 978-986-98891-9-3(第八輯;平裝)
ISBN 978-986-99558-0-5(第九輯;平裝)
ISBN 978-986-99558-3-6(第十輯;平裝)
ISBN 978-986-99558-5-0(第十一輯;平裝)
ISBN 978-986-99558-6-7(第十二輯;平裝)
ISBN 978-986-99558-9-8(第十三輯;平裝)
ISBN 978-986-06961-2-7(第十四輯;平裝)
ISBN 978-986-06961-3-4(第十五輯;平裝)
ISBN 978-986-06961-8-9(第十六輯;平裝)
ISBN 978-626-95796-2-4(第十七輯;平裝)
ISBN 978-626-95796-5-5(第十八輯;平裝)
ISBN 978-626-95796-7-9(第十九輯;平裝)
ISBN 978-626-95796-9-3(第二十輯;平裝)

1. 經集部

221.733　　108011014

——第二十輯

著述者：平實導師
音文轉換：蔡正利 黃昇金
校對：章乃鈞 陳介源 孫淑貞 傅素嫻 王美伶
出版者：正智出版社有限公司
電話：〇二 28327495 28316727（白天）
傳眞：〇二 28344822
111 台北郵政 73-151 號信箱
郵政劃撥帳號：一九〇六八二四一
正覺講堂：總機〇二 25957295（夜間）
總經銷：聯合發行股份有限公司
231 新北市新店區寶橋路 235 巷 6 弄 6 號 4 樓
電話：〇二 29178022（代表號）
傳眞：〇二 29156275
初版首刷：二〇二二年九月三十日 二千冊
定價：三〇〇元